현자의 돌을 찾아서 1

연금술의 탄생

한국연구재단 학술명저번역총서
서양편 465

현자의 돌을 찾아서 1
연금술의 탄생

2025년 10월 25일 초판 발행
2025년 10월 25일 초판 1쇄

지은이   한스 베르너 쉬트
옮긴이   이필렬·박진희
발행자   趙相浩
발행처   (주)나남
주소   10881 경기도 파주시 회동길 193
대표전화 (031) 955-4601
FAX   (031) 955-4555
등록   제1-71호(1979.5.12.)
홈페이지 http://www.nanam.net
전자우편 post@nanam.net

ISBN   978-89-300-4213-0
       978-89-300-8215-0 (세트)

책값은 뒤표지에 있습니다.

이 책은 2005년 대한민국 교육부와 한국연구재단이 우리 시대 기초학문의 부흥을 위해 펼치는 학술명저번역사업의 지원을 받은 책입니다(2005-035-H00002).

한국연구재단
학술명저번역총서
465

현자의 돌을 찾아서 1

연금술의 탄생

한스 베르너 쉬트 지음
이필렬·박진희 옮김

AUF DER SUCHE NACH DEM STEIN DER WEISEN

ⓒ Verlag C.H.Beck oHG, München 2000

All rights reserved.

Korean translation copyright ⓒ 2025 by Nanam Publishing House, Paju

Korean translation rights arranged with Verlag C.H.Beck oHG

through EYA Co.,Ltd

이 책의 한국어판 저작권은 EYA Co.,Ltd를 통해 Verlag C.H.Beck oHG와 독점 계약한 한국연구재단 및 나남출판사가 소유합니다.

저작권법에 의하여 한국 내에서 보호를 받는 저작물이므로 무단 전재 및 복제를 금합니다.

머리말

> 신의 이름으로 완전하지 않은 것을 취하라,
> 완전한 것에서는 아무것도 나오지 않기 때문이다.
> – 〈여인의 일, 아이들 놀이〉
>
> (*Opus Mulierum et Ludus Puerorum*, Eis 64)

만일 내가 문체, 내용 그리고 참고문헌 제시 방식에 대한 많은 정당한 비판에 대해 이 책 전체 내용을 고려하라는 식으로 응대할 수 있다면, 후기를 읽어보라고 권하지 않겠다.

그렇지만 여기서 나는 미리 이 책을 집필하는 데 직간접적인 도움을 준 모든 분께 감사드릴 기회를 잡고 싶다. 이 분들은 적지 않고, 하나의 목록으로 정리하기에는 너무 많다. 그러나 나에게는 이 목록을 줄이는 것도 쉽지 않을 것 같다. 따라서 '모든 분께…' 감사드린다고 해야 할 것 같다. 비켄베르크 박사와 마이어 박사에게는 특별한 감사를 드리고 싶다. 두 분은 원고를 깊은 관심을 가지고 살펴주었다.

현자의 돌을 찾아서 1
연금술의 탄생

차례

옮긴이 머리말 5
머리말 7

1장 피라미드의 그림자 속에서
  1. 찾아서 17
  2. 궁전, 신전 그리고 박물관:
     알렉산드리아 21
  3. 연금술사의 실험실 28
  4. 사원과 수공업 50
  5. 두 개의 파피루스 55
  6. 기둥 속의 금언 73
  7. 표준제법 78
  8. 테이온 히도르 88
  9. 마지막 발걸음 98
  10. 표준제법에서 표준이란
     무엇인가? 112
  11. 거장 아리스토텔레스 120

  12. 스토아학파와 연금술 128
  13. 조시모스의 편지 136
  14. 조시모스의 꿈 147
  15. 비교숭배 159
  16. 창조의 신: 프타 174
  17. 세 제국에 있는 신:
     헤르메스 187
  18. 그리스도교와 그노시스 197
  19. 이집트의 연금술사들 207

옮긴이 해제 211
원주 277
지은이·옮긴이 소개 293

현자의 돌을 찾아서 2
연금술의 탄생

1장 피라미드의 그림자 속에서(계속)
20. 데모크리토스
21. 마리아
22. 클레오파트라와 이시스
23. 아가토다이몬
24. 시네시오스
25. 올림피오도로스
26. 연금술의 언어패턴
27. 연금술과 비잔티움 사람들

2장 낯선 세계에서
1. 승리와 파탄: 이슬람과 정복전쟁
2. 문화의 전달
3. 시리아의 연금술
4. 《카우사 카우사룸》과 황-수은 이론
5. 번역의 영광과 빈궁
6. 왕자와 수도승
7. 칼리드와 아랍 연금술의 자아상
8. 연금술에서 '알'(Al)
9. 바그다드와 이스마일파의 꿈
10. 자비르의 연금술 이론
11. 콘스탄티노폴리스에서의 모험
12. 자비르의 실험실 작업
13. 자비르의 철학
14. 두 개의 판
15. 순수의 형제회
16. 아르-라지
17. 연금술의 그림자들
18. 현자의 길
19. 외적 연금술과 위백양(魏伯陽)의 개
20. 금욕주의자와 연금술사
21. 철학자들의 총회
22. 신사들의 동업조합

원주
지은이·옮긴이 소개

현자의 돌을 찾아서 3
연금술의 탄생

**3장 수도원 그리고
그 밖의 다른 곳에서**
1. 중세 초기: 비잔티움과 유럽
2. 화학적-기술적 문헌들
3. 중세 성기로 이어 주는 교량
4. 또다시 번역
5. 라틴 연금술의 분위기
6. 알베르투스 마그누스
7. 토마스 아퀴나스
8. 로저 베이컨
9. 아르날두스 데 빌라노바
10. 라이문두스 룰루스
11. 요한네스 데 루페스키사
12. 중세의 실험실
13. 화학 작업들
14. 새로운 연금술 물질들
15. 전문 문헌
16. 불편한 전통
17. 게베르
18. 플라멜
19. 연금술에서의 상징들
20. 돌
21. … 그리고 그의 기초
22. 연금술사의 성격묘사
23. 성 삼위일체
24. 아르스인가 스키엔티아인가?
25. 연금술사들과 사회의
    다른 적들
26. 연금술에서의 그림
27. 예술과 연금술

원주
지은이 · 옮긴이 소개

현자의 돌을 찾아서 4
연금술의 탄생

4장 유럽의 새로운 세계에서
1. 근대와 헤르메스주의
2. 카발라
3. 구원의 역사
4. 시간과 연금술
5. 파라셀수스
6. 장미십자회단
7. 연금술사와 의화학자
8. 연금술 대가이면서 비연금술 대가: 판 헬몬트
9. 경험과 실험
10. 천문학자: 티코 브라헤
11. … 그리고 천체물리학자: 뉴턴
12. 사기꾼들
13. … 그리고 화학자
14. 괴테와 숙녀 폰 클레텐베르크
15. 혼란에 빠진 학생
16. '자기'를 찾아서
17. 분석심리학에 던지는 세 가지 물음
18. 화학과 연금술
19. 수수께끼와 비밀
20. 낭만주의로서의 연금술, 연금술로서의 낭만주의

반드시 필요한 저자 후기
원주
참고문헌
찾아보기
지은이·옮긴이 소개

일러두기

1. 이 책은 한스 베르너 쉬트가 저술하고 독일 뮌헨의 벡(C. H. Beck)출판사에서 2000년에 출간한 *Auf der Suche nach dem Stein der Weisen: Die Geschichte der Alchemie*를 번역한 것이다.
2. 외래어 표기는 대체로 국립국어원의 외래어 표기법과 용례를 따랐다. 또한 독일식으로 표기된 고유 명사는 가능한 한 본래 명칭으로 바꾸었다. 그러나 원서에 라틴어 이름으로 표기되었고, 그것이 낫다고 여겨질 경우 그대로 표기했다(예: '라몬 유이' 대신 '라이문두스 룰루스').
3. 원주는 미주로, 옮긴이 주는 각주로 처리했다.

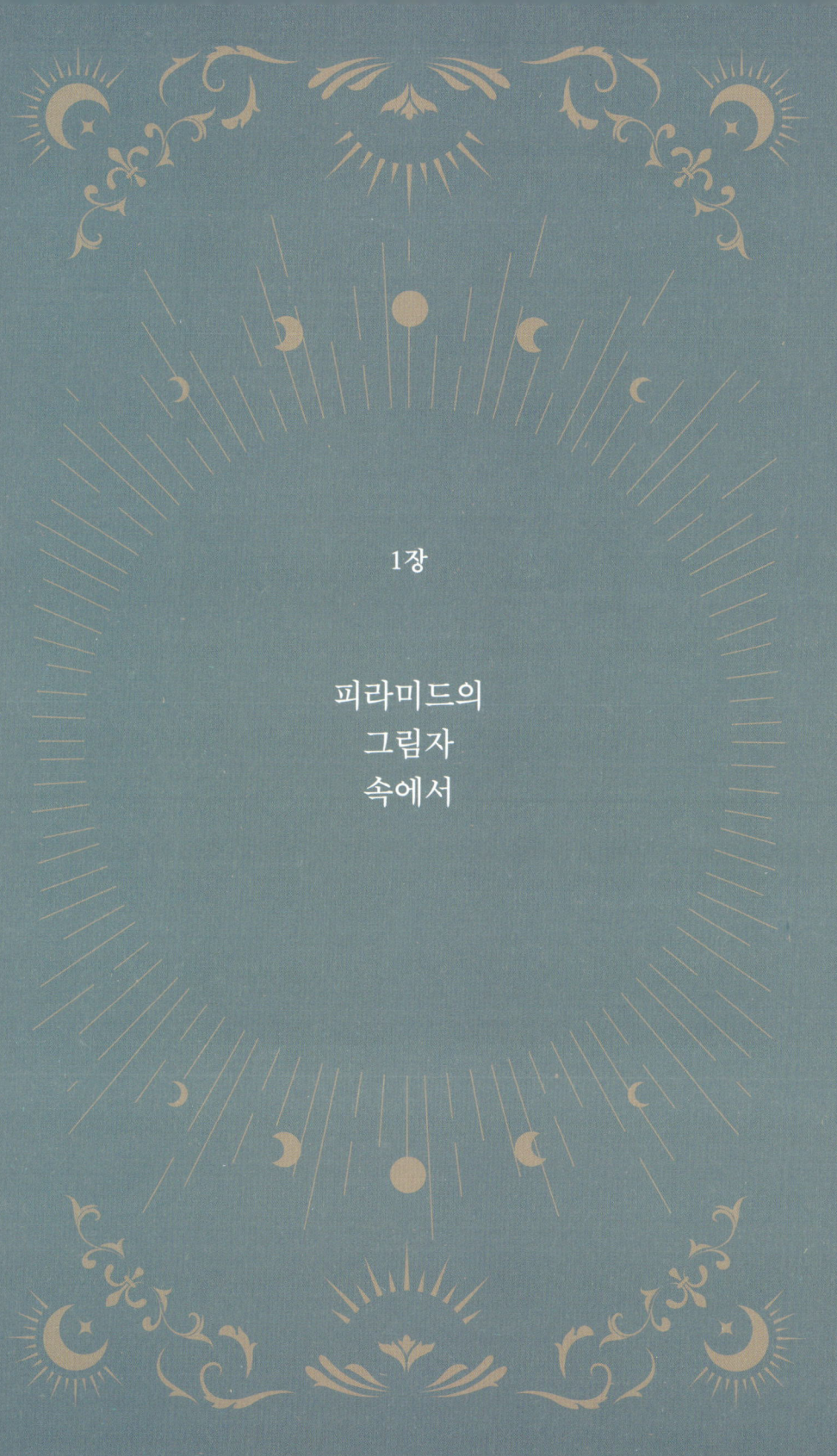

1장

피라미드의
그림자
속에서

삼두룡. 살로몬 트리스모신, 《스플렌도르 솔리스》, 16세기, 영국 국립도서관

1. 찾아서

연금술이란 무엇인가(*Quid est alchymia*)? 이것은 수많은 답을 도발하는 물음이고, 그렇기 때문에 아주 만족스러운 답을 약속하지 못한다. 그 답들 중 어떤 것도 모든 것을 설명해 주지는 못한다. 그리고 어떤 답이 주어지더라도, 우리는 그것이 모든 것을 어떻게 설명해 줄 것인지 상상조차 할 수 없다.

연금술(鍊金術) 문헌에서 이따금 사용되는 비유를 차용해서 연금술을 성스러운 구역으로 본다면, 그 답들은 예외 없이 모두 이 구역을 여기저기 스치고 지나가는 것 정도 이상은 하지 못할 것이다. 이 답들로부터는, 이 성스러운 구역의 최종 경계까지 아우르는 조망을 결코 얻을 수 없을 것이다. 그러므로 우리는 연금술을 정의라는 글자의 의미에 딱 들어맞게 **정의**할 수 없다. 그런데 이는, 우리가 연금술의 마지막 경계까지 돌진할 수 있는 능력이 없기 때문이 아니라, 연금술 자체가 원래 경계 없는 것이기 때문이다. 인간 자신과 마찬가지로 연금술도 그 자체로서 특별한 것, 하나의 살아 있는 개체이다. 그러나 또한 그것은 어떤 경계로부터도 벗어나고, 모든 것을 말해 주는 어떤 정의로부터도 벗어나는 개체이다. 이 말은 연금술로 들어가는 모든 문이 닫혀 있다는 의미는 아니다. 그러나 우리는 이 연금술의 왕국으로 들어갈 때, 우리가 보게 될 모든 것, 그리고 우리가 경험하게 될 모든 것을 정말로 파악할 수는 없다는 사실을 알고 들어가야 할 것이다.

계속해서 비유를 들어 이야기하면, 연금술은 예를 들어 수백 년에 걸쳐서 수많은 대목장들이 작업해 온 복합적인 신전 구역 같은 모습을 보인다는 것이다. 그런데 이런 일은 고대 이집트의 신전 구역에서도 똑같이 일어났다. 거기에서는 단 한 사람의 건축가에 의해서 주어진 미적 아이디어가 아니라, 연속적이고 유기체적으로 살아가고 성장하는 세계 전체가 구현되었던 것이다. 대신전과 마찬가지로 연금술의 핵심 영역들도 여러 개의 부속 건축물로 둘러싸여 있다. 연금술의 구역에는 무아경으로 이끄는 구부러지고 뒤틀린 건축물도 있지만, 아주 냉정하고 반듯하게 보이는 건축물도 있다. 그곳에는 또한 세속적 임무를 담당하는 것처럼 보이는 건물이 있는 반면, 보랏빛을 띤 어둠 속에서 베일을 쓴 지혜의 여신을 모시는, 성례(聖禮)를 위한 것임에 분명한 건물도 있다.

그리고 또 우리 연금술의 신전은 사람을 찾아볼 수 없는 그런 곳도 아니다. 다양한 옷을 걸친 남녀, 아주 다양한 언어로 혼란스럽게, 어쩌면 서로 소통도 못 하는 상태로 떠들어 대는 그리스인, 아랍인, 인도인, 중국인, 중세인들을 볼 수 있으며, 또한 격렬한 질망에서부터 침착한 즐거움까지 모든 기분 상태를 얼굴에 담고 있는 사람들, 그리고 말하는 것을 우리가 처음부터 끝까지 이해할 수 없는, 또는 처음에는 이해할 수 없는 그런 사람들도 볼 수 있다.

그러면 이토록 매력적이면서도 전체가 한눈에 들어오지 않는 파노라마 앞에서 우리는 어떻게 해야 할 것인가? — 우리가 할 수 있는 최선은 우선 연금술에 대한 초기 이해로 돌아가서 우리가 왜 신전 구역으로 들어왔는지, 다시 말하면 도대체 왜 우리가 연금술에 흥미를 가지며 그것으로부터 무엇을 기대하는지를 곰곰이 생각해 보는 것이다.

그렇다면, 우리가 어찌어찌해서 갖게 된 연금술에 대한 느낌이 있을 텐데, 이 느낌으로 하여금 말을 하게 해 보자. 이 느낌은 연금술이란 "특정한 물질을 더 고귀한 존재로 만드는 예술(Kunst),[1] 그리고 질료가 조작되는 동안 그 비밀을 가지고 씨름하는 사람도 고귀한 존재의 상태로 올라가게 되는 그런 예술"이라고 말해 준다.

이 '앞선 정의'는 괜찮은 것처럼 들리기는 하지만 문제가 없는 것은 아니다. 여기서 '예술', '고귀하게 만드는 것', '비밀', 이런 것들이 대체 무엇을 의미하는가? 거기에 더해서 통상의 해석학적 어려움도 더해진다. 왜냐하면 우리의 이 '앞선 정의'는 어느 정도는 이제 앞으로 실행되고 해석되어야 하는 개별 관찰들의 총화여야만 할 것이기 때문이다. 그런데 이는 이러한 관찰을 초기 이해에 비추어서 바라볼 때에만 성공할 수 있는데, 이것은 원래 허용되지 않는 것이다.[2]

그러면 더 놀라운 일이 우리를 기다리고 있으리라고 상상하며, 등불을 들고 성스러운 구역을 다시, 그리고 또다시 돌아다녀 보자 — 연금술의 세세한 부분 하나하나를 좀 더 잘 파악된 전체로부터 이해하

---

1 Kunst는 연금술을 가리키는데, 기술로도 번역할 수 있지만 여기서는 모두 예술로 번역했다.
2 일종의 동어반복(앞선 정의-관찰-앞선 정의에서 얻은 초기 이해에 의한 해석-관찰의 총화로서의 정의) 같은 결과가 나오기 때문이다.

고, 전체를 다시 세세한 부분 하나하나로부터 이해하기 위해.

우리는 오직 이런 방식으로만 우리의 호기심 어린 눈길을 끌었던 다음과 같은 물음의 답을 발견하리라는 희망을 가질 수 있다. 즉, 연금술의 수행 과정에서 계속해서 명백한 실패로 끝나 버린 행위가 그런 실패에도 불구하고 수백 년 동안이나, 그것도 서로 아주 다른 문화권들에서 수도 없이 반복된 이유는 무엇인가? 다시 말하면, 어째서 연금술은 그토록 끈질겼는가? 그리고 더 나아가서 그렇게 끈질기게 살아남았는데도, 어째서 결국에는 사멸하고 말았는가? 하는 물음에 대한 답을 말이다.

여기서 연금술은 원리상 성공할 수 없는 것이었다는 틀리지 않은 답을 내놓는 것은 분명히 충분하지 않다. 다른 답들도 있어야만 하는데, 가령 어째서 근대 화학이 연금술을 밀어낼 수 있었는가, 다시 말하면, 연금술이 그 자신의 적수 ― 많은 성공을 거둔 ― 와는 어떻게 달랐는가와 같은, 좀 더 세분화된 다른 물음들에 대한 답이 있어야 하는 것이다.

2. 궁전, 신전 그리고 박물관:
   알렉산드리아

그러면 이제 먼저 '알렉산드리아'라는 문을 통과해서 돌아다녀 보자. 그리고 우리가 그곳에 갔을 때가 이 나일강 삼각주의 진주를 디오클레티아누스 황제[3] — 로마 제국의 개혁과 기독교인 박해로만 유명한 것이 아니라, 귀금속 위조를 금지하는 칙령을 내린 것으로도 알려진 — 가 다스릴 때라고 가정해 보자. 그러니까 우리 여행은 기원후 284년과 305년 사이의 어딘가에서 시작되는 것이다. 우리가 알렉산드리아로 온 것은 연금술사의 작업장을 방문하기 위해서이다. 왜냐하면 우리는 그곳에서 '비천한 것을 체계적으로 존귀한 것'으로 만드는 예술이 행해진다는 소문을 어디선가 들었기 때문이다. 이 존귀한 것이란 금, 그리고 비밀에 가득 찬 어떤 것들이었다.

그렇다고 알렉산드리아에서 초기 연금술을 독점했던 것은 아니다. 근동의 다른 장소, 예를 들면 시리아-메소포타미아의 하란[4]이나 팔레스티나 같은 곳에서도 이 이른 시기에 연금술이라고 부를 수 있는 예술이 충분히 시행되었을 수도 있을 것이다. 게다가 연금술 전통이

---

3   Gaius Aurelius Valerius Diocletianus(245~312), 로마 황제(재위기간 284~305년). 로마 제국 2기의 기초를 닦은 황제로 제국의 통치 구조를 근본적으로 바꾸고, 제국의 경제, 군사 분야를 확립한 황제로 알려져 있다.
4   현재의 튀르키예 남동부 샨리우르파(Şanliurfa) 도시 인근의 구역을 말하는데, 이곳은 고대 메소포타미아 문명의 중심으로 상업 중심지이기도 했다. 하란(Harran)이란 명칭은 '길'을 뜻하는 Harranu에서 유래한다.

시작될 때부터 연금술은 직접적이든 간접적이든 페르시아에서 발생했다고 주장한 사람들도 있었다. 그러나 어떻든 간에 알렉산드리아가 고대 연금술의 가장 중요한 중심지였다는 것은 분명하다.

알렉산드리아의 항구에 도착했을 때부터 우리는 선명하게 뉴욕을 떠올리게 된다. 왜냐하면 뉴욕 사람들에게 자유의 여신상이 있듯이 알렉산드리아에는 그 유명한 파로스[5]라는 등대가 있기 때문이다. 그리고 도심도 뉴욕과 유사한 점이 있다. 뉴욕과 마찬가지로 알렉산드리아는 바둑판 모양으로 건설되었고, 알렉산드리아도 민족들의 용광로, 아직은 모든 것을 녹여 내지 않은 용광로이기 때문이다.

알렉산드리아에서는 세 민족이 가장 큰 세력을 형성했는데, 이들은 로마인, 이집트 원주민, 그리고 수백 년 전 나일강 변의 땅으로 이주한 그리스인 이주민의 후손들 — 그들 자신은 이집트인이긴 하지만 스스로 헬라 이집트인으로 생각하는 — 이다. 물론 알렉산드로스 대왕의 원정 이후로 20세대 이상이 지나면서 이집트-그리스 혼혈인이라는 중간층이 형성되기도 했다. 그 밖에도 마찬가지로 이미 수 세대 전부터, 말하자면 페르시아가 이집트를 지배한 후부터 그 땅에 살게 된 상당수의 페르시아인과 시리아인의 거주지가 존재한다.

반면 일찍이 알렉산드리아의 다섯 구역 중 두 구역에서 다수를 점

---

[5] 기원전 3세기에 이집트 알렉산드리아 파로스섬에 세워졌다는 등대로, 높이가 115~150미터였다고 한다. 파괴되기 전까지는 쿠푸 왕과 카푸라 왕의 피라미드 다음으로 가장 높은 건축물로 알려져 있었다. 크니도스(Knidos)의 소스트라토스(Sostratos)의 설계로 세워진 이 등대는 1303년과 1323년 두 번의 지진으로 크게 훼손되었고, 이어 1480년에 요새가 세워지면서 완전히 자취를 감추었다.

했던 유대인들의 아주 중요한 동네는 기원후 70년의 유대인 반란 후에 보잘것없는 것으로 줄어들어 버렸다.

카이사르와 아름다운 클레오파트라의 시대에 부분적으로 불타 없어진 것으로 알려진 왕궁과 두 개의 알렉산드리아 건물군은 그리스의 지배자 프톨레마이오스(Ptolemaios) 왕가(기원전 306~31년)의 위대한 시기를 상기시켜 준다. 이 두 건물군은 70만 개의 두루마리 책을 위한 도서관이 딸린 무세이온(Mouseion)과 그리스-이집트의 제국신인 세라피스(Serapis)를 모신 주 신전으로 국가제례의 중심이었던 세라페이온(Serapeion)이다.

왕궁 옆의 무세이온은 우리가 배회하기로 정한 시기 바로 전에 폐허가 되었는데, 물론 이는 대왕들의 시대가 돌이킬 수 없게 되어 버렸다는 것 ― 로마 제국 전역에서 가파르게 상승하는 인플레이션이라는 징표로 알 수 있듯이 경제적으로도 ― 을 보여 준다. 무세이온은 디오클레티아누스 황제 즉위 직전 일어난 소요사태 때 최종적으로 파괴되었고, 이로써 일종의 '고등과학연구소'(Institute of Advanced Study)로 500년 동안 존속했던 그리스 과학의 중심지도 파괴되었다.

무세이온의 창시자인 프톨레마이오스 1세 소테르[6]는 세라페이온의 초석을 놓은 사람이기도 하다. 3세기 말인 지금, 세라페이온은 아직 손상되지 않은 채 20만 개의 두루마리 책으로 이루어진 고전 그리

---

6   Ptolemaios I Soter(기원전 367~283), 프톨레마이오스 왕조의 창시자. 마케도니아인 아르시노에(Arsinoe)의 아들로, 알렉산드로스 대왕이 가장 신뢰했던 장군 중 하나였던 그는 기원전 323년에 이집트 총독으로 부임하여 프톨레마이오스 왕국을 건설했다.

스 텍스트의 도서관도 갖추고 있다.(1) 우리에게 세라페이온은 프톨레마이오스 왕조의 첫 번째 파라오가 시도했던 일의 상징으로서 특별한 의미를 갖는데, 이 시도는 그리스가 이집트를 지배할 당시 주요 문제 중 하나였고 알렉산드로스 대왕의 다른 후계자들에게도 중요한 문제였던, 다양한 전통을 지닌 다양한 문화민족이 같은 나라에서 함께 살아가는 문제를 해결하려는 것이었다.

알렉산드로스 제국의 거의 모든 후계 국가에서와 마찬가지로 그리스인은 프톨레마이오스 제국에서도 소수였다. 그럼에도 이 모든 국가에서 그리스어는 외교와 행정의 언어였으며, 알렉산드로스의 후계자들인 디아도코이7와 그들의 평민들은 정복자가 죽은 지 수 세대가 지났어도 하나의 동일한 문화에 속한 것으로 느끼고 있었다. 그리고 커다란 인구집단이 그리스어를 받아들여 사용하게 되었을 때에도 이 언어는 놀랍게도 수백 년 동안 지역의 제례와 전통의 지지대로 작용했다. 그 이유는 지역의 신들이 헬레니즘이라는 국제 판테온 속으로 번역되어 들어갈 수 있었기 때문이다.

그리스 문명이 아니라 헬레니즘, 이것이 더 정확한 말이다. 왜냐하면 헬레니즘은 세계주의적이며 또한 그것과 겹쳐진 여러 고급문화에 의해서 다각적 영향을 받았다는 두 가지 점에서 고전 그리스 문화와 구별되기 때문이다.

---

7   그리스어로는 Diadokhoi, 라틴어로는 Diadochi. 일반적 의미로는 후계자들이란 뜻이다. 헬레니즘 역사에서 디아도코이는 알렉산드로스 대왕의 후계자들을 일컫는데, 서로 경쟁관계에 있어서 알렉산드로스 대왕의 죽음 이후 이들 간에 전쟁이 벌어졌다.

다른 디아도코이 국가들과 마찬가지로 이집트에서도, 정부는 동등한 힘의 강도를 지닌 두 개의 문화적 장(場) 사이에 놓인 긴장을 가능한 한 중화해야 하는 어려운 과제를 해결해야만 했다. 이미 소테르는 이 문제를 해결하려 노력했고, 이를 통해서 그는 의도하지 않았지만 헬레니즘 연금술의 역사에 중요한 기여를 했다. 이 기여는 무세이온의 설립에 의한 것만이 아니라, 본질적으로는 어떤 꿈, 고도의 정치적 꿈에 의한 것이다. 아마 나중에 생겨났을 터인 어떤 국가신화에 따르면, 프톨레마이오스가 어떤 꿈을 꾸었고, 그 꿈에 플루톤(Pluton) 신이 나타나서 자신은 이집트에서 온 신이기 때문에 그의 제례를 그리스의 시노페에서 이집트로 옮기라고 명했다는 것이다. 이로써 그리스와 이집트의 드러나지 않은 문화적 단일성이 존재한다는 것이 그냥 전제되었다.

이 단일성의 표현은 플루톤이었는데, 플루톤은 이제 제우스뿐 아니라 디오니소스(Dionysos)와 아스클레피오스(Asklepios)의 특성을 갖게 되었으며, 그리고 더 나아가서 이집트의 신인 오시리스(Osiris)와 프타(Ptah)의 모습도 지니게 되었다. 오시리스 모습으로서의 이 새로운 신은 아피스-황소 숭배와 결합되었고, 이시스(Isis)의 남편으로 여겨졌다. 프타 모습으로서의 플루톤은 세계의 창조자이자 개조자였다. 오시리스-아피스라는 의미의 세라피스라는 이름으로 통합된 이 신 — 곡식통을 지닌 인간의 모습을 하고 있고 기둥머리 위에 다산성(多産性)의 상징으로 그려지는 — 은 이집트의 제국신이 되었다.

우리가 세라피스의 형체에서도 경험할 수 있는 여러 신들의 다양한 면모의 통합은 오늘날에는 부자연스러운 느낌을 주지만, 당시에는 그렇지 않았다. 말하자면 기원후 392년에 모든 비기독교적 숭배가 최종적으로 제거될 때까지, 원래 서로 낯선 종교적 견해의 혼합을 의미하는 혼합주의(Synkretismus)는 헬레니즘에서는 흔히 있었던 일이다. 그리고 연금술도 적어도 초기에는 서로 다른 지향들, 서로 다른 표상세계들, 서로 다른 정신체계들을 융합하는 경향을 보였다. 이런 식의 융합이 선호되는 상황에서는 프톨레마이오스가 그들의 신을 거의 종합해 내다시피 하고, 결국은 이렇게 **발명해 낸** 신에게 세라페이온이라는 거대한 신전을 건설해 준 것을 아무도 이상하거나 불경하다고 보지 않았다.

연금술의 초기 상황을 추적하는 우리가 볼 때 세라페이온은, 그리스 종교와 철학이 이집트 종교 및 신전 예술과 만나는 접촉 구역이 있었다는 주장의 명명백백한 증거다. 오직 그러한 접촉 구역에서만 고전 그리스에서는 상상할 수 없었을 결합체, 다시 말하면 무세이온에서 발생했던 것과 같은, 특정 자연철학과 이집트 신전의 작업장에서 수행되었던 종교적 목적을 지닌 수공업 사이의 결합이 생겨날 수 있었던 것이다.

그러나 이 결합이 단단하게 유지되기 위해서는 적어도 두 개의 성분이 반드시 필요했던 것처럼 보이는데, 하나는 고대 후기에 와서야 등장한 특정한 종교적, 철학적 견해였고,[2] 다른 하나는 의학 지식이었다. 당시에는 무세이온의 교수와 같은 전문 학자와 이집트 장인들과 사제들의 공동체 외에 또 하나의 직업계층이 있었는데, 이 계층은 초기 연금술의 사고방식과 지식에 간접적이긴 했지만 상당한 영향을 미쳤다. 이들은 의사, 더 정확하게는 약학도 연구했던 일부 의사였다.

그리고 사제가 수행하는 이집트의 의학은 그리스인 사이에서 수준 높은 것으로 여겨졌는데, 해부학과 외과학만 제외한다면 오늘날 우리 눈으로 보아도 상당한 수준의 것이었다.(3)

그렇기는 하지만 연금술에 영향을 미친 의학은 주로 그리스에서 유래한 것으로 보인다. 이는 연금술 문헌뿐 아니라 그리스 의학 텍스트에 기술된 특정한 제법에서 드러난다. 그리고 겉보기에는 전형적인 연금술의 금속 처리방식인 하소(煆燒, *Calcination*)[8] — 오늘날 우리는 이것을 산화라고 부르는데 — 도 그리스의 제조약학에 뿌리를 둔 것이다. 의사들은 금속으로 된 약을 이러한 방식을 사용해서 소화가 더 잘되도록 만들려고 했다. 이는 약을 좀 더 비고체적으로 만든다는 것을 의미하기도 했는데, 소화나 발효, 또는 부패 과정은 연금술에서도 중요한 역할을 했다.

---

8   연금술에서 '하소'는 금속 같은 물질을 불로 태워서 재로 만드는 것을 말한다.

3. 연금술사의 실험실

이제 우리가 연금술 작업에 관해 좀 더 상세한 것들을 경험해 보고자 한다면, 우선 연금술사의 실험실을 들여다보아야 할 것이다. 이 일은 눈에 보이지 않는 '그럴싸함 박사'가 동행해 줄 때에만9 가능할 터인데, 박사는 우리 입에서 체념의 한숨이 나올 때마다 항상 우리 앞에 등장한다. '그럴싸함 박사'는 우리에게 없는 고고학·고고분석학적 지식을 제공해야만 한다. 왜냐하면 고대 연금술사의 실험실은 지금까지 어디에서도 발굴된 적이 없기 때문이다. 그리고 박사는 분명히 부엌으로도 사용되었을 수 있는, 어떤 이집트 저택의 지붕 없는 안마당으로도 우리를 인도할 것이다. 이 안마당의 문을 통해서는 또한 실험실에 반드시 딸려 있던 도서관으로 들어갈 수 있다. 우리는 시험적으로 우리의 연금술사가 초보자건 혹은 **연금술 대가**(Adept) — 이미 지혜에 도달해 있는 사람(adeptus est) — 이건 단순한 장인이 아니라 사제나 의사, 또는 교육자였다고 가정할 수 있는데, 이들이 상당한 교양을 가지고 있었음은 말할 것도 없다.10

그러나 교양만으로는 충분하지 않았고, 돈도 반드시 있어야만 했다. 그 이유는 연금술이 아주 값비싼 오락이었기 때문이다. 이는 연금술에서 사용되는 도구와 용기들에서 읽어 낼 수 있다. 이들 도구의

---

9 '그럴싸함 박사'란 연금술에 한정하면 문헌 자료만으로 추론한다는 의미이다.
10 Adept는 앞으로 연금술사를 지칭하는 말로 사용되는데, 여기서는 연금술 대가로 번역했다.

아드리안 판 오스타데, 〈연금술사〉, 1661, 영국 국립미술관

일부는 유리로 제작된 것이었고, 유리를 구입하자면 어쩔 수 없이 엄청난 돈을 지불해야만 했기 때문이다. 그 밖에 도구와 용기들 중에는 점토(粘土)로 만들어진 것도 있었고, 드물기는 하지만 금속으로 된 것도 있었다.

이 용기와 도구들 중 몇몇은 더 주의 깊게 고찰할 만하다. 예를 하나 들면, 보통의 접시나 병 또는 컵 사이에서 거의 눈에 띄지 않지만 의미심장한 이름을 지닌 용기가 있다. 그것은 피올레(Phiole)인데, 이것의 도움으로 파우스트 같은 연금술 대가조차도 자신의 직업적 무지로부터 벗어나려고 했다.

> 너 유일한 피올레여, 내가 네 안부를 묻노니, 내가 정신을 가다듬고 이제 너를 아래로 끌어내리노라.[(Faust(I) Vers 690 f.) Goe. V, 48]11

괴테는 비극적으로 들리는 이 구절을 파우스트가 읊도록 하는데, 그것은 사실 우리의 대시인이 아니라 그의 동료 빌헬름 부쉬(Wilhelm Busch) 정도가 파우스트 교수로 하여금 읊조리게 할 만한 것이었다.

겉으로 보기에 피올레라는 단어는 피알레(phiale), 즉 둥근 지붕에서 유래하는 것 같다. 실제로 피올레는 긴 목을 하고 배가 불룩한 둥근 모양의 병이고, 바로 이 때문에 피올레는 '헤르메스의 용기'로서, 신적 연금술의 창시자 헤르메스 트리스메기스토스(Hermes Trismegistos)와 연결되어 있다. 피올레의 배가 불룩한 형상은, 정돈된 그리고 정돈되

---

11 Goe.는 Goethe의 약어이다.

어 가는 세계, 말하자면 우주(코스모스)를 나타낸다. 더 정확하게 말하면 피올레는 우주 **존재 자체**일 수도 있는데, 그 우주는 마이크로코스모스, 즉 소우주이다. 피올레는 또한 모든 생명이 생성되는 우주의 알(Weltenei)을 나타낼 수도 있다. 그리고 피올레의 긴 목은 실험실 작업을 넘어선 의미도 지닌다. 긴 목은 상징적 우주를 완전히 봉쇄해서 실제로 독자적 세계를 만드는 데 사용될 수 있다. 이는 피올레 입구를 녹여 막아 버리기만 하면 되는 것이다.

이 작은 유리병은 따라서 실제로 주의 깊게 관찰할 가치가 있다. 그런데 이 병은 비의적 학문과 예술을 잘 나타내 줄 뿐만 아니라, 무엇보다 연금술적 사고와 행위 — 실험실 안에서도 일어나는 — 까지도 잘 보여 준다. 부름받지 못한 자들에게 이 실험실은 항상 닫혀 있고, 항상 다면적이며 아주 상징적이다.

이는 나중 시기의 연금술에서 출현한 문제아가 잘 보여 준다. 이 문제아는 **알카헤스트**(Alkahest), 즉 아라비아와 유럽의 연금술사들이 제조할 수 있었다고 하는 만능 용제(溶劑)이다. 물론 계몽된 선각자들은 이 알카헤스트가 **자기모순임**을 재빨리 알아챘는데, 왜냐하면 이 만능 용제가 정말로 만능이라면, 어떤 용기의 벽도 갉아먹어야 할 것이기 때문이다. 그러나 이는 계몽의 후손인 **우리**가, 모든 것을 꿰뚫어 보면서도 더 이상 아무것도 보지 못하는 투명 세계 속에서 살고 있음을 보여 줄 뿐이다. 진짜 연금술사에게 피올레는 단순한 유리 용기가 아니라 바로 **우주** 자체이기도 했다. 그런데 모든 것을 둘러싼 우주의 여덟 개의 천구[12]를 파괴할 수 있는 것은 아무것도 없다. 이렇게 보면, 우리가 비록 파우스트 박사의 자기 파괴적 열망에 공감하는 것은 아니지만, 이 작은 유리병에 충분히 경의를 표할 가치는 있다.

같은 경의를 품고, 우리는 연금술사의 실험실에 있는 다른 대상들 — 3, 4세기의 연금술사인 '신과 같은' 조시모스(Zosimos)가 쓴 논문들에 서술되어 있는 것과 같은 — 을 들여다보아야 한다. 먼저 여기서 도구 하나가 우리 눈에 띈다. 이 도구에는 아랫부분은 몸통이고 윗부분은 머리이며, 아래는 여성적이고 위는 남성적이라는 해석이 붙는다. 우리의 세속적 시선에는 이 기묘한 자웅동체(雌雄同體)가 단지 '평범한' 증류 장치의 하나처럼 보이지만, 그것만으로도 충분히 놀랄 만하다. 왜냐하면 증류 장치는 결코 흔한 것이 아니었기 때문이다.

예수 탄생 무렵의 시기를 살던 우리의 중요한 증인들, 즉 플리니우스[13]와 의사이자 약물학자인 디오스코리데스[14]는 각각 자신들의 저서 《자연사》(*Historia Naturalis*)와 《약물지》(*Materia Medica*)에서 기껏해야 증류 장치의 원시적 초기 모양에 대해 언급했다. 이들의 장치는 그릇

---

12 고대 서양의 우주관에서는 우주의 중심이 지구이고, 지구 주위에서 행성, 태양, 항성이 붙어 있는 천구(天球)가 돈다고 보았다. 천구는 행성천구(수성, 금성, 화성, 목성, 토성, 달) 6개, 태양과 항성의 천구 2개로 모두 8개이다.

13 Gaius Plinius Secundus(23~79), 로마의 박물학자. 북이탈리아의 코모에서 출생했으며 12세에 로마로 와서 문학, 웅변술, 법률을 수학했다. 23세부터 전장에서 복무하다 58년 무렵 복무를 마치고 법률가로 일하면서 문법서 등을 집필했다. 77년에 자신의 대저 《자연사》를 출간했다.

14 Pedaniüs Dioskorides. 1세기에 활동한 그리스의 약학자이자 의사. 소아시아의 아나자르부스에서 출생했고, 로마황제 네로의 군의로 재직했다. 그의 저작 《약물지》는 플라톤 시기부터 네로 황제 시대까지 약초에 관한 지식을 집대성해 놓은 것으로, 약 600종의 식물을 자신의 독자적 기준에 따라 기술했다. 그의 저서는 중세의 식물학 연구에 큰 영향을 주었다.

위에 덮어씌운 병 모양의 용기나 천 또는 양피 속에 증기가 응집되도록 하는 그런 것이었다.(4)

그런데, 3세기 말에 조시모스는 발전된 형태의 증류 장치의 모든 특징들 — 위에 관이 부착된 증류 플라스크, 주둥이가 달린, 또는 여러 개의 주둥이와 배기구들이 달린 공 모양 덮개(Helm) — 을 지닌 이른바 트리비코스(Tribikos)에 대해 설명한다. 증류 플라스크로는 대개 세라믹 용기인 로파스(Lopas)가 이용되었고, 이 용기에 증류하려는 원료가 담겼다. 용기 위에는 내부 폭이 손 너비 정도인 관이 부착되었는데, 이는 틀림없이 증류의 원료가 증류물 용기(Vorlage)로 튀어 들어가는 것을 막기 위해서였을 것이다. 이 관은 칼케이온(Chalkeion), 암빅스(Ambix) 또는 간간이 암비코스(Ambikos)로 불렸던 구리로 된 머리 또는 덮개 — 마찬가지로 관에 붙어 있던 — 를 가지고 있었다.

트리비코스(Tribikos), 즉 '3개의 항아리'의 경우, 덮개로부터는 3개의 주둥이가 나와서 3개의 증류물 용기 — 로기아(Rhogia)라고 불렸지만 피알라이(Phialai)로도 불렸던 — 로 들어갔다.(5) 증류 플라스크-덮개-증류물 용기의 기본틀을 변형한 형태들도 상당히 존재했다.[15] 그리스 연금술사들은 이미 증류 덮개가 항상 찬물이 담긴 수조에 잠겨 있는 이른바 칠면조머리(Türkenkopf) 장치를 알고 있었던 것 같다.(6)

그러나 연금술사들의 증류에는 분명히 한계가 있었다. 왜냐하면 그들의 증류 장치에는 연마된 연결부[16]가 없었을 뿐만 아니라, '철학

---

15 위의 트리비코스에 대한 복잡한 묘사는 인터넷에서 찾아볼 수 있는 그림을 보면 쉽게 이해된다.

자의 접합제'(*Lutum philosophorum*)라고 어느 정도 과장되게 불렸던 찰흙이 밀폐제로 사용되었기 때문이다. 또한 알코올처럼 쉽게 끓는 액체는 증류할 수 없었고, 따라서 알려지지 않은 채 있었다. 온도대별로 가열하거나 냉각하기도 거의 불가능했기 때문에 높은 온도에서 끓는 물질의 증류는 어려웠다. 특히 이 물질이 쉽게 굳어 관을 막아 버릴 경우에 더 어려웠다.

당시에는 증류만이 아니라 승화도 할 수 있었다. 가장 간단한 경우에는 승화를 위해 2개의 항아리 주둥이가 서로 위아래로 맞붙도록 겹쳐 놓았는데, 이때 위쪽 항아리에는 증기가 빠져 나가도록 작은 구멍을 내놓았다. 그것 말고도 조시모스는 승화물을 받는 도구로 뱀 모양의 관을 사용할 것을 권하였다. 조시모스는 황뿐만 아니라 수은도 승화물이라고 불렀는데, 수은은 사실 액체이기 때문에 승화된 물질로 봐서는 안 될 것이다. 조시모스는 관의 넓은 표면에 승화물(7)이 더 잘 달라붙을 수 있다고 말하는데, 이건 맞는 말이다.

연금술 실험실에는 지금도 여전히 일반적으로 사용되는 도구 외에, 특히 적은 양의 물질을 승화하는 데 쓰는 또 하나의 장치가 있다. 그것은 케로타키스(*Kerotakis*)인데, 이 이름은 엔카우스티코스(*enkaustikos*, 왁스회화)라는 그리스의 특정 회화 기술로부터 왔다. 원래 '케로타키스'라는 단어는 왁스(*Keros*)를 얹어 넣고 색과 함께 젓는 식사각형 혹

---

16 연마된 연결부는 현재 실험실에서 사용되는 증류 장치의 연결부에 이용되는 것으로, 연결되는 두 부분에 실리콘 페이스트 같은 것을 발라 서로 결합하면 밀폐가 된다.

은 삼각형의 팔레트를 가리키는 것이었다. 채색된, 그러니까 색이 입혀진 왁스는 따뜻하게 데워져 채색 대상, 가령 대리석 같은 것에 문질러졌다. 실제로 그리스 조각상과 대리석 띠 장식은 바이마르를 중심으로 활동했던 독일 고전주의 작가들이 아주 좋아했던 흰색은 아니었다. 이것들은 채색되어 있었는데, 우리에게는 저급한 것으로 여겨질 정도까지 색이 입혀졌다.

대리석으로 조각된 신들을 정말 진짜처럼 보이도록 하기 위해 색을 입히는 데 쓰인 팔레트도 케로타키스 — 그 이름이 이 팔레트로부터 유래된 — 의 구성요소였다. 팔레트 위에서는 금속과 적당한 시약의 반응이 이루어졌다. 휘발성 또는 독성 물질의 경우에는 케로타키스를 닫힌 실린더 속에 넣었는데, 이 실린더는 외부에서 가열할 수 있도록 되어 있었다. 실린더 윗부분에는 변화시키고자 하는 금속 박편이 놓인 팔레트가 있었다. 기화(氣化)시키려는 물질은 용기 바닥에 있었고, 이 물질 위에 사기로 된 석쇠판을 놓아 변화된 물질이 반응을 일으키지 않도록 했다. 실린더 아랫부분은 반응 공간과 분리되어 있었고, 이곳에는 장치에 불을 땔 수 있는 목탄로가 있었다.

가열할 때 증기 형태로 올라가는 물질은 종종 액체나 용융물 형태로 관 윗부분에서 다시 밑으로 떨어지기 때문에 이 장치는 카르키노스(*Karkinos*), 즉 '게'라고 불렸고, 그 과정 또한 그렇게 불렸다. 또한 연금술에서 가장 중요한 상징 중의 하나로 여겨지는, 자신의 꼬리를 물고 있는 뱀인 우로보로스(*Ouroboros*)도 케로타키스와 연결 지어졌다. 그래서 결국 이 장치는 특별히 '철학자의 알'이라고 불렸고,[8] 그 속에서 신비가 부화했다. 문헌에서 케로타키스에 대한 설명이 구형이나 알 모양으로 나타나는 것은 아마 이런 이유일 것이다.

케로타키스가 실제로 '장치 제작의 빈 곳'을 채워 주었음을 보여 주는 한 가지 사례가 있는데, 이는 아말감화(化)에 의한 금 모조와 관계가 있다. 13%짜리 구리 아말감은 지금도 유용한 금 모조법으로 여겨진다. 그런데 이 아주 특정한 합금은 수은이 뜨거운 상태에서는 기화해 버리기 때문에, 그 상태에서 직접적 혼합을 통해서는 만들어 낼 수 없다. 그렇다고 차가운 상태에서 섞는다고 만들어지는 것도 아니다. 왜냐하면 이 상태에서는 변화하지 않은 구리와, 금이 아니라 은처럼 보이는 구리 아말감 — 수은을 13% 이상 포함하는 — 의 혼합물이 생겨나기 때문이다. 그래서 케로타키스 위쪽에 구리 박편을 놓고 장치 아래쪽에서 수은이 기화되도록 했던 것이다. 이렇게 하여 최종생성물이 정확한 구성비와 색을 지니게 되었다.

이 사례는 옛날의 화학자와 연금술사들이 얼마나 주도면밀하게 행동할 수 있었는지를 보여 주고, 또한 화학의 성과가 종종 — 언제나 그런 것은 아니지만 — 장치 제작술의 발달과 연관되어 있음을 보여 준다. 이런 성과가 그저 이런저런 시험을 통해서 얻어졌다고 말하는 것은 분명히 충분한 설명이 될 수 없다. 앞으로 우리는 연금술사의 증류와 기화 작업 뒤에 얼마나 많은 이론들이 존재했는지 보게 될 것이다.

하지만, 먼저 연금술사의 실험실을 너 둘러보노록 하자. 농상적으로 이곳에서 볼 수 있으리라고 생각되는, 내용물이 들어 있거나 비어 있는 비커, 접시, 절구, 병 그리고 항아리가 있는데, 이것들은 교반(攪拌) 막대, 칼, 숟가락, 바늘과 함께 어느 정도 질서 있게 선반과 작업대 위에 배치되어 있으리라고 상상할 수 있는 것들이다. 그 외에도 우리는 실험실에서 다양한 깔때기도 보게 되는데, 이것들은 증류와 승화만이 아니라 여과도 활발하게 이루어졌음을 암시한다. 여과 도구로는 특히 거친 삼, 그리고 천과 굽지 않은 도기 조각들을 이용했을 것이고, 또한 간혹 값비싼 파피루스도 썼을 것이다.

이 모든 장치, 기구, 재료들을 밑에서 받쳐 주는 것 — 정말 문자 그대로 — 은 중탕장치와 화로였다. 연금술사의 실험실에 있는 많은 수의 화로는 근대 초기까지도 해결될 수 없었던 두 가지 어려움을 암시한다. 하나는 화로의 온도 조절이 가능하지 않았다는 것이고, 다른 하나는 온도를 조절할 수는 없더라도 적어도 측정은 할 수 있어야 하는데, 이것도 불가능했다는 것이다. 그런데 연금술에서 사용된 열원에 요구되었던 중요한 것은 일정하면서도 대체로 낮은 온도였다. 연금술의 작업들은 말하자면 종종 생화학적인 것과 유사한 것으로 여겨졌고, 그래서 적당한 온도가 오랜 시간 지속될 것이 요구되었다.

가볍게 가열할 경우에는 모래와 물, 재가 들어 있는 용기를 이용하거나 대개 말똥과 같은 똥이 담긴 용기를 이용하였는데, 이는 똥이 발효하면서 섭씨 60도의 온도에 도달하였기 때문이다. 특별히 조심스럽게 증발시켜야 할 때 항상 가장 중요한 열원으로 사용된 것은 당연히 태양빛이었다. 이 태양빛은 금의 신인 솔(Sol)로부터 나오는 것이라고 해서 연금술사들에게는 특별히 중요한 특성을 지닌 것으로 여겨졌다. 그래서 우리는 여기 연금술 실험실 안에서 열이라는 개념을 조심스럽게 다루어야 한다. 섭씨 40도의 열이 항상 같은 것은 아닌데, 우주의 열은 발효하는 두엄이 내는 동물적 열과 다르고, 동물적 열은 또한 기름램프의 열과 다르다. 그런데 이 기름램프는 모든 연금술 실험실이 갖추고 있었고, 적은 양의 물질을 가열하는 데 사용되었다.

더 높은 온도를 얻기 위해서는 램프로 충분하지 않았고 화로를 사용해야 했는데, 이 화로들은 다양한 형태와 크기를 지니고 있었다. 훌륭한 장비를 갖춘 연금술 대가라면, 벽돌로 만든 평범한 화덕 외에도 **피르 아우토마톤**(*Pyr automaton*)이라고 불리던 일종의 연속 연소로 같은 것을 갖추고 있었는데, 이 연소로의 구조는 물론 분명하게 알려져 있지는 않다.

몇몇 작업의 경우에는 유리 제조용 화로가 사용되었는데, 이 화로에서는 반응 공간이 화로 속에 설치되어 있었다. 말하자면 가열부로 완전히 둘러싸여 있었던 것이다. 당연히 송풍기도 사용되었다. 연금술사는 열원의 연료로 목탄을 사용했고, 기름, 왁스, 역청, 또는 앞서 이야기했듯이 가축의 똥도 사용했다.

이로써 우리는 연금술사가 자기 집 앞마당에 있는 실험실에서 우리가 시키는 실험을 할 때 필요한 모든 주요 장치를 모아 놓았다. 이제 연금술사가 우리의 뜻에 따라 취급하게 될 물질만 빠진 셈이다.

그런데, 우리가 이 물질들에 접근하려 할 때면 종종 극복할 수 없는 어려움에 처한다. 문헌 자료는 물질과 관련해서 대개 불완전할 뿐만 아니라, 의도하든 의도하지 않았든 불분명하다. 그리고 우리가 설사 어떤 물질인지 정확하게 밝혀냈다고 해도, 대개는 그 물질의 순도와 혼합 방식에 대해서는 전혀 알지 못한다. 물론, '신의 예술'에서 사용된 가장 중요한 물질들에 대해서는 되풀이해서 기술되어 있기 때문에, 우리는 적어도 **학습에 근거한 추측** 정도는 발휘할 수 있다.

아주 일반적으로 말하면, 그리스-이집트 연금술사들에게 알려져 있던 물질들 전체는 3가지 주요 그룹으로 나뉜다고 할 수 있다. 이것들은 소마타(Somata), 프네우마타(Pneumata), 아소마타(Asomata)인데, 이것들을 글자 그대로 번역하면 고체, 공기 또는 영, 그리고 비(非)고체라는 뜻이다.

진짜 고체에는 당시 알려져 있던 금속 전체, 그리고 우리가 오늘날 알고 있는 것과 같은 특정한 합금들도 속해 있었다. 항상 7가지 주요 금속들이 언급되었는데, 그 숫자는 언제나 7이어야만 했다. 이 7이라는 숫자는 한 번도 의심받은 적이 없었는데, 고대 천문학에서 알려진 7개의 행성들 — 태양과 달을 포함해서 — 중 어느 하나와 우주적 관계를 맺고 있지 않은 금속은 없었다. 그리스 연금술에서 납은 전통적으로 토성과 연결되었고, 주석은 목성이나 수성, 은과 금의 합금인 호박금은 대개 목성, 구리와 주석 합금인 청동도 마찬가지로 목성과 연결되었다. 철은 처음에는 수성과 연결되다가 나중에는 항상 화성과 연결되었다. 구리는 처음에는 화성에 연결되지만 나중에는 항상 금성과 연결되었고, 수은은 대체로 수성, 은은 언제나 달, 금은 항상 태양과 연결되어 있었다.(9)

그런데 이들 금속은 7개가 아니라 9개였고, 이 중에는 2개의 합금이 들어 있었으며, 주석과 수은은 때때로 동일한 금속으로 여겨졌고, 화학의 기초물질 중에서 언제나 변화 가능한 프로테우스17라고 할 수 있는 수은은 종종 금속이 아니라고까지 여겨졌다.

---

17 Proteus, 예언과 변신술에 능한 그리스의 신.

그러므로 우리는 우리의 연금술사가 7개의 금속을 위해 단지 7개의 용기만을 사용했다고 단순하게 가정해서는 안 된다. 그는 자신의 고체들에게 어느 정도 질서를 부여하기 위해서 몇 개의 용기를 더 필요로 했다. 그래서 우리는, 우리가 보기에는 따로따로인 금속들 모두가 가족이라고 상상해야만 하는데, 이들 가족 구성원들은 때때로 분명한 차이를 보여 주기도 한다. 이는 결국 합금 문제를 건드리게 되는데, 연금술사들은 합금들을 합금으로 인식하기도 했고, 동시에 순수한 금속으로 보기도 했다. 합금은 변형된 속성을 지닌 기본 금속이라는 의미로 잘 알려져 있었고, 그런 속성을 불러일으키는 첨가제의 종류와 양은 물론, 이들 합금의 제련 방법도 대개는 정확히 알려져 있었다. 따라서 이집트에서는 이미 3세기부터 구리에 주석광석(SnO_2)을 혼합하였는데, 이 주석광석은 먼 곳에서 수입해야만 했다.

그런데, 연금술 문헌 어디에서도 분명하게 논의되었던 것은 아니지만, 이들 합금에 대해서는 서로 다른 두 해석이 있었다. 이 합금은, 혼합되지 않은 원광석을 녹여서 얻어 낼 수 있는 경우에는 독자적 금속으로 인정됐고, 그렇지 않을 경우에는 특정한 금속이 첨가제에 의해서 변형된 것으로 여겨졌다. 이때 첨가제는 제련과정 중에 유용할 것으로 기대되는 속성들을 남겨 놓고, 기본 금속 속으로 흔적도 없이 사라져 버리는 역할을 한다고 생각되었다. 물길이 확실히 사라져 버릴 수 있다는 주장을 뒷받침하기 위해서는 자연철학의 대표적 인물인 아리스토텔레스까지 동원되었다. 그는 적은 양의 포도주가 많은 양의 물속에 들어가면 물로 변한다는, 즉 양이 많은 것이 적은 것을 자신의 존재 양태로 끌어들인다는 의견을 주창했던 것이다.

그러므로 "합금은 무엇으로 여겨졌는가?"라는 물음과 관련지어 생각할 때, 무엇이 더해져서 만들어진다는 사실 자체는 전혀 중요한 것이 아니었다. 다만 한 금속에서 다른 금속으로의, 물 흐르는 듯한 전이 과정 속에서 합금 성분으로 더해진 첨가제의 양과 그 특정 성질이 중요했다.

합금 과정으로부터 출현한 것은 무언가 다르게 만들어진 것이었다. 이는 영어 단어 'alloy'와 프랑스어 단어 'alliage'의 어원을 '변화시키다', '다른 무엇으로 만들다'는 뜻의 그리스어 동사인 'alloioein'에서 찾을 수 있다는 것에서도 드러난다. 그런데, '무언가 다르게 만들어진' 것만이 아니라 무언가 아주 새로운 것을 녹여 얻었다고 생각했다고 하더라도, 사람들은 이 제련의 산물을 우리가 생각하는 것과 달리 서로 분리된 여러 다른 금속 — 합금 과정에서 각각의 속성을 유지하고 원리상 합금으로부터 다시 분리될 수 있는 — 이 어느 정도 동등하게, 그리고 동일한 가치를 지니고 서로 결합되어 있는 것으로는 여기지 않았다.

그러나 이 정도로도 충분하지 않다. 우리의 연금술사들이 알고 있기는 했지만 **식별하지는** 못했던, 예를 들어 비스무트 같은 금속도 있었는데, 이 금속은 내내 납의 일종으로 여겨졌다. 주석은 종종 하얀 납으로 여겨졌다. 그뿐 아니라 연금술 문헌 속에는 우리만이 아니라 고대 독자들도 정말 고생하게 만드는 사물과 과정에 관한 비유들이 북적댔다. 그런데, 이 비유 속에서 중심 개념들은 처음 볼 때는 전혀 이해가 안 되는 방식으로 서로 연관되어 있다. 예를 들어서 납, 물, 주석, 예수 그리스도, 수은, 검은 수프, 그리고 원질(元質, Urmaterie)이 서로 무슨 연관이 있다는 것인가? 마리아(Maria)와 올림피오도로스(Olympiodoros)

같은 연금술 대가들 — 이 두 사람에 대해서는 나중에 다시 다루어야 할 터인데 — 은 이 모든 상징들이 각각의 맥락에서 동일한 것 혹은 거의 동일한 것을 의미함을 우리에게 설명해 줄 것이다.

그러므로 금속에 대한 연금술적 상징과 기술(記述)을 해석하는 과정에서는 각별히 주의를 기울여야 한다. 그리고 이는 일반적 연금술의 세계상에서 특출한 의미를 갖는, '숨' 또는 '정령'이란 의미의 **프네우마타**(*Pneumata*) 그룹에 대해서도 마찬가지이다. 인간 속에 숨어 있는 신적인 번뜩임도 '프네우마'(*Pneuma*)라고 불렸다는 것을 생각해 보면, 프네우마타가 지닌 특출한 의미가 그렇게 놀랍게 보이지는 않을 것이다.[18] 그렇지만 우선 우리가 관심을 가져야 할 것은 프네우마타의 **화학**일 뿐이다.

우선 프네우마타는 기체 같은 그런 것은 아니었지만, 언제나 — 파악하기 어려운 과도기 상태 이외에는 — '성긴' 질료(*Materie*)와 연결되었다. '기체'라고 명명할 수 있는, 화학적으로 구분되는 물질들은 근대에 이르기까지도 알려져 있지 않았다. 그러므로 프네우마타 그룹은 전적으로 손에 잡힐 수 있는 물체로 표현되었다. 적어도 후기 그리스-이집트 연금술에서는 프네우마타에 속해 있던 것은 겨우 2개의 주물질뿐이었는데, 이 물질들 모두 문세를 일으킨다.

---

18 프네우마타는 프네우마의 복수형이다. 고대 그리스어 'pneuma'는 독일어에서 Geist로 번역되므로 이 책에서는 대부분 영으로 번역했다. 'psyche'(독일어 번역은 Seele)는 대부분 혼으로 번역했다.

두 물질 중 하나는 수은이었다. 이 고도로 프네우마적인 물질에 들어 있는, 프네우마의 특징으로 여겨진 것은 그것이 승화, 또는 더 정확하게는 증류될 수 있다는 점이었다. 그러나 무엇보다 금속광택과 무게로 인해 수은은 금속으로도 여겨졌다. 이에 대해 조시모스는 "어떤 이는 수은이 상당히 조밀한 것이라고 하고, 다른 이는 수은이 프네우마적인 것이라고도 한다"라고 언급했다.[Berth. (2) III, 131][19] 그렇지만 수은은 금속으로서는 정말 유별난 것이었다. 왜냐하면 액체 상태에서는 당시 알려져 있던 다른 모든 금속의 기본 속성인 가단성(可鍛性, *Schmiedbarkeit*)을 갖지 않았기 때문이다. 이 밖에도 수은은 다른 보통의 금속에 스며들거나 그것을 관통할 수 있었다.

2개의 주물질 중 다른 하나는 황이었는데, 이것도 승화될 수 있었다. 여기서 문제가 발생하는데, 그것은 특히 무엇을 황이라고 할 것인가 하는 정의의 문제이다. 왜냐하면, 당시 사람들은 흔히 황화 비소와 비산, 즉 삼산화 비소도 황이라고 생각하거나, 좀 더 조심스럽게 말하면 황의 가족으로 간주했기 때문이다.

이 두 가지의 프네우마가 지닌 중요한 특성은 색으로 물들인다는 것, 오늘날의 말로 하면 색을 띤 화합물을 만들 수 있다는 것이다.

수은 화합물 중에서는 붉은색의 진사(HgS)가 두 가지 이유에서 아주 특별한 의미를 지니고 있었다. 첫째, 이 화합물이 피나 **현자의 돌**과 같이 붉고, 둘째는 황을 함유하고 있기 때문이다. 진사와 어느 정도 친연성이 있는 것이 산화 제이수은(HgO)인데, 이것 역시 마찬가지로

---

[19] Berth.는 Berthelot의 약어이다.

특별한 속성을 지니고 있다. 이것은 결정질일 때는 붉지만, 비결정질인 상태에서는 노란색을 띤다.

아마 연금술사들에게 잘 알려져 있었을 또 다른 수은 화합물인 염화 제일수은(Hg_2Cl_2)도 유별난 색채 변화를 보여 준다. 즉 제일수은염 용액을 물에 녹는 염화물과 섞으면, 노란색을 띤 하얀 물질을 얻게 된다. 그런데 이 물질에 빛을 쪼이거나 그 위에 암모니아를 함유한 '매운 물'을 끼얹으면 '아름다운 검은빛'(kalos-melas)으로, 즉 **칼로멜**(Kalomel)로 변한다. 이것은 고르게 섞인 금속 상태의 수은과 염화 수은 내지 염화 수은아마이드의 혼합물이다. 반면에 염화 제이수은($HgCl_2$)은 변함없이 순결한 흰색을 띠는데, 이 물질은 황산 제이수은과 염화 나트륨을 승화시켜서 얻는다. 이 물질의 프네우마적 특성은 이미 그 이름에서 알아볼 수 있는데, 지금도 이 물질은 승화물(승홍)이라고 불린다.

황의 경우에는 초기물질부터 색채 면에서 흥미롭다. 연금술사들은 대체로 분명하게 3가지, 즉 노란색 황 — 우리가 알고 있는 원소로서의 황 — 과 붉은색 황 — 황비소(As_4S_4/As_2O_3)가 여러 다른 특정 비율로 섞여 있고(10) 산다라크(Sandarach)라고도 불린 붉은 물질과 동일한 황 — 그리고 마지막으로 원래는 비소산(As_2O_3)인 하얀색 황을 구분히였다. 연금술사가 황의 가족에 속한나고 여긴, 비소를 함유한 것으로서 자연 속에서 발견되는 황 화합물에는 석웅황(As_2S_3)과 계관석(As_4S_4)이 포함되었다. 레몬처럼 노란색을 띠고 섭씨 300도가 넘으면 녹아서 붉은 액체가 되는 석웅황은 유별나게도 주로 금 색소 또는 금 염료라고 불렸다. 실제로 이 물질을 이용하면 황화물 거죽을 만들어

연금술을 묘사한 그림. 좌우의 우물은 모든 금속의 기본 성분인 황(붉은색)과 수은(흰색)으로 이루어진 두 개의 물을 상징한다. 이것들은 결합 원리, 즉 검(비밀의 불)을 휘두르는 기사에 의해서 하나가 된다. 기사의 무장도구의 색(검정색, 흰색, 금색, 붉은색)은 '위대한 작업'과 관련되어 있다. 일곱 개의 별은 일곱 개의 행성과 일곱 개의 금속이다.

이중 우물 위 기사. 살로몬 트리스모신, 《스플렌도르 솔리스》, 16세기, 영국 국립도서관

낼 수 있다. 금 염료와 비슷하게 사용된 계관석은 종종 산다라크와 동일시되곤 했는데, 이는 복잡한 화합물의 경우에는 물질의 경계를 분명하게 하기 어려웠음을 보여 준다. 이런 일은 아름다운 색을 띤 황산염에서도 마찬가지로 일어난다.

금속 화합물들, 즉, 철-황철광과 구리-황철광은 독특한 지위를 차지했다. 이 화합물들은 금속 광채와 금색을 띠고 있는데, 이는 그 각각의 금속에 황이 함유되어 있음을 암시하는 것처럼 보였다. 황은 다른 두 자연계, 즉 식물계와 동물계에서도 출중한 역할을 했는데, 특히 색 있는 물질 속에서 그러했다. 여기서 부분이 전체를 대표하는(pars pro toto) 것으로 달걀노른자를 들 수 있을 텐데, 달걀이 부패하기 시작할 때면, 노른자 속의 황은 냄새로도 감지할 수 있다. 이로써 적어도 냄새라는 것을 매개로 황화 수소 향을 풍기는 기적의 물들과의 연결고리가 주어진 셈이다. 이 물들이 일으키는 기적에 대해서는 나중에 충분히 다루게 될 것이다.

초기 연금술사들은 프네우마타군, 소마타군과 함께 보통 세 번째 물질군으로 아소마타(Asomata)를 분류했다.(11) 아소마타군에는 기본 물체도 포함되어 있지 않고, 엄격한 의미에서는 군으로 부를 수도 없다. 이 군은 비 고체 혹은 아직-고체-아닌 것들을 모두 포괄하고 있기 때문에, 헤아릴 수 없을 정도로 크다. 어떤 형태로건 독자적이면서 구분되는 모든 물질로서, 소마타도 프네우마타도 아닌 것은 모두 여기에 속했다. 이에 따라 아소마타에는 소금, 토양류, 광물 전체, 나아가 오늘날 유기물이라고 부를 수 있는 모든 물질이 속했다.

이미 그리스 연금술사들은 작업을 할 때 다양한 식물성·동물성 재료를 사용했다. 구체적인 예를 들면, 헬리오트롭(양꽃마리)부터 백합, 장미에 이르기까지 온갖 종류의 꽃(12)에다 삼나무 껍질에서 얻은 송진과 기름, 무, 땅콩, 피마자, 아마, 장미, 양귀비, 올리브와 유향, 꿀, 대황 그리고 아칸더스의 고무 등을 이용했다. 이 밖에도 임의로 몇몇 과실을 골라보면, 대추야자, 레몬, 무화과 열매도 이들 재료에 속했다. 철자 'K'로 시작되는 것만 해도 밀기울(*Kleie*), 마늘(*Knoblauch*), 배추(*Kohl*), 캐러웨이(*Kümmel*)[20]가 있고, 그것 말고도 색을 입히는 물질로 대청(大靑), 꼭두서니, 인디고, 사프란이 있으며, 거기에다 미리 가공된 재료로는 와인, 식초, 맥주 등이 있다. 동물성 물질로는 온갖 종류의 지방(고체 기름)과 기름을 들 수 있고, 이외에도 물론 피와 무엇보다 출처가 다양한 담즙, 그리고 **마지막이지만 무시 못 할** 소변도 당연히 여기에 속했다.

우리가 무엇보다 아소마타군에 대해 어려움을 느끼는 것은 조금도 놀랄 일이 아니다. 어느 정도 냄새도 좋으면서 어느 정도 색깔도 띠는 내용물로 채워진 단지와 병에 연금술 대가가 붙여 놓은 이름표는 종종 우리에게 아무 이야기도 해 주지 못한다. 다시 말하면, 우리에게 전해진 그리스어 텍스트에 나오는 어떤 표현들을 화학적으로 해석할 수 없다는 것이다. 몇몇 경우, 예를 들어 납의 경우에는, 문자로 전해진 것의 맥락으로부터 거기서 의미하는 물질이 무엇인지를 추측할 수는 있지만, 그것도 때로는 그 자체로서 모험일 수 있다.

---

20 회향풀과 비슷한 약용 향료용 식물.

이 모험은 종종 그 자체로는 뜻이 분명한 주요 개념들의 상호연관성을 밝혀내는 것이기도 하고, 일단 우선 동의어 무더기에서 명백한 개념들을 캐내야 하는 것이기도 하다. 이미 그리스-로마 시대에도 연금술 텍스트를 정확하게 해독하는 데 문제가 있었고, 그 문제 때문에 중요한 화학 및 연금술 개념들을 담은 정규 동의어사전이 출판되기도 했다.(13) 예를 들면, 연소된 소석회(CaO)는 달걀의 석회, 테베(Thebe)의 대리석, 티타노스(*Titanos*), 조개, 디오니시오스의 돌, 오징어의 뼈, 명반(明礬), 멜로스의 명반 등으로도 불렸다. 명반 자체 [KAl(SO$_4$)$_2$·12H$_2$O]는 하얀 황이라고 부르기도 했는데, 이것은 또다시 비소산을 의미할 수도 있다. 명반은 그 외에도 광채 나는 구리, 정화된 납 혹은 가열되지 않은 황으로도 표현되었다. 반대로 '광채 나는 구리'는 명반이라는 가명으로 통용되었고, 보통 구리는 '달걀껍질'이라고 표현되기도 했다.

그러나 이것으로도 충분치 않다. 많은 제법(製法)들은 가명으로 가득 차 있을 뿐만 아니라, 축약 형태 — 암호화되었든 그렇지 않든 간에 — 로 기록되어 있어서, 어차피 선택된 독자들을 위한 기억용 메모 역할밖에 하지 못했다고 가정하지 않을 수 없다. 조시모스의 문헌들에는, 예를 들면 12개가 넘는 철자로 된, 진짜 화학식 내지 반응에 대한 설명이 나온다. 화학식에 등장하는 기호를 따서 사람들은 그 식을 '가재'라고 불렀다. 8개의 다리와 1개의 전갈 같은 꼬리를 가진 이 갑각류 동물은 아마 어떤 연금술 제조과정 전체 — 이 과정을 통해 그리스어로 몰리브도칼코스(*Molybdochalkos*)라는 구리와 납의 합금이 표백제의 도움을 받아 은으로 변환되는 — 를 재현해 주는 것 같다. 그러나 확실한 것은 결코 아니다. 연금술은 어느 시기에나 암호를 좋아했고, '신의 예술'의 지혜 전체를 하나의 단어, 하나의 약어로 파악하고자 하였던 머리글자(Akronym)도 선호했다. 예를 들어 황산염(Vitriol)이란 무엇인가? 이것은 $MeSO_4 \cdot 7H_2O$가 아니라, *V-isita I-nteriora T-errae, R-ectificando I-nvenies O-ccultum L-apidem*, 즉 '지구 내부를 방문하라, 증류를 되풀이함으로써 그대는 숨겨진 돌을 찾을 것이다'(Stol., CV. Figur, o. S.)[21][14]라는 것이었다.

이 모든 혼돈 가운데에서도 고대 연금술사들의 화학 지식은 상당한 것이었으며, 적어도 모든 '보통의' 그리스 자연철학자에게 기대할 수 있는 수준 이상으로 훨씬 방대한 것이었다.

---

[21] Stol.은 Stoltzenberg의 약어이다.

4. 사원과 수공업

고대 연금술의 실행 과정에서 얻어진 대부분의 지식은 분명히 이집트 사원의 작업장에서 유래한 것이다. 이집트의 사원은 오래전부터 종종 토지와 다른 재물을 대단히 많이 소유하고 있기도 했고, 대체로 독립적 경제 단위를 이루고 있었다. 사원은 사원 건축이나 묘(墓) 그리고 장례에 필요한 것부터 신을 꾸미는 데 필요한 것들은 물론, 사제단의 관리나 생활 유지를 위한 것에 이르기까지 거의 모든 것을 생산해 냈다.

연금술과 관련한 것으로는 우선 유리 제작을 들 수 있다. 그곳에서는 일반적인 초록색 유리나 청색 유리, 그리고 에나멜 외에 값비싼 혼합 색유리를 만들어 냈는데, 그것도 각종 색깔의 유리막대를 함께 섞어서 녹이는 방식으로 만들었다. 나중에 이탈리아 유리 제작자들은 이런 종류의 유리를 밀레피오리(Millefiori, 천 개의 꽃)라고 불렀는데, 이 유리는 비슷한 효과를 불러일으키고 싶어 했던 많은 연금술사들의 염원을 강화했을 것이 분명하다. 유리 제작과 밀접한 연관을 맺고 있었던 것은 또한 보석과 모조 보석 — 흔히 천연물 같은 것이 아니라 유리 방울이었던 — 의 가공이었다. 또 빠뜨릴 수 없는 것은 금의 가공 및 청동 주조 — 특히 옛 수도 멤피스에서 성행했던 — 를 포함한 제련(製鍊)이다.

그 밖에 이집트 사원에서는 향이나 향수뿐만 아니라 의약품과 화장품도 생산했다. 화장품과 의약품 사이의 경계는 종종 불분명해서 서로 구분이 잘 되지 않았다. 예를 들어 이집트 여성들의 눈썹 화장품의 성분이었던 검은색의 황화 안티몬은 이집트인들이 두려워하던 눈병의 예방에도 쓰였다. 마지막으로 사원의 그림과 천의 염색에 필요한 염료의 생산도 이루어졌다는 사실도 반드시 언급되어야 한다. 그런데 염색용 천과 대량생산되던 미라용 붕대도 사원 안에서 제작되었다. 이들 사원에서 제작되던 물건들의 목록은 더 길어질 수도 있는데, 연금술과는 깊은 연관이 없던 그 외의 많은 수공 작업들이 사원 안에서 이루어졌다. 가구 제작과 석공 작업도 그런 작업에 속했다.

이 모든 점들이 시사하는 바는, 이집트 사원에 대해 생각할 때는 사원 설비의 건축적 측면뿐만 아니라 사원을 둘러싼 경제생활 면에서도 그리스 사원의 경우와는 좀 달리 보아야 한다는 것이다. 이집트 사원의 두꺼운 벽 뒤에는 다른 정신과 다른 생활양식이 존재했던 것이다.

주로 이집트의 무덤에 주목하는 시각적 편견을 따라가면, 우리는 아마 두 민족의 삶의 태도에서 가장 큰 차이는 무엇보다 죽음에 대한 태도에 있다고 말할 것이다. 이는 맞는 말일지 모른다. 그러나 그것은 우리가 편견에 넘어가서 그렇게 생각하게 되는 것과는 다른 의미에서 그렇다. 이집트인은 결코 죽음에 많은 관심을 쏟지 않았다. 전체적으로 보면 이집트인이나 그리스인 모두 적극적으로 삶을 즐겼으며, 양자 모두 그들의 삶을 감각적으로 향유했다. 그러나 그들의 감각의 향유는 각각의 서로 다른 기본 정조(情調)로부터 자라난 것이다. 그리스인의 경우 삶은 '지금 여기에서' 정열적으로 향유되었다. 왜냐하면 그들에게 저승에서의 실체 없는 환영으로서의 삶은 삶이 아니었기 때문이다. 그들은, 지금 여기, 땅 위에서 가능한 한 치열하게 살고, 살고, 또 살아가야만 했던 것이다. 존재란, 훗날 죽고 난 후에는, 문자 그대로 살 만한 가치가 없는 것이었다. 망자가 되어 버린 영웅 아킬레스가 그의 전우 오디세우스에게 "저승에서 귀족으로 사느니 차라리 이승에서 거지로 살겠다"고 말한 것에서 드러난다.(15)

철학으로 기우는 것이 언제나 비극적 삶의 감정으로부터 생겨나는 것인가라는 문제는 생각하지 않기로 하자. 적어도 그리스인에게는 그 말이 들어맞겠지만, 그래도 그들의 철학은 지금 여기에서의 그들 자신의 사유 이외의 다른 것에 의지하는 것은 아니다. 사람들은 이 사유를 통해 존재 속의 존재에 의한 현혹과 대면하려고 하는 것이다. 소크라테스는 죽음에 대해 아이스킬로스[22]와는 다른 삶의 감정을 가지고 대했는데, 이 감정은 호메로스(Homeros)와도 다르다. 그렇지만 저승에 대한 관념은 그리스인에게 항상 남아 있었다.

이와 반대로 이집트인의 경우는, 역사적으로 매우 위태로웠던 시기를 제외하면 트로이의 영웅뿐만 아니라 고대 북유럽의 전설담인 에다(Edda)의 전사들을 특징짓는 영웅적 비관주의를 전혀 알지 못했다. 매우 놀랍게 들릴지 모르지만 이집트인들 역시 매우 현세지향적인 민족이었다. 그러나 그들이 가졌던 현세의 관념은 그리스인과는 아주 달랐다. 이집트의 부유한 관리의 삶은 아름다운 것이었으며, 그들이 어떻게 불렸든 모두 그들 자신의 아름다운 삶을 죽은 다음에 넓디넓은 사막에서 떠돌아다니는 좀비 같은 그림자 존재와 맞바꿀 의도는 없었다. **그렇기 때문에 이들 이집트인의 감각과 사고는, 이 좀비가 되**

---

22 Aischylos. 그리스 3대 비극 작가 중 한 사람.

는 저주로부터 해방되기 위해 그들이 살아 있는 동안 내내 무덤으로 향했다. **그렇기 때문에** 그들은 이집트의 전형적인 시신 방부처리 기술을 발달시켰다. **그렇기 때문에** 그들은 사냥, 고기잡이, 놀이에서 얻는 즐거움의 광경, 그들의 가족과 많은 자녀들 속에서 일어나는 일상생활의 광경, 축제의 광경을 반짝이는 색채로 묘지의 벽에다 그려 놓았다. 그들은 저승에서도 마치 이승에서 살았던 것처럼 살고자 했다. 다시 말하면, 그들은 저승을 전혀 원치 않았던 것이다.

물론 이런 심리학적 접근에 기초한 언급 — 이러한 접근은 또한 이집트인에게 심령의 위안과 연관된, 아주 잘 다듬어진 신학이 있다고 가정하는데 — 만으로 이집트의 종교성을 설명하는 것은 적절하지 않다. 이승과 저승이라는 엄격한 구분 자체가 좀 곤란한 것이다. 이는 이집트의 신자들이 정말 확실하게 알고 있었기 때문에 어떤 것도 믿지 않았으며, 따라서 자기보존 같은 것을 향한 의도를 가지고 있었다고 간주하려는 경향이 곤란한 것과 마찬가지이다. 이집트인들은 시간에 대한 다른 이해를 가지고 살았을 뿐만 아니라, 초월 — 이것은 우리가 생각하는 의미의 저승이 아니었다 — 에 대해서도 다른, 태곳적이며 신비로운 태도를 지니고 있었다.(16)

지금까지 우리가 살펴본 것은, 고대 이집트 사회의 상류층이 사원 수공업과 장인들을 필요로 했다는 것과 그 이유를 대강이나마 이해하는 데 도움을 준다. 전문적인 장인들은 묘지를 장식했고, 묘지와 묘지 장식은 말 그대로 삶에 필수적인 것이었다. 그것들은 카(Ka) — 성장의 혼 — 가 이승에서 즐겼던 것과 똑같이 편안한 존재 양태를 저승에서도 제공해 준다. 이런 까닭에 묘지 장식의 색채는 결정적 역할을 한다. 왜냐하면 색채를 지니는 것, 죽음과 같이 창백하지 않은 것, 바로 그것이 살아 있는 것이기 때문이다. 특히 붉은색, 피의 색은 생명의 상징이었다.

그런데 연금술은 자연철학과 수공업이 어떤 식으로든 결합된 것 — 그것을 우리가 어떻게 이해하든 간에 — 이기도 한데, 이 점은 우리가 미리 가정하는 바이다. 그리고 우리는 연금술의 발전을 가져온 비옥한 토양이 바로 이집트였다는 역사적 사실로부터, 많은 부분에서 서로 근본적으로 달랐던 두 개의 낯선 문화가 이집트에서 병존했다는 점이 바로 이 비옥함을 가져다주었을 것임을 추측할 수 있다.(17) 이 토양 속에서 연금술은 특별한 방식으로 가꾸어지고 이용되었다. 왜냐하면 그리스적 사고와 이집트적 사고는 연금술 속에서 서로 만남과 동시에 상대방 속에서 각각 자기 자신을 다시 알아차리게 되기 때문이다. 그런데 낯선 것과 익숙한 것을 배경으로 해서 다시 알아차린다는 것, 이것이 바로 전형적으로 연금술적인 것이다.

5. 두 개의 파피루스

우리의 문화사적 추측은 물론 훨씬 더 상세하게 다루어질 필요가 있다. 그렇지만 우리 상상 속의 시공간 여행선이 먼저 우리를 인도하여 데리고 가는 곳은 네덜란드 레이던과 스웨덴 스톡홀름에 있는 필사본 도서관이다. 여기에는 두 개의 고대 문헌이 보관되어 있는데, 이것들은 연금술에 직접 속한 것은 아니지만 헬레니즘 신전 수공업의 범위에 속해 있는 것이다. 이것들은 1830년에 북부 이집트 테베의 어떤 묘지에서 발견된 두 개의 파피루스 고본(Kodex)이다. 이들 파피루스는 그리스어로 쓰여 있고, 둘 다 3세기에 제작된 것으로 보이고, 부분적으로 아주 오래된 지식도 전하고 있으며, 화학 — 〈레이던 파피루스〉에서는 3개의 텍스트 중 하나만이 화학에 할애되어 있다 — 과 관련된 것이라면 두 파피루스에 나오는 주제의 영역 또한 동일하다.[18]

이들 파피루스는 이따금 신피타고라스 수도회 언저리에서 나온 것으로 해석되기도 하는데, 이 수도회는 기원전 3~2세기에 이집트에도 정착했고 그리스의 기반 위에서 "오리엔트 사상, 즉 이집트, 유대, 바빌로니아, 아시리아 그리고 페르시아 사상의 연대체"를 만들어 냈다. 또한 이 수도회는 "보석과 진주를 위조하고 보라색 염색을 하기 위한" 작업장을 가졌다는 소문이 자자하던 집단이었다. (Wellm. 4f)[23](19)

〈스톡홀름 파피루스〉뿐 아니라 〈레이던 파피루스〉의 중심 내용은 천연 진주, 천연 착색제, 귀금속을 대신하는 **대체물질의 생산**에 관한

23　Wellm.은 Wellmann의 약어이다.

것이었다. 그러므로 우리는, 지금까지 이 파피루스들을 도덕적으로 판정할 의무감을 느낀 거의 모든 화학사학자와 화학자가, 그 사람들 — 세심하게 작성된 고본과 함께 무덤 속에 매장된 — 을 동료로 대하기는 하지만 위조를 행하는 화학자라는 유쾌하지 않은 딱지를 붙인 것에 대해서 별로 놀랄 필요는 없다. 하지만 나는, 그럼으로써 이들이 그들을 부당하게 대했다고 생각한다.

위조라는 단어는 적법하지 않은 행동을 가리키는 것이다. 그런 까닭에 우리는 마가린 생산업자를 버터 위조자라고 부르지는 않을 것이다. 그리고 또한 양은이나 황동을 가지고 패션 장신구를 만드는 사람의 경우, 그가 이들 장신구를 진짜로 착각할 정도로 만들기 위해 노력한다는 이유만으로 위조자가 되는 것은 아니다. 물론 패션업자는 가능한 한 우리를 속이려고 한다. 즉 우리의 감각을 기만하려고 시도하는 것이다. 그러나 이것만으로 그가 우리 눈에 위조자로 보이게 되는 것은 아니다.

이제 다시 우리의 파피루스 소유자로 돌아와서 이야기해 보자. 분명히 그들은 종종, 우리가 적법성이라고 부를 만한 영역의 끄트머리 부근에서 움직였지만, 근본적으로는 정당하지 않은 — '도덕적으로 비난할 만한'이라는 의미에서의 — 위조를 저지르려는 의도는 아마 없었을 것이다. 로마 제국의 징세공무원이 무엇보다 제국에서 동전의 가치가 지속적으로 하락하는 사태에 직면하여 그 사안을 어쩌면 조금 다르게 보았을지도 모르고, 동전 위조를 금지하는 디오클레티아누스 황제의 칙령[20]이 나오자 자신의 생각이 옳았음이 입증되었다고 느꼈을지라도, 그리고 3세기 말에 이미 최초의 연금술사들이 이따금 사기당한 사기꾼(betrogene Betrüger), 즉 결국은 자기 꾀에 자기가 빠지는 잔꾀꾼으로 묘사되었을지라도, 이 모든 것이 파피루스 소유자들—그들이 신피타고라스주의자이든 어떤 다른 종교 집단 또는 철학자 집단의 추종자이든, 그렇지 않으면 단순히 그냥 직공(Technitai)이든 상관없이—이 분명히 주관적으로는 그들 자신을 사기꾼으로 여기지 않았다는 것을 반박하지는 못한다.

우리가 잊지 말아야 할 점은, 그들의 파피루스가 무덤 부장품이었고 그들과 함께 저승으로 가야 할 것이었으며, 또한 저승에서는 그리스도나 오시리스 같은 저승심판자가 지켜보는 가운데 심장의 무게를 다는 일이 벌어졌다는 것이다.

위의 두 제법 모음집의 저자들은 연금술사가 아니었다. 그들이 연금술사였다 해도, 이 사실을 그들의 화학적 사용설명서로부터는 알아낼 수 없다. 그렇지만 이들이 연금술의 토대를 마련한 사람들에 속하기 때문에, 우리는 **그들에게도** 그들 행동의 의미에 대해서 물어야만 할 것이다. 대답은 간결하다. 배후에 존재하는 어떤 이론적 의미는 대략 200개에 달하는 제법 중 어느 것에서도 발견되지 않지만, 어떤 의미 있는 의도는 분명히 발견할 수 있다.(21) 이 제법들의 저자는 **모조**(Imitation)를 통해서 특정한 물질을 다른 것으로 대치하려 했던 것이다.

예를 들어서 진짜 보라색을 사용할 자격은 대부분 원래 그럴 만한 특권을 지닌 사람들에게만 주어진 것이었다. 토가(Toga)의 보라색 줄무늬는 로마 제국 원로원 의원의 관직 표시로서 법적으로 보호받는 것이었고, 이것을 통해서 그들은 왕과 동급이라는 것을 드러냈다. 그런데 보라색은 토가에서만 아름답게 보이는 색이 아니었다. 그래서 사람들은 적색에서 자색을 거쳐 청색에 이르기까지 다양한 뉘앙스로 나타나는 진짜 보랏빛 색을 유사한 조도(照度)를 가진 색으로 대체하려고 시도했던 것이다. 이때 대체로 아주 분명했던 사실은, 신분 높은 여인의 외투에 물들인 보라색 줄무늬를 위해서 단 하나의 보라색 달팽이도, 어떤 보라색 조개도 자기 생명을 바칠 필요가 없었다는 것이다.(22) 여기서 모조의 성공 여부 ― 이 점이 강조되어야 하는데 ― 는 제조 과정의 모방에 달린 것은 아니었다. 그러므로 사람들은 다른 어떤 기어 다니는 동물로부터 가짜 보라색을 얻기 위해서 이 동물을 죽일 필요는 없다. 아니 오히려 여기서 모조의 성공은 **과정**이 아니라 **결과**에 달린 것이다. 보라색과 보라색 대체물의 동일화를 보장하는 결과는 색인 것이다.

파피루스에서는 색조가 질료의 상태를 나타내는 가장 중요한 지표로 이용된다. 인공 에메랄드는 그것이 진짜 에메랄드 보석의 투명하게 반짝이는 색을 가졌을 때 완벽하게 모조된 것으로 여겨졌다. 이때 경도(硬度)와 다른 성질들은 아주 중요하지 않은 것은 아니었지만 부차적인 것이었다. 진주를 모조하는 경우에도 똑같이 그랬는데, 이때는 색의 광채가 결정적 역할을 했다. 이렇게 볼 때, 〈스톡홀름 파피루스〉에서 이야기하듯 모조 진주가 진연 진주를 거의 똑같은 정도로 따라갈 수 있을 뿐만 아니라 더 뛰어날 수 있다는 주장도 충분히 이해할 만하다. 모방된 진주가 진짜 진주보다 더 진주 같을 수 있기 때문이다.

그리스인의 어느 정도는 존재론적인, 사물의 존재를 겨냥한 색채 애호(*Farbenfreudigkeit*)가 이집트인으로부터 전염된 것인지, 또는 그들의 강단철학 밖에서 태고로부터 내려온 색채에 대한 특별한 체험이란 것이 그들에게는 항상 친숙한 것이었는지는 따지지 말자. 여기서 우리는 우리 작업을, 색이라는 것이 고대 후기 사람들의 물질적 환경과의 관계에서 중심 역할을 했다는 점을 확인하는 데 한정하기로 하자. 색은 질료의 모든 외형의 결정적 속성이다. 즉, 그것은 어떤 물질을 바로 그것이게끔 하는 것이다. 그것의 색을 바꾸면, 그것은 더 이상 동일한 물질이 아닌 것이 되고, 따라서 어느 정도는 고유한 명칭이 요구된다 — 이 물질이 동일한 종 안에 속하기는 하지만 말이다.(23) 이는 외형적인 것에까지 적용된다. 즉, 검은색 말은 단지 외적으로만 검지만, 고유한 정체성을 지니는 것이다. 그러므로 적어도 독일에서 말 애호가들은 말의 색을 주된, **본질적** 성질로 보지, 가령 중요하지 않고 그저 덧붙여지는, 말하자면 **부수적** 성질로 보지 않는 것이다. 그렇기 때문에 우리의 연금술 실험실에서는 이따금 진짜 **변환**, 즉 말에서 말로의 근본적 자기변신이 일어난다. 그들은 검정 리피차너 망아지에게 그냥 충분하게 먹이를 주고 잘 돌보면서 젊은 말24이 되기를 기다리는데, 그다음부터 이 말은 털빛이 까만 가라말(Rappe)이 아니라 아주 다른, 말하자면 백마가 된다. 이러한 일이 말에서도 가능하다면, 아주 충분하게 채색이 된 금속과 보석의 경우에는 어떻겠는가?

본질적 성질로서의 색이라는 문제에는 다른 것이 또 덧붙여졌다. 고대에는 감각생리학적 현상으로서의 색과 현상의 단순한 담지자로서의 색소(Farbstoff)가 종종 구별되지 않았다. 예를 들어서 스토아철

---

24 리피차너는 7년가량 자라면 털빛이 흰색이나 회색으로 변한다.

학자들은, '색'이라는 성질은 물질적으로 생각해야 한다고 강조했다. 나중에 나오는 모든 자연철학에서 언급하게 될 대철학자 아리스토텔레스의 경우와 달리 스토아철학자들에게는 응집된 성질과 덜 응집된 성질이 존재할 수 있었다. 이는 아주 얼토당토않은 것처럼 들리지는 않는다. 왜냐하면 색을 가진 용액이 묽게 희석되면 종종 농도가 높을 때와는 다른 색으로 지각될 수 있기 때문이다. 예를 들면 파란색 용액은 녹색으로, 붉은색 용액은 노란색으로 느껴질 수 있는 것이다.

고대의 공업화학자들도 그들이 물질에 실체적 색을 부여하려고 노력할 때 이에 대해 우리가 생각하는 의미에서의 위조라는 생각을 갖지 않았는데, 이들 화학자의 후예인 고대 연금술사들이 그런 의도를 가졌다고 추정하는 것은 잘못이다. 본격적 연금술은 신비적 주문의 연무에 둘러싸인 위조의 가르침이 아니다. 모방 제법은 그 자체로는 위조 기술이 아니다. 비록 모든 시대의 징세관이 그러한 미묘한 차이를 거의 참작하지 않았고, 이 차이가 **실제에서는** 전혀 섬세하지 않았던 경우가 종종 있기는 했지만 말이다.

그러면 이제 우리 파피루스 소유자가 무엇을 지하세계로 가지고 가서 죽음의 신의 저울에 달려고 했던 것인지 한번 상세하게 살펴보자. 파피루스들의 화학 부분과 관련해서는 다음 3가지 점이 즉각 눈에 띈다.

① 파피루스의 다른 부분에서는 마술적 희구(希求)들이 발견되지만, 화학 관련 제법들 중에는 어느 하나 신비적이거나 무언가 종교적인 치장이 보이지 않는다.

② 자연철학자, 마술사, 그리고 파메네스(Pamenes)같이 우리가 연금술사로 간주하는 사람도 몇 명 거명되지만, 이 제법들이 기반을 둘 수 있었을 법한 철학이나 이론 같은 것은 어디에도 등장하지 않는다.
③ 제법들 중 단 하나도, 전체의 경우가 모두 모조에 해당한다는 사실을 감추려는 시도조차 하지 않는다.

금속의 경우, 일반적으로 말해서 고전기 이전 시대부터 오늘날까지의 금속 위조 역사 전체를 통해서 추적할 수 있는 두 종류의 모조 기술이 있었는데, 이것들은 표면처리와 합금 제조였다.

금속의 표면 채색 기술, 즉 금속 착색술은 옷감 염색업과 유리 채색업의 오래된 기술과 아주 유사하다. 이 기술들과 마찬가지로 금속 채색 기술도 시리아와 이집트에서 출발했다. 중요한 화학적 표면처리 방법의 하나는 산(酸)을 이용해서, 그러니까 식초나 신 과일주스 따위로 부식시키는 것이었다. 왜냐하면 당시에는 이것들보다 훨씬 더 강하고 적합한 무기산은 아직 알려지지 않았기 때문이다.

연금술사들이 즐겨 사용했던 제법은 오늘날 우리가 '표백'과 '산(酸)처리'라고 부르는 것이었다. 이 제법은 약간의 은이나 금을 함유한 합금으로부터 비천한 합금 구성 성분을 녹여 씻어 냄으로써 귀금속이 뚜렷하게 드러나도록 하는 것이었다. 이때 산처리자들이 재료들을 여러 가지 자극성 물속에 담그는 작업을 금속에 어울리는 원래의 색 — 말하자면 재료의 성질 — 을 표면으로 끌어내는 것이라고 스스로 암시하고 생각하는 것도 그들 마음에 달린 것이었다. 파피루스의 저자들보다 한 발짝 더 나아가서 이야기하면, 연금술사 모세스(Moses)도 바로 반응시약의 영향에 의해 이루어진 표면 착색을 바로 그런 식으로 설명했다. 색은 또한 거꾸로, 스펀지에 의해 액체가 흡수되는 것과 똑같은 방식으로 빨려 들어갈 수도 있다.

이미 초기 직공들과 그 뒤를 잇는 연금술사들은, 섬유 염색기술에서 사용되는 것과 마찬가지 방식으로 금속을 특정한 액체 — 그들이 금속 위에 만들어 내려는 색과 다른 색을 지닌 — 속에 담그면 그 금속을 착색할 수 있다는 사실을 알고 있었다. 옷감의 부식 염색에서도 이와 똑같은 일이 발생한다.

오늘날 우리는 식물성 산과 같은 금속 부식액이 금속 표면에 얇은 산화막을 만들어 내는 작용을 한다는 것을 알고 있다. 분명히 금속면의 부식 처리는, 옷감 염색에서와 똑같이 종종 진짜 염료를 이용해서 하는 본래의 착색을 준비하는 전 단계였다. 이 과정에서는 고대에서도 이미 무기물뿐만 아니라 유기물도 사용되었다. 금속의 부식 착색 방식에서 직접착색으로 넘어가는 과정은 연속적으로 진행되었을 터인데, 그렇지만 사람들은 지방질 제거 같은 것까지도 부식이라고 생각할 수 있었다. 사람들은 천한 금속을 종종 왁스 형태의 응고물인 금 아말감이나 은 아말감으로 씌우고, 수은이 날아갈 때까지 가볍게 가열하는 처리도 했는데, 그다음에는 이 전체 과정을 여러 차례 반복했다. 그리고 마지막 방법으로는 천한 금속들을 니스로 둘러씌우거나 적당한 칠을 해서 귀금속처럼 보이게 만들 수 있었다.

무엇보다도 마지막에 언급된 방법은 아무리 관대하게 봐준다고 해도 '정직한' 금 모조 이상으로 평가하기는 어려울 것이다. 여기서 이기만행위는 그 자체로서 어떤 뻔뻔스러움을 가지고 있는데, 이는 그들이 자연과 동일하거나 더 나은 무엇을 만들려 하는 것이 아니라 그저 속이려 할 뿐이기 때문이다. 이 옛 것과 자연적인 것을 새롭게 인공적으로 만들려는 자부심에 찬 시도와 교활한 기만술책 사이의 모호함이 바로 옛 화학자들을 야바위꾼, 사기도박꾼으로 보이게 만드는 것이다. 모호함은 아마 처음부터 연금술사들에게도 있었을 것이다. 물론 그들의 도박은, 가짜 카드든, 진짜로 여겨졌던 카드든, 아니면 진짜 카드든, 그 어떤 것으로 했든 상관없이 궁극에는 실제로 실존이 걸린 도박이었다.

금속의 표면처리 외에, 오늘날 합금 기술이라고 부르는 방법도 있었다. 이 기술에서는 금속을 새롭게 만드는 다양한 방법들을 끄집어 내어 활용할 수 있었는데, 이때 고대 후기 화학자들은 자신이 정말 낡고 자연적인 것을 새롭고 인공적인 것으로, 그리고 때때로 낡은 것보다 더 좋게 만든다고 믿었던 것으로 보인다.

의도적인, 또는 의도적이지 않은 언어의 혼란에도 불구하고 이들 파피루스 속에 수록된 많은 합금 제법들은 비교적 분명하게 이해된다. 예를 들어 은(銀) 제조 방법은 다음과 같다.

"백색 주석을 네 번 씻고, 이 주석 여섯 덩어리를 갈라디아산 백색 구리 한 미네(*Mine*)와 함께 녹인다. 문질러서 윤을 내고, 만들고 싶은 것을 만든다. 이것은 제시된 방법에 따라 만들어진 것이기 때문에, 전문가도 눈치채지 못하는 최고급 은이 될 것이다."[P. Holm., Rez. 3) Hall. III]²⁵

미네는 436.6그램의 무게를 나타내는 단위이다. 소아시아 갈라디아산 백색 구리가 화학적으로 어떤 것인지는 확실하지 않다. 물론 우리는 구리를 황화 비소(As_4S_4)인 계관석으로 밝게 만들 수 있는데, 두 파피루스에서는 이 방법을 다른 유사한 처리방법과 마찬가지로 레우코시스(*Leukosis*), 즉 '희게 만들기'라고 표현했다.

그렇지만 모든 제법들이 그렇게 단순한 것은 아니었고, 제법들을 선별해 낸다고 해서 파피루스의 전체 이미지 속에서 단순성이 요술처럼 생겨나는 것도 아니다. 단순성은 원래 그런 식으로 부여되지도 않았다.

다음과 같은 두 번째의 은 제법은 좀 더 복잡한데, 이것은 금속 모조에 유기물도 사용되었음을 보여 준다.

"구리 대장장이의 안트락스를 사다가 하루 동안 식초에 담가서 부드러워지게 만든다. 그다음에 이 구리 1운제(*Unze*)를 취해 명반 속에서 잘 부식시킨 후 녹인다. 그리고 나서 수은 8운제를 취하고, 이 측정된 양의 수은을 양귀비즙에 붓는다. 그리고 은 1운제를 취한다. 이 물질들을 모두 합한 다음에 녹인다. 이것을 다 녹인 다음 이때 생겨난 덩어리를 임신한 여성의 오줌과 쇳가루가 담긴 구리 용기에 넣고 3일간 둔다. 꺼냈을 때 얻게 될 유일한 침전물은 동일한 중량비들로 이루어진 혼합물이 자연적 편차를 지니고 있음을 암시한다."[(P. Holm., Rez. 9) Hall. 112]

---

25 Holm.은 Holmyard의 약어이고, Hall.은 Halleux의 약어이다.

안트락스, 즉 석탄은 실제로 석탄을 의미했을 수도 있지만 다른 문헌들이 시사하듯이 검은빛 회색을 지닌 휘동광(CuS)의 가명일 가능성도 있다. 운제는 금속 약 30그램의 중량 단위이다. 구리의 표면처리를 위해 '부식시킨다'라는 표현은 착색 기술과 금속변환의 아주 중요한 관계를 암시한다. 양귀비즙은 수은을 예비 정화하는 데 사용했을 것이다. 그러나 이 단어의 경우에도 어떤 것의 가명으로 사용되었을지 모른다. 아이와 임신한 여성의 오줌 사용은 고대 이집트의 의학 텍스트들에서 종종 권장되었던 것이다. 아마 오줌의 암모니아 성분이 어떤 역할을 하는 것 같다.

새로운 은을 만드는 대신 사람들은 이미 주어진 은을 늘릴 수도 있는데, 이는 디플로시스(*Diplosis*), 즉 배가(倍加)라고 불렸다. 예를 들어서 디플로시스 제법은 갈라디아산 구리 1부분, 은 1.5부분 그리고 주석 1.5부분을 명반 수용액에 담가 처리하고 나서, 이 고형물을 여러 차례 가열하고 냉각한 후, 마지막으로 그것이 아주 순수한 은이 되면 연마용 가루를 가지고 연마하는 과정이다. 트리플로시스(*Triplosis*), 즉 3배가의 경우에도 원리상으로는 디플로시스의 경우와 똑같은 방식으로 접근한다. 트리플로시스를 위한 제법에서는 단지 다른 비율로, 말하자면 구리 1부분, 은 1부분 그리고 주석 1부분을 함께 섞어서 녹였다.

디플로시스나 트리플로시스에서 얻어진 고형물은 무한한 것으로 지칭되었다. 왜냐하면 그것은 발효되지 않은 반죽 속으로 들어가 씨앗처럼 모든 물질을 함께 변환해 버리는 발효종처럼 작용한다고 여겨졌기 때문이다. 가령 어떤 사람이 디플로시스를 통해서 얻은 은 보유량을 거의 다 써 버렸다고 해도, 남은 것에다 새로운 첨가물을 넣음으로써 은을 항상 다시 보충할 수 있는 것이다. 이러한 방식을 통해서 이론적으로 무한한 양의 인공 은을 만들어 낼 수 있는데, 그 속에 화학적으로 흠잡을 데 없는 은이 거의 포함되어 있지 않다는 사실은 현대적 분석 방법으로 작업하는 우리만이 알 수 있다.

이 제법에는 사실 신비적인 것은 하나도 없다. 그것은 순수하게 기술적인 것으로만 여겨진 것 같다. 사람들은 불가능해질 때까지, 즉 적합한 색조를 만들어 낼 수 없을 때까지 금속을 늘리는데, 은의 광택이 최종적으로 사라지는 그 지점이 바로 증식의 한계이고 약간 과장된 무한함의 한계이다.

금을 만들고 증식하는 것도 은의 경우와 아주 유사하게 진행되었다. 배가를 위한 여러 제법 중 하나는, 어디에서 나온 금이든 이 금을 은, 호박금, 수은 또는 금황색으로 빛나는 웅황($Auripigment$, As_2S_3)과 섞는 것이었다. 그런데 웅황은 섭씨 300도에서 녹아서 붉은 액체가 되고, 게다가 그 이름에서 알 수 있듯이 금색으로 착색해 주고, 간혹 약간의 금을 포함하기도 한다.[26] 키아노스 — 청석 — 라고 불리고 청동광[$2CuCO_3 \cdot Cu(OH)_2$]이었을 것으로 추정되는, 청색이 도는 광물도 사용되었고, 또한 이미 황동광($CuFeS_2$)과 황산 구리, 황산 구리와 비슷한 그것의 풍화물, 말하자면 산화물의 혼합물이었을 것 같은 소리($Sory$)라는 물질도 사용되었다. 그런데 디플로시스 제법은 제조법

---

[26] 여기서 이름은 Auri(금) pigment(염료)를 말한다.

제목집들 중 한 곳에서는 플레오나스모스(*Pleonasmos*)[라틴어로 물티플리카티오(*Multiplicatio*)], 즉 증식으로 불리는데, 이것은 중세의 아주 중요한 연금술 작업 하나를 미리 가리키고 있다.

금 생산을 위한 또 하나의 제조법에서는 금 — 여기서는 아마 작은 따옴표를 붙여 주는 것이 마땅할 — 을 그것의 무게의 4분의 1에 해당하는 카드미아와 함께 녹이는데, 카드미아는 아마 불순물이 섞인 산화 아연(ZnO)일 것이다. 이러한 과정을 통해서 금이 단단하게 만들어지고, 그 무게가 늘어난다고 서술되어 있다. 이러한 언급은 고대의 공업화학자들이 그들의 금속 모조품의 색뿐만 아니라 다른 성질 — 적어도 이 성질이 사람들에게 익숙해진 것으로부터 심하게 벗어나 버리는 경우에는 — 에도 유의했다는 사례의 하나로 이용될 수 있다.[24]

좋은 금은 천연의 금을 다음과 같이 아셈(*Asem*)과 키프로스 구리와 섞어서 녹임으로써도 얻을 수 있었다.

"1스타테르(*Stater*)의 아셈 또는 3스타테르의 키프로스 구리, 4스타테르의 금을 함께 녹인다."[(P. Leid., Rez. 54) Hall. 97]

이 제법은 고문서(*Kodex*)의 다른 모든 제법과 마찬가지로 표제를 가지고 있다. 그리고 이 표제는 대략, 금의 조작 또는 디플로시스 내지 트리플로시스가 아니라, 단순히 '금의 제조', '크리소우 포에이에시스'(*Chrysou poeiesis*)이다.

이렇게 짧은데도 이 제법은 두 개의 문제를 던져 준다. 한 가지 작은 어려움은 '스타테르'라는 표현이다. 우리는 스타테르가 동전의 일종이라는 것을 알고 있는데, 그렇지만 이것은 지역에 따라 가치, 구성비 그리고 무게가 달랐다. 아테네의 금 스타테르의 무게는 8.6그램이 나갔다. 더 큰 어려움은 '아셈'이라는 표현 뒤에 숨어 있는 문제이다. 여기서 의미하는 것은 아마 우리가 이미 알고 있는 옅은 노란빛으로 빛나는 금속 호박금(Elektron)일 텐데, 이집트인들은 이것을 아세무(Asemu)라고 표현했고, 그리스어로는 아세몬(Asemon)이 되었다. 보통의 경우 아셈은 금 80%, 은 20%로 이루어진 합금을 의미했다.

그런데 금-은 합금은 드물지만 자연에서도 발견되는데, 이는 아셈이 독자적인 금속이나 금의 어떤 '개선된' 변형으로 여겨졌음을 암시한다. 그것은 덜 무르고 따라서 순수한 금보다 더 가공하기가 쉬웠으며, 그 속의 은 성분은 금에다 아주 아름답고 진기한 백색 광택을 부여했는데, 이것이 특별히 귀하게 여겨졌다. 이는 파라오의 왕좌가 왜 주로 아셈으로 이루어졌는가를 잘 설명해 준다. 물론 아셈의 표현 범위는 아주 넓었기 때문에 특정한 금속혼합물도 아셈이라고 불릴 수 있었는데, 우리는 이 혼합물에 귀금속이 조금도 포함되지 않았다는 것을 알고 있다.

아셈 제조를 위한 많은 처방 중에서 — 특히 〈레이던 파피루스〉에 있는 — 한 개만 소개하겠는데, 특별한 점은 그 처방 속에는 진짜 금과 진짜 은이 전혀 나오지 않는다는 것이다. '아세모우 포이에시스' (Asemou poiesis)라는 제목을 지닌 제법의 내용은 다음과 같다.

"납을 피치와 역청으로 세심하게 닦아 낸다. 또는 주석도 그렇게 한다. 그리고 나서 카드미아 — 아마 탄산 아연($ZnCO_3$), 또는 불순물이 섞인 산화 아연(ZnO), 어쩌면 능아연광($ZnSiO_4 \cdot H_2O$)일 것으로 보이는 — 와 산화 납(PbO)을 납과 섞은 후 완전한 혼합물이 되거나 단단해질 때까지 젓는다. 이것을 우리는 천연 아셈과 같은 것처럼 사용할 수 있다."[(P.Leid., Rez.11) Hall. 86 이하]

이미 암시했듯이 아셈의 중요한 역할은 금의 디플로시스에 이용되는 데 있었다. 그런데 이 금은 어떤 금인가? 도대체 이런 맥락 속에서도 우리는 금에 대해서 이야기할 수 있는 걸까?

우리가 역사적 상대주의로 도망치지 않고, 어느 정도는 체념 상태에서 "당시의 금속학자들이 그렇게 생각했다면 우리도 그것을 받아들여야 한다"고 확실하게 말할 생각이라면, 우리에게는 스콜라적인 것을 연상시키는 **그렇거나 아니거나**(*Sic et non*)라는 대답 말고는 할 게 없다. 말하자면, 우리 대답이 '예'가 됐든 '아니오'가 됐든, 그것은 우리가 화학의 언어로 생각하는가, 일상 언어로 생각하는가에 달려 있을 수밖에 없다는 것이다.

화학자로서 우리는 금이 화학적으로 쪼개질 수 없는 물질이며, 원자번호가 79, 원자량이 190.0, 그리고 비중이 19.3인 원소라는 것을 알고 있다. 그렇지만 보통 사람인 우리에게 금이란 우리가 금이라고 생각하는 것이다. 그런데 '아우룸'(*Aurum*)이라는 원소를 보고는 "모든 반짝이는 것은 금이다(All is gold that glitters). 반짝이는 것은 금이기 때문이다(for the glitters is the gold)."[Hopk. (2) 103]라고[27] 말한 길버트 체스터턴(Gilbert Chesterton)은 '호모 사피엔스'라는 종을 보고는 무엇이라고 할까?

그러나 반짝이는 일이 없어도 우리의 일상적 이해방식은 금의 '벌

---

27 Hopk.는 Hopkins의 약어이다.

거벗은' 화학을 별 생각 없이 제쳐 놓는다. 어느 누가 가령, 변하지 않는 정절의 상징으로 이용되는 결혼반지가 모두 금으로 — 완전히 환경의 영향을 받지 않는 플라스틱 같은 것이 아니라 — 되어 있다는 것을 의심할까? 물론 우리는 결혼반지의 금 속에 항상 화학적으로 순수한 금이 아닌 무언가가 들어 있다고 생각할 수 있을 것이다. 그렇지 않으면 붉은 금, 백금 등에 대해서 이야기할 수 없을 것이다. 그러나 금은 결국은 금인 것이다. 버터 중에는 금빛 버터, 창백한 버터, 우유분말이나 카로틴첨가물이 들어 있는 또는 들어 있지 않은 버터, 알고이 버터, 슐레스비히-홀슈타인 버터, 행복한 암소의 버터, 불행한 암소의 버터 등이 있지만 버터는 결국 버터이듯이 말이다.

그렇지만 버터란 무엇인가? 버터라는 것이 있기나 한 걸까? 버터 분자, 아니 버터 원자라는 것이 있는 걸까? 식품화학자는 우리에게 "분석적으로 최종적인 버터 입자는 존재하지 않고, 나의 버터를 버터라고 선언할 수 있기 위해서 그것이 있어야 할 필요도 없다"라고 대답할 것이다. 고대의 화학자인 테크니테스(Technites)의 머릿속에 서로 다른 여러 가지 금 종류들이 모두 단 하나의 환원 불가능한 기본덩어리(Grundmasse)의 변형체인가라는 질문이 한 번이라도 떠올랐다면, 그도 자신의 금에 대해서 아마 식품화학자와 비슷한 주장을 할 수 있었을지 모른다. 그런데 우리의 화학자는 그러한 기성의 기본 덩어리가 지닐 가능성이 있는 원소적 특징에 대해서는 아무런 고민도 하지 않았을 것이다. 왜냐하면 그들이 보기에 금속성이 아닌 것은 어떤 것도 원소가 될 수 없기 때문이다.

이는 — 역사가 흐르는 동안 여러 가지 다양한 논거가 덧붙여졌다고 하더라도 — 18세기 끝 무렵에 이르기까지 모든 자연철학자, 연금술사, 화학자의 견해였다. 이는 다시금 그들이 합금을 분리된 독립적 금속들의 혼합물로 인식하는 것이 불가능했음을 이해하는 데 도움을 준다. 인공적으로 만들어진 금은, 만일 그것이 심지어 직공들까지 납득시켰다면, 어느 정도는 진짜 금이었다. 또는 조금 조심스럽게 말하면, 그것은 금이라는 대가족의 일원이었다.

다른 상당히 가부장적인 가족의 경우와 마찬가지로, 금 가족의 모든 구성원들이 동일하고 동등하게 여겨졌던 것은 물론 아니다. 고대 화학자들은, 학문적으로 엄밀하게 정의될 수 없지만 가정될 수는 있는 최고의 금에 대한 이상을 끌어대고, 그곳에서 출발하여 금을 금으로부터 구분할 수 있었다. 금에는 좋은 금과 나쁜 금이 있었고, 직공들은 — 두 파피루스에 나오는 모든 주장에도 불구하고 — 충분히 좋은 금을 밝혀낼 능력이 있었다.

고전적 검사 방법 중에는 불 시험법 — 불 속에서 녹이는 방법으로, 이때 귀금속만 외적 변화 없이 열을 견뎌 낸다 —, 납과 함께 산화시키며 녹이는 회취법(灰吹法, Kupellation) — 이때 납과 천한 금속들은 모두 산화물로 변하고 일산화 납과 함께 녹아 흐른다 —, 그리고 시금석에 금을 긋는 방법 — 대부분 규석판석으로 된 돌판에 표준으로 정해진 금으로 선을 긋고 그 옆에 시험대상의 금 시료로 선을 그어 비교하는 방법으로, 연습을 조금 하면 순금의 비율을 놀라울 만큼 잘 추정할 수 있다 — 등이 있었다.[25] 습식 방법과 산의 증기로 금을 다루는 방법은, 당시에 무기산이 알려져 있지 않았기 때문에 아직 사용되지 않았다.

통상적인 금 시험법을 통과하지 못한 금이라도 무조건 위조품인 것은 아니었다. 이 점을 우리는 받아들여야만 한다. 그리고 우리가 이제 특정한 금 제조 방법을 알고 있고, 특정한 색, 그것보다 더 일반적인 것으로서 금속광택과 용융 가능성을 진짜 금을 가르는 주된 기준으로 인정한다면, 우리는 금을 화학적으로 제조할 수 있다. 아마 좋은 금도 아니고, 어쩌면 원자번호 79번인 원소를 미량이라도 함유한 금도 아니겠지만, 어쨌든 금을 제조할 수 있는 것이다.

그렇다면 우리는 이로써 연금술의 비밀 속으로 진입한 것일까? 많은 화학사가(化學史家)들은 이렇게 말할 것이다.

"그렇다, 이른바 '신의 예술'(Theia techne)이라는 것이 금을 제조하는 일련의 방법 말고 다른 무엇이겠는가? 물론 연금술 텍스트 속의 이들 방법은 비밀로 충만할 뿐만 아니라 불필요하기도 한 언설로 포장되어 있다. 그러나 이 언설은, 엄밀하게 보지만 않는다면 그저 물리학적 또는 화학적 약점을, 말하자면 지껄임을 통해서 덮어 버리는 역할을 하는 것은 아닐까?"

의심할 바 없이, 스톡홀름과 레이던 고문서에 제시된 것으로부터 추려 모을 수 있는 연금술 제법들이 존재하고, 핵심에 속하지 않는 여러 언급이 소스 속에 파묻혀 있는 것처럼 작용하는 세법도 존재한다. 실제로 이들 파피루스의 저자뿐 아니라 최초 연금술사들이 화학적-기술적 제법을 담은 문헌들의 공통된 전통의 후예라는 것을 암시하는 특정 지표들이 있다. 물론 그 후 연금술사들은 아주 특정한 방식으로 자기발달의 길을 걷기는 했지만 말이다.

6. 기둥 속의 금언

연금술사들이 초기에 수행했던 화학적 처리의 방식과 순서 속에 들어 있는 특정한 통일성 그리고 특히 생각의 일방향성은, 우리에게 그들의 모든 노력이 일종의 표준제법으로 정리될 수 있으리라는 기대를 갖게 만든다.

그러면 그런 기대를 품고 알렉산드리아의 연금술사 실험실로 되돌아가 보자. 그런데 단순한 역사적 지혜가 우리에게 들려주는 말은, 우리가 거기에서도 신의 예술의 대가를 만나지 못하리라는 것, 적어도 그의 사고와 행동에 대한 우리의 해석에 반하는, 아주 개인적인 논리로 자신을 옹호할 수 있는 그런 대가를 만나지는 못하리라는 것이다. 물론 그는 자신의 문서로써 말할 수는 있다 — 그것이 수백 년을 살아남아서 우리가 그것을 읽게 된다면 말이다. 그러나 역사학의 거장 요한 구스타프 드로이젠(Johann Gustav Droysen)의 입을 빌려 말하면, "객관적 사실들은 우리 연구의 현실 속에는 전혀 존재하지 않는다." (Droys. 133)[28]

역사적 통찰은 사실의 나열이 아니라 질문-응답의 게임 속에서 생겨나는데, 그토록 많은 말해지지 않은 것과 말할 수 없는 것에 의존하는 연금술의 경우 이 게임은 항상 그 자체로서 조금 불안정한 면이 있다. 따라서 우리는 전혀 이해할 수 없는 대답들을 불러내지 않도록 하기 위해 우리 질문들에 대해 정확히 숙고해야만 하고, 그 질문들을 언

---

28 Droys.는 Droysen의 약어이다.

뜻 보기에(prima facie) 대부분 불분명해 보이는 텍스트를 갖고 우선은 일단 조심스럽게 연습해야만 한다.

그럼 이제, 우리를 초청한 말 없는 사람이 데모크리토스(Democritos)라는 사람이라고 상상해 보자. 데모크리토스는 원래 너무 오래전 — 1~2백 년, 아니 7~8백 년도 더 전의 — 사람이라 우리가 방문하기도 힘들고, 여기서 그와 우리가 함께 발견하게 되는 멋진 실험 설비에도 어울리지 않는다. 그러나 유령이나 마술사(Magier) — 데모크리토스도 이들 마술사 중 하나였는데 — 와 함께라면, 시대와 관련된 것을 너무 정확하게 따질 필요는 없을 것이다. 게다가 데모크리토스는 처음으로 역사적으로 규정될 수 있는 대가이다.

그런데 데모크리토스가 누구인가? 많은 연금술사들의 경우와 마찬가지로 우리는 "모른다"고 고백할 수밖에 없다. 그리고 "연금술 전통에서 데모크리토스는 어떤 사람으로 여겨졌는가?"라는 답변 가능한 질문을 하는 것으로 만족할 수밖에 없다.

역사적 문헌이 여기서 우리에게 말해 주는 것은, 연금술사 데모크리토스가 이미 고대 후기에 기원전 5세기의 원자론자 압데라의 데모크리토스와 동일 인물로 여겨졌다는 것이다. 분명히 잘못된 이 동일화는 아마, 늙은 데모크리토스가 죽은 자의 혼 — 원자로 구성되어 있고 형상이니 환영으로 나타나야만 하는 — 을 관찰하기 위해 한밤중에 공동묘지를 돌아다녔다고 하는 전설에 기인할 것이다. 그런데 유령들의 시간에 묘비 위에 쪼그리고 앉아 있는 사람은 냉철한 학자가 아니라 마술사이다.

그렇지만 물론, 어떤 마술사가 단지 지어낸 인물에 불과하다면 그가 책을 쓸 수 있을 리는 없다. 데모크리토스 문헌의 원래 저자는 몇몇 학자들 사이에서 기원전 3~2세기에 살았던 볼로스(Bolos)로 여겨졌는데, 그는 신피타고라스 수도자 공동체의 일원이었고, 마술이 섞여 있는 그의 자연지 전집 덕분에 공감관계와 반감관계가 중심 역할인 이른바 자연문헌(Physikaliteratur)의 아버지로 여겨진다. 1세기에 플리니우스(Plinius)는 이 볼로스를 압데라 출신의 원자론자라고 생각했다. 그리고 〈스톡홀름 파피루스〉에서 볼로스와 정신적 성향이 같은 어떤 남성이 데모크리토스라는 이름으로 언급되었다는 사실은, 원자론자의 이름이 결국 자연문헌에 정통한 우리의 연금술사에게로 옮겨 붙여졌다는 징표로 보인다.

《자연적, 그리고 신비적인 것들》(Physika Kai Mystika)이라는 적절한 제목을 지닌 데모크리토스의 주요 저작의 지식수준은 1세기의 것이다. 그런데 이 텍스트는 지혜의 원천으로 볼로스가 아니라 메소포타미아나 페르시아 마술사였던 것이 분명한 오스타네스(Ostanes)라는 사람을 끌어댄다.[26] 지혜의 원천이 어떻게 솟구치는지, 달리 말해서 데모크리토스 — 그의 표준제법을 우리가 알렉산드리아의 실험실에서 재현하려는 — 가 정말 어떤 인물인지는 다음과 같은 그 자신의 말 속에 가장 잘 서술되어 있다.

우리는 앞에서 지명한 대가의 지식을 받아들이고 질료의 다양성에 대해 배운 후에, 본성들(Naturen)을 일치시키려고 노력했다. 그러나 그 대가는 우리를 인도하기 전에 죽었는데, 이 일이 우리가 질료의 지식을 다시 배우는 데 몰두하였을 때 일어났기 때문에, 사람들은 우리가 그를 지하세계로부터 불러올리려는 시도를 해야 한다고 말했다. 그래서 나는 그에게 직접 '내가 당신에게 행한 일에 대해 당신은 무엇으로 내게 복수하겠습니까?'라고 말을 걸어 이 목표에 도달하려고 노력했다. 이 말을 한 후 나는 침묵을 지켰다.

내가 그를 재차 불러서 본성들을 어떻게 일치시킬 수 있는지 물었을 때, 그는 [자신의] 귀신(Dämon)의 허락 없이는 말하기가 어렵다고 대답했다. 그러고 나서 그는 '책들은 사원에 있다'는 말만 했다. 사원으로 돌아온 후 나는 즉시 이 책들을 손에 넣는 작업에 들어갔다. 왜냐하면 그는 살아 있을 때 이 책에 대해 아무 이야기도 하지 않았고, 유언적 조치도 할 수 없는 상태로 죽었기 때문이다. 사람들의 주장에 따르면 그는 자신의 혼을 육체로부터 분리하기 위해 독약을 먹었다고 한다. 어쩌면 그는 자기 아들이 생각하듯 실수로 독약을 삼켰을지 모른다. 그런데 그는 죽기 전에, 이 책들을 자기 아들이 소년기를 넘기면 그에게만 보여 주려고 생각했다. 우리 중 누구도 이 책들에 대해 아는 것이 없었다. 그러나 조사를 시작하고 나서 아무것도 발견하지 못한 후, 우리는 물질과 본성이 어떻게 합일되고 융합하는지 발견하기 위해 엄청난 노력을 쏟아부었다.

그런데 우리가 아직 질료의 구성 성분을 밝히는 작업을 하는 동안 사원 종교 의식의 시간이 돌아왔고, 우리는 기념연회를 열었다.

연회 중에 우리는 비모 사원의 중앙 홀에 있있는데, 그때 갑자기 어떤 특정한 기둥들이 열렸다. 그렇지만 우리는 그 기둥들 속에서 아무것도 보지 못했다. 그[아들]나 다른 누구도 우리에게 그의 아버지의 책들이 거기에 놓여 있다는 이야기는 하지 않았다. 그[대가]가 스스로 우리에게 가까이 와서 우리를 기둥들로 인도했고, 우리가 몸을 구부리고 있는 동안 우리는 놀랍게도 아주 귀중한 다음 문구를 놓치지 않고 발견했다.

'자연(Natur)은 자연에 대해 기뻐하고, 자연은 자연에게 승리하고, 자연은 자연을 지배한다.'[29]

우리는 그 몇 마디 안 되는 말 속에 그가 쓴 모든 것이 들어 있다는 사실에 크게 놀랐다.[Berth. (2) II, 43; III, 45]

이 텍스트에 대한 논의는 나중으로 미루고, 이것을 우선 연금술사를 화학자로, 그리고 연금술을 화학으로 보는 것에 대한 경고로만 삼도록 하자. 대신 우리는 이 경고에 주의함으로써 성급한 결론을 삼가고, **표준제법**(standard method)의 화학적 측면에 전적으로 집중하자.(27)

---

[29] 이 긴 인용문에서 본성과 자연의 원문은 모두 Natur로 동일한데, 앞에서는 본성으로, 이 문장에서는 자연으로 번역했다. 자연이란 말이 본성이란 의미도 가지고 있기 때문이다. 이 문장에서는 Natur를 자연으로 번역하는 것이 적절한 것으로 보인다.

7. 표준제법

먼저, 네 가지 서로 다른 금속 파편, 더 정확하게 말하면 납, 주석, 구리, 그리고 철 금속의 조각을 실험실 선반에서 꺼내는 것으로 시작하자. 이것은 잘 알려진 7개의 금속 중에서 보통 금속보다 훨씬 완전에 가까운 귀금속인 금, 은, 그리고 이행상태의 금속인 수은을 빼고 남은 고체들(Somata)이다. 우리에게 익숙한 이 4가지 금속을 도가니에 넣고 녹이는데, 이 과정에서 원하는 것을 얻을 때까지 첨가물의 양을 변화시킨다. 실제로 나는 이 과정을 직접 시험해 보았는데, 이 과정을 정확하게 실행하면 그저 그런 옹색한 결과를 얻게 될 것이다. 비록 볼품없는 것이라 하더라도 일종의 합금으로 볼 수 있을 만한 어떤 것도 얻지 못한다. 덩어리 전체에 고루 퍼져 있는 아주 작고 눈에 띄지도 않는 철구슬을 제외하면, 광채도 없고 금속과 닮은 것도 없는 슬래그의 일종인 검은 가루 뭉침만을 손에 넣을 뿐이다. 이 못생긴 슬래그는 그리스 연금술사들 시기에는 4고체, 또는 4고체군을 뜻하는 **테트라소마**(Tetrasoma, Ta tessara somata)나 **테트라소미에**(Tetrasomie, He tetrasomia)라는 아름다운 이름을 가지고 있었다. 테트라소마를 얻는 데 쓰인 방법은 '검은색으로 만들기' 혹은 '검게 착색하기'라는 뜻의 **멜라노시스**(Melanosis)라고 불렸고, 라틴어로는 **니그레도**(Nigredo)로 불렸다.

연금술사들이 보기에 4가지 고체는 어떤 특성도 갖지 않는다는 특성을 지녔는데, 바로 이 특성이 이 고체를 아주 가치 있게 만들어 주는 것이었다. 우리는 이미 고대의 연금술사들이 **색채**를 개별 질료의 가장 중요한 특징으로 간주했음을 알고 있다. 색은 질료를 비로소 그것 자신으로 만들어 준다. 그리고 검정색은 적어도 그리스인에게는 특별한 의미를 지닌 것이었다. 검정은 한편으로는 회화의 주요 색 중 하나였지만, 다른 한편으로 검정이라는 색조는 본래 **색조**(*Farb-Ton*)가 아니었다. 통상적 관점에서 볼 때, 검정은 단순히 색들이 부재한 상태였다. 검정으로의 이행은 질료를 실제의 질료이게끔 해 주는 바로 그 특성의 상실을 의미했다.

그런데, 사실 테트라소미에만이 검은색은 아니다. 검정으로 만들기, 즉 멜라노시스와 관련해서 이따금 마그네시아 혹은 '우리의 마그네시아'라는 말이 나오는데, 이 단어는 우리가 알고 있는 MgO를 의미하는 것이 아님은 틀림없다.30 비록 이 단어가 여러 가지 다른 의미를 갖고 있기는 하지만 말이다. 마그네시아는 은은한 광택이 나는 자철광(Fe_3O_4)을 의미할 수도 있다. 그런데, 이 자철광은 시금석에 문지르면 검은 줄을 내놓고, 강한 자성을 띤다는 대단히 두드러진 속성을 지니고 있는데, 이 속성은 어느 하나가 거리를 뛰어넘어 그 하나로 불러 모아들이는, 마치 기적처럼 작용하는 능력이라고 할 수 있다. 마그네시아는 아마 황화 안티몬이나 황화 납 또는 강철 같은 회색의 적철광(Fe_2O_3)을 의미할 수도 있는데, 이 적철광은 시금석에 문지르면 황홀할 정도의 혈홍색 줄을 내놓는다. 마그네시아는 심지어 4고체를 의미할 수도 있지만, 조시모스는 이 단어를 물질을 섞는다는 의미의 **메이그니에인**(*meignyein*)으로부터 이끌어 낸다.

그런데, '우리의 납'도 기본 질료일 수 있다. 이런 종류의 질료—

---

30 마그네시아는 근대화학에서는 산화 마그네슘을 의미한다.

거의 대개 검은색인 — 는 때때로 '모든 것'을 뜻하는 **토 판**(*To pan*)으로도 불리는데, 이것은 다시 모든 질료양태의 근본에 놓인 질료, 즉 제일질료(*prima materia*)를 암시한다.

인간의 의식에서 검정은 부재(不在)이자 시작이다. 검정은 낮을 잉태하는 밤이다. 검정은 보기(*Sehen*) 이전의 눈먼 상태(*Blindheit*)이고, 은혜의 빛이 파괴해 없애기 전의 지옥이다. 검정, 그것은 죽음이고, 꿈을 통해 빛과 삶으로 가득 채워지는 잠이다. 검정은 우리 혼의 근원인데, 이 근원은 이미지도 말도 없는 공포스럽고도 풍요로운 곳이다. 그런데 이곳으로부터 도무지 풀기 어려운 이미지와 말의 비밀이 솟아오른다. 검정은 모든 것이 생성되는 나일강의 진흙이고, 금속을 품고 있는 대지의 품이다. 검정은 희망 없음이면서 동시에 희망이며, 혼돈과 마찬가지로 아직 형상을 갖지 못한 것이고, 시작이자 종말이다.

그러므로 검정은 아무것도 아닌 것처럼 보이는 모든 것이다. 그러므로 진정으로 검은 고체는 천한 금속을 고귀한 금속으로 변형시키는 위대한 변환물질인 **현자의 돌**이라는 원래의 목표를 자기 안에 품고 있는 것이다. 그리고 이는 다시 검정 개념에 대해 전혀 다른 해석을 가능하게 해 준다. 검정은 완전한 색의 부재와 같은 것을 의미하는 것이 아니라, 이와 반대로 기의 모든 색들의 존재함을 의미한다. 그러므로 올림피오도로스 같은 사람은 검정을 모든 색의 색이라고 하고, 흰색을 색 아닌 것(*Nicht-Farbe*)이라고 하는 것이다.

연금술사들의 눈에는, '검정'은 부재의 표지이면서 동시에 진정한 실제, 진정한 살아 움직임의 현존(現存)의 표지로서 질료의 궁극의 특성이다. 그리고 그것은, 그 자체로는 속성이 없지만 감각으로 경험 가능한 현실과 살아 움직임을 담고 있는 그릇 같은 것이다. 검은 고체는 **원질**(*Urmaterie*)이고, 제일질료이다.

테트라소마는 검다. 그리고 또 테트라소마는, 모든 특별한 속성이 하나의 거대한 전체로 침몰한 결과로서, 다시 말하면 진정한 육신이 되어 속성이 상실된 것으로서, 쇠락(衰落) 속에 존재하는 희망과 부의 표지이다. 그것은 금속광택이라고는 한 줄기도 내보이지 않고 제대로 벼리기도 어려운데, 그 주된 이유는 이 고체의 납 함량 때문이다. 데모크리토스는 네 개의 금속은 모두 원래 납이라고 분명하게 말한다. 비록 나머지 세 개의 다른 금속들도 납에서 생성되었다고 말하지만 말이다. 그리고 몇백 년이 지난 후 올림피오도로스는 납만을 '제일질료'라고 이야기한다.

테트라소마에 남아 있는 유일한 금속적인 것은 용융 가능성인데, 이것도 실은 **특별히** 금속적인 것은 아니다. 용융 가능성은 당시의 모든 자연철학자들이 동의하였듯이 습기와 수분 함량을 의미한다. 이는 또한 입체기하학적 형태라는 관점에서도 불확정적인 것임을 의미한다. 제일질료는 종종 '검은 수프'와 같은 액체로 여겨졌다.[28]

그것이 검은 수프이건 테트라소마건, 연금술 과정의 최초 생성물인 원질은 당연히 결코 금이 아니다.

그러므로 우리는 더 나아가서, 표준제법의 두 번째 단계에서 테트라소마에 약간의 은, 더 정확하게 말하면 은가루 — '은의 씨앗'이라는 의미심장한 이름으로 불렸던 — 를 녹여 넣자.

씨앗이라는 표현은 실제로 생물학적 과정, 일종의 발효를 암시한다. 은이나 금의 씨앗은 — 정말 그런 것이 있었는데 — 단순히 가루 형태의 귀금속이 아니라, 정자 혹은 곡물 종자의 작용과 동등한 작용을 한다고 여겨졌던 실제의 씨앗이었던 것이다. 이것으로부터 연금술 대가들은 비유로 가득 찬 표현을 사용할 수 있는 기회를 건져 냈다. 씨앗은 풍요로운 대지나 자궁, 또는 검은색의 월경혈(血) 속에서 싹트고 성장하여 꽃이 되고, 나무가 되고, 태아가 되고, 마침내 실제 아이로 태어나게 된다.

특히 후기 기독교 연금술에서는 생명을 주기 위해 자신은 죽는, 다음의 낟알에 관한 비유를 되풀이해서 환기한다.

"내가 진실로 진실로 너희에게 이르노니, 한 알의 밀이 땅에 떨어져 죽지 아니하면 한 알 그대로 있고 죽으면 많은 열매를 맺느니라."(《요한복음》 12장 24절)

어떤 생명을 변화시키고 어떤 생명을 자기처럼 바꿈으로써, 그 속에서 살아가고 그것에 의해서 살아가는 생명이 있다. 이것은 생명이 뿌리내리는 질료이다. 이제 우리가 스토아학파의 사상까지 거슬러 올라가서, 연금술사의 이해 속에서는 영혼, 씨앗, 정신과 색이 서로 밀접하게, 그야말로 해체가 불가능할 정도로 서로 결속되어 있었음을 생각해 보면, 금의 씨앗이 어떤 면에서는 이미 본래의 채색도구이자, 연금술의 전체 과정에서 다다르고자 애쓰는 목적 자체였다는 사실에 대해 전혀 놀랄 필요가 없다.

제일질료 속에 모든 연금술적 노력의 결과가 이미 존재했던 것과 마찬가지로 씨앗에도 역시 이미 그 결과가 존재했다. 실제로 몇 개의 고대 연금술 문헌에는 현자의 돌이 두 개의 귀금속 씨앗을 포함하고 있다는 주장이 있다. 데모크리토스를 비롯한 몇몇 연금술사들은 씨앗의 작용 방식을 라틴어로 **마사**(Massa)로 불렸던 **마자**(Maza), 즉 발효종의 작용과 비교하였는데, 이는 금속의 씨앗도 발효종이나 동식물의 씨앗과 유사하게 스스로 증식하는 방식으로 금속을 변환하기 때문이다. 즉, 은의 씨앗은 은이 되고, 금의 씨앗은 금이 되는데, 이는 내재된 것, 현실적 잠재성, 그리고 이것과 함께 내부의 것이 어느 정도 밖으로 튀어나오는 것으로, 또는 두 가지 중요한 개념을 선취하여 표현하면, 감추어진 것(Okkulte)으로부터 드러내어진 것(Manifeste)으로의 변환으로 해석되었다.

이 모든 점을 우리의 철학적 마음속에 간직하면서, 먼저 은의 씨앗을 뿌리고 난 다음에 테트라소마와 은의 씨앗으로부터 얻은 생성물을 아주 유별난 금속에 담가 보자. 이 유별난 금속은, 보통은 액체이고, 아무런 저항 없이 다른 금속 속으로 침투할 수도 있으며, 다른 금속과 결합해서만 고체가 되기 때문에 사실 금속이 아닐 수도 있는 이상한 금속이다. 간단히 말하면, 우리는 생성된 덩어리를 수은에 담그는 것이다. 혹은 우리는 이 생성물을 수은 증기 속에 놓아둔다. 수은이 없을 경우에는 수은과 비슷한 것을 이용할 수도 있는데, 이를테면 녹인 주석이나 주석 아말감을 사용할 수도 있고, 수은과 함께, 혹은 수은을 대신해서 마찬가지로 색을 선명하게 만들어 주는 아르세니크를 이용할 수도 있다. 우리는 네거티브 필름을 현상액에 담가서 현상시키는 것과 아주 똑같이 수은액 속에서 발효종을 발생시켰다고 말할 수 있다.[31] 또한 우리가 씨앗을 수정시킨 다음 생명과 발생으로 일깨웠다고 말할 수도 있다. 이는 또한 은의 씨앗이 은에서 나와야만 하는 이유를 설명한다.

　탄생된 모든 것은, 이미 고대 철학자들이 말했듯이, 고유의 방식을 통해서만 탄생될 수 있을 뿐이다. 즉 발효종은 발효종으로부터 나오고, 곡식은 곡식의 낱알들로부터 자라나고, 마찬가지로 은도 은의 씨앗으로부터만 생겨날 수 있다. 우리가 이를 솜씨 있게 행하면, 은 씨앗과 수은의 도움을 빌려 진짜 은, 즉 '장인들도 속이는' 은을 얻을 수 있다. [(P.Leid., Rez. 8) Hall. 86]

　그러나 진정한 연금술사는 기술자를 속이려고, 혹은 **그냥** 속이려고만 하지는 않는다. 그는 자연철학적 토대를 갖춘 프로그램을 따르려하고, 따라서 그는 우리가 직접적 방식으로 도달했던 것을 우회로를 따라 도달하려고 애쓸 것이다. 그런데, 이 우회로는 우리의 화학적 시각에서 보자면, 아무래도 하찮게 보일 수밖에 없다. 하지만, 바로 이 우회로가 연금술의 고유한 사고방식이다.

　그런데, 우회로든 아니든 우리가 성취한 것은 하얗게 착색하는 일이다. 우리의 기억에 남아 있듯이, 〈레이던 파피루스〉에서는 이 착색에 대한 용어로 **레우코시스**(*Leukosis*)라는 말을 사용하는데, 이는 은의 제조만이 아니라 은의 증식을 가리킨다. 이 개념은 그리스 연금술로부터 전해진 것이고, 라틴 연금술에서는 **알베도**(*Albedo*), 즉 칠하기 혹은 흰색으로 착색하기로 번역되었다.

31　독일어에서 '사진 현상'과 '발생'을 가리키는 단어는 모두 entwickeln이다.

하얗게 착색하기는 연금술 수행의 최종점, 모든 노력의 목적일 수도 있지만, 은의 찬란한 흰색은 이미 일종의 완성이기도 하다. 그렇다면 흰색은 밤을 밝혀 주는 빛은 아닐까? '흰색'은 거의 모든 민족이 여성으로 생각한 달(Mond)의 여신인 셀레네(Selene) 혹은 루나(Luna)이다. 흰색은 정말 여성적인 것이다. 즉 흰색은 달과 같이 변화무쌍하고 종잡을 수 없는 것이며, 운명 그 자체와 같은 것이다.

종잡을 수 없는 것과 마찬가지로 흰색은 또한 위협적이다. 허먼 멜빌의 소설에 나오는 고래 모비 딕이 하얀 것은 우연이 아니다. '흰색'은 또한 카오스와도 같다. 그래서 우리는 '백색 소음'(weißes Rauschen)이라고 말한다. 취함(Rausch)도 전적으로 흰색과 연관 지을 수 있다. 그러므로 흰색은 모든 빛을 지워 버리고 마는 일식(Neumond, 초승달)[32]과 같이 동시에 검은색일 수 있고, 형태가 갖춰지지 않은 최초의 지구와도 같이 검은색일 수 있다. 연금술의 숫처녀 지구는 흙이면서 동시에 흰색이었지만, 그 안에는 상당 부분 그것의 완성형이 들어 있었다. 그런데, '흰색'은 맑음, 순수함, 결백의 상징으로, 시간의 저항을 견뎌 낸다. 이런 까닭에 흰색은 이집트인들의 하얀 금인 은을 표상한다.

---

32 독일어로 Neumond는 초승달을 가리킨다. 그러나 Neumond는 특수한 경우 '모든 빛을 꺼 버리는' 일식(Sonnenfinsternis)을 가리키기도 한다. 왜냐하면 초승달은 달이 태양과 지구 사이를 움직일 때 나타나는데, 이때 달, 태양, 지구가 정확하게 일직선으로 서게 될 경우 낮에 지구의 일부 지역에서 태양이 사라지는 일식현상이 나타나기 때문이다. 따라서 독일어로 Neumond는 초승달이기도 하지만, 일식을 나타낼 때에도 사용되는 것이다. 여기서 저자는 달(Mond)에 대해 언급하기 때문에 일식을 표현할 때 Sonnenfinsternis라는 명확한 단어를 사용하지 않고, Neumond라는 모호한 단어를 사용한 것이다.

실제로 레우코시스는, 올림피오도로스가 "흰 것은 분리하고, 검은 것은 널리 끌어안기" 때문에[Berth. (2) Ⅲ, 99, 100, 196], "검은 것을 제거하는 일"로 묘사하고 있듯이 일종의 정화라고 볼 수도 있다. 덧붙이자면, 올림피오도로스는 자신의 견해를 뒷받침하는 화학적 증거를 검기는 하지만 여러 가지 색으로 구성된 납에서 발견했던 것 같다. 납은 다른 물질과의 결합 시에는 전혀 다른 색, 즉 백연($PbCO_3$)와 광명단(Pb_3O_4)이 내는 색을 띠고 나타날 수도 있기 때문이다.[33]

그런데, 연금술 은(銀)을 향해 나아가는 레우코시스는 그 자체가 목적이 아니다. 이것은 모든 천한 것들, 모든 귀하지 않은 물질들을 진정한 구원으로 이끄는 길에 놓인 과도적 단계이다. 연금술 은은 금속 내부에서 종종 금빛 광휘를 내보이는데, 이 광휘는 분명히 첨가된 구리로부터 연유하는 것이다. 여기서 구리 색조야말로 귀금속이 가짜임을 뒷받침하는 증거라고 주장할 사람은 구제불능의 진짜 화학자밖에 없을 것이다. 그런데, 이와는 정반대로 이 이상한 색은 그저 단순한 진짜 은보다 어떤 면에서는 더 진짜인 은(銀) ― 내부에서 이미 거의 금으로 되어 버린 ― 이 생겨났음을 입증하는 증거로 여겨졌다. 그러므로 연금술 표준제법의 주요 단계들 하나하나는 일종의 "자기 자신에게로 돌아오기"로 여겨질 수 있었지만, 테드라소마뿐만 아니라 연금술 은과 금은 더 높은 것을 향해서 올라가는 하나하나의 예비 단계로서 자기 안에 자신을 고귀한 것으로 만들어 줄 싹을 지니고 있는 것

---

33 백연은 흰색, 광명단은 주황색이다.

이다. 이런 시각에서 보자면, 씨앗은 단순히 조력자 기능을 할 뿐이다. 그렇지만, 우리는 이에 대해 이론적으로 논한 연금술사는 한 사람도 발견할 수 없을 것이다.

레우코시스는 통상적으로 두 단계를 더 밟게 되는데, 그중 첫 번째 것이 여성적 은의 상대방, 즉 남성적 금으로 이끌어가는 '노랗게 만들기'의 단계이다. 그리스에서는 이것을 '노란색으로 물들이기'를 뜻하는 **크산토시스**(*Xanthosis*)라고 불렸으며, 라틴어권에서는 **키트리니타스**(*Citrinitas*)라고 불렸다. 그런데, 라틴어권에서는 현자의 돌(*Lapis philo-sophorum*)로 가는 도정에서 종종 이 단계를 뛰어넘곤 했다.

표준제법에서 금을 재현하는 방법은 깜짝 놀랄 만큼 단순하다. 연금술사 은을 취해서, 여기에 금 같은 것, 즉 금의 씨앗을 첨가한 다음에, 그 전체를 테이온 히도르[34]라고 하는 물에 담그는 것이었다. 이 놀라운 액체는 작용 측면에서 볼 때 수은과 아주 흡사하다. 이 액체는 연금술 은의 내부에서 금이 자라도록 하는데, 그 안에서 금은 마치 발효종처럼 피어나 물질 전체를 충분히 발효시킨다. 게다가 이 제법에서도 수은의 경우와 마찬가지로, 액체 자체가 아닌 테이온 히도르의 증기만이 작용하도록 했으리라는 생각도 할 수 있다.

---

34 테이온 히도르(Theion hydor)는 '신의 물' 또는 '황의 물'이라고 번역할 수 있다. 그러나 원저자가 이 말을 독일어로 번역하지 않고 그대로 사용하기 때문에 여기서도 원문을 그대로 두었다.

8. 테이온 히도르

그런데, 테이온 히도르(*Theion hydor*)란 무엇인가? 〈레이던 파피루스〉에 나오는 87번 처방에 따라 석회와 황을 식초나 순결한 소년의 오줌에 넣고 끓여서 테이온 히도르를 만들면, 이것은 산성이나 알칼리성의 다황화 칼슘 용액이 된다. 황과 석회로부터는 말하자면 노란색을 띠는 황화 칼슘 변종, 즉 다황화 칼슘, 싸이오황산 칼슘, 황산 칼슘의 혼합물이 생겨난다. 끓는 황은 피처럼 붉고, 물은 혈청처럼 노란데, 말하자면 테이온 히도르는 연금술사들에게 필요했던 바로 그 염료였던 것이다. 구리 조각은 실제로 다황화물 용액을 이용해서 금빛이 나도록 착색할 수 있는데, 이는 쉽게 확인할 수 있다.

이렇게 착색을 하고 난 후, 표면에 에나멜을 칠하면 — 고대 연금술사들도 금속에 에나멜을 칠하는 법을 잘 알고 있었다 —, 금이 산화되어 검게 변하는 것을 오랫동안 막을 수 있다. 그런데 다황화물은 고체 상태에서도 금속을 공격하지만, 착색에 사용되는 고전적 수단은 바로 다황화물 용액 — 그것이 개별적으로는 어떻게 구성되어 있든 상관없이 — 이었다.

고대의 연금술 대가 조시모스는 증류 장치에서 달걀을 증류시키는 방식으로 이 기적의 물을 얻었다. 여기서 달걀을 사용한 것은 결코 우연이 아닌데, 이는 달걀이 바로 껍질, 난막과 기포, 흰자와 노른자로 이루어져 있다는 점을 생각하면 알 수 있다. 달걀은 4가지 고전 원소들인 흙, 공기, 물, 불의 통일을 나타내는 동시에, 이러한 통일로써 바로 세계 전체와 존재(*Sein*) 자체를 상징했던 것이다. 달걀과 존재를 이렇게 동일화하는 데에는 분명히 언어적 연상이 아주 특별한 역할을 했을 것이다. 왜냐하면 그리스어에서 존재는 'to on'이며, 달걀은 'to oon'이기 때문이다.

상징은 함께 놓는 것을 통해 하나로 놓는 것, 즉 동일화와 관련이 있다. **상징**(Symbolon)이란 개념이 '함께 둔다'로 번역할 수 있는 *symballein*이란 단어에서 유래한 것에는 이유가 있다. 따라서 가능한 모든 것, 즉 단어, 대상, 그림, 행위 등이 모두 상징적 의미를 지닐 수 있다. 그리고 이때 의미 자체가 어떤 것으로 드러나서 인식될 수도 있고, 그렇지 않을 수도 있다. 간단히 말하면, 세계는 우리가 경험하고 있듯이 상징으로 넘쳐난다. 비록 우리가 그것을 항상 인식하고 있지는 못하더라도 말이다. 그런데 하필이면 화학적 상징들만 상징이 아닌데, 왜냐하면 이 상징들에는 '함께 둠'에 필요한 어떤 것, 즉 기본적으로 분리가 불가능한 상태로 연결되어 있는 정의되지 않은 어떤 것이 빠져 있기 때문이다.

상징과 상징되는 것은 말하자면 돌로 가른 반지의 반쪽과 다른 반쪽처럼 함께 속해 있으며, 어떤 제3의 것을 가리킨다. 두 친구가 서로 이별해야 할 때, 그리고 그 우정에 그들의 가족을 포함시키고 싶을 때, 이들은 반지 하나를 절반으로 쪼개곤 했다. 반지 절반을 가지고 얼굴을 모르는 다른 한쪽 친구를 찾아가 환대를 청한 가족은, 다른 반지 한쪽이 어떻게 만들어졌는지, 우정을 확인해 주었던 반지 한쪽이 옛날과 달라 보이는 건 아닌지, 반지에 박힌 보석이 어느 날 빠져버린 건 아닌지, 아니면 다른 장식이 덧붙여졌거나 너무 변해 버려서 외관상으로 전혀 알아볼 수 없을 정도가 된 건 아닌지는 알 필요가 없다.

옛 친구를 찾아온 손님과 그를 맞이하는 사람은 반지 양쪽이 서로 연결되는지만 확인해 보면 된다. 서로 맞으면 반지 한쪽은 정확히 그 반지임에 틀림없는 것이었고, 다른 반쪽과 함께 우정을 '불러낼' 수 있었던 것이다.

이는 신이나 성인들을 새긴 조각상들에서도 정확히 똑같았다. 이 상들은 우리가 임의로 상상할 수 있는 여러 것들을 상징한다 — 조각상 자체는 암시만을 할 뿐이다. 그런데 우리가 — 아마 이런 암시 덕택에 — 상징과 상징되는 것 사이의 정확한 상응을 알아차리게 되면, 그때 우리는 이 어떤 것을 현실적인 것으로 체험하고, 동시에 제3의 것 — 우리가 그 구체적 모습을 그려 보기 어려운 — 에 대한 암시, 신적인 것에 대한 암시, 파악할 수 없기는 하지만 특정한 형상을 지닌 초월적인 것에 대한 암시로서 마주한다.

부활절용으로 아주 유쾌하게 세속적으로 치장되어 사람들 입으로 들어가는 달걀도 초월적인 것을 상징하고, 존재 그 자체를 상징하며, 창조, 생명, 번식을 상징한다. 그런데 달걀은 세계 속에 존재하는 초월성이고, 이른바 화학적으로 조작 가능한 초월성이라고까지 말할 수 있다.

달걀을 증류하면, 세 가지 증류 생성물이 차례대로 생겨난다. 첫 번째는 빗물(*Regenwasser*)로, 하얀색이거나 투명하다. 다음은 불쾌한 냄새를 풍기는 무 기름인데, 이것은 노란 연두색을 띤다. 그리고 세 번째 것은 죽었다가 공기 중에 놓아두는 동안 소생한 잔여물을 다시 증류해서 얻은 것으로, 검은 연두색을 띤다.

그다음에 조시모스는 색을 주는 질료, 말하자면 테이온 히도르를 얻기 위해, 이 세 개의 '남성적' 증류 생성물을 증류 장치의 '여성적' 부분에 있는 잔여물과 합쳐서 40일 동안 서로 작용하게 하라고 권유한다. 왜냐하면 "자연이 자연을 극복하기" 때문에, 다시 말하면 "황을 함유한 물질은 황을 함유한 물질에 의해 극복되고, 습한 물질은 이에 상응하는 습한 물질에 의해 극복되기" 때문이다.[Berth. (2) Ⅲ, 88, 143~145; 달걀에 대해서는 Berth. (2) Ⅱ, 18, 21, 129]

그 밖에 테이온 히도르를 얻는 방법에 대한 참으로 모호한 설명도 있다. 이 설명들은 정말 모호하기 때문에, 앞에서 그렇게 세심하게 달걀을 증류했던 바로 그 동일한 조시모스가 연금술사들의 물질 목록에 나오는 **모든** 액체 또는 그 혼합물들을 테이온 히도르라고 선언해도 그 모호함을 능가하지 못할 정도이다. 게다가 다른 저자인 시네시오스(Synesios)는 연금술 은, 말하자면 아말감이나 수은의 증류를 통해서 테이온 히도르를 뽑아낼 수 있다고 주장한다. 그리고 심지어 금을 넘어서고자 하는 시도에서도 저 비밀로 가득한 테이온 히도르가 투입되었던 것으로 보인다.

시네시오스를 비롯한 모든 연금술 대가는 황의 물(*Schwefelwasser*)[35]을 확실히 손에 넣었다고 믿었다. 피올레와 똑같이 이 '색을 주는 물'에는 꽤 중요한 의미가 담겨 있는데, 그 의미는 '*theion*'이라는 단어에 숨겨져 있다. *To theion*[36]은 황 및 황의 냄새만이 아니다. *To theion*은 신

---

35 여기서 저자는 테이온 히도르가 아니라 '황의 물'이라는 용어를 사용한다.
36 여기서 to는 정관사 정도로 특별한 의미는 없다.

및 신과 같은 것, 천상의 것 혹은 초인간적인 것이기도 하다. 이렇게 이름이 동일한 것을 우리는 순전히 우연으로 여기는 경향이 있다. 비록 천상과 뇌우의 신 제우스가 번개를 던질 때 자신의 분노와 힘을 나타내는 황의 노란색 빛과 황 함유물이 내는 냄새로 하늘을 가득 채우는데도 말이다.(29) 이렇게 두 표현에 대한 어원이 실제로 동일한 것이라 해도, 우리는 이 모든 것을 심오한 의미가 없는, 장난스러운 연상 정도로 여기는 경향이 있다. 물론 이런 식의 접근은 진지한 연금술사라면 누구라도 근거 없고 경솔한 것으로 여길 것이다.

문화사적으로만 보면, 우리와 함께 전체를 이루고 있는 사물들에 대해서 함께 생각하고 함께 느낀다는 면에서 연금술사는 틀림없이 아웃사이더는 아니었다. 아리스토텔레스나 아르키메데스의 문헌들로부터 한 번도 고개를 돌리는 일이 없었던 지식인들을 일단 제외하면, 거리의 소문난 이들에게 이름의 우연은 우연이 아니었고, 하나의 의미가 다른 의미를 암시하는 것도 의미 없는 것이 결코 아니었다. 노멘(*Nomen*, 명사)은 오멘(*Omen*, 징조)이었으며, 또한 파우스트 박사는 견해가 다르지만 우리는 이런 연관으로부터 신이 말로써 세계를 만들었음을 기억해야만 한다.(30)

어떤 연금술 대가도 '황의 물'로서의 테이온 히도르, 그리고 '신의 물'로서의 데이온 히도르를 단순히 '난어 놀이'(*Teekesselchen-Spiel*)37(31)에 나오는 단어들과 같은 것으로 보지 않았다. 테이온 히도르, 이 "위대한 신비"[Berth. (2) Ⅲ, 162]는 중요한 종교행위인 침례에서의 입

---

37 동일한 단어지만 여러 가지 뜻을 가지고 있는 단어를 찾아내는 놀이.

수식과 내적 연관을 갖고 있었다는 것을 보아도 그렇다. 금속을 신의 물, 황의 물로 적시게 되면, 금속은 이 물로 인해 착색이 된다. 염색공이 천을 염색 통에 담그고 염색을 했을 때, '적시다' 혹은 '담그다'를 뜻하는 그리스 단어는 *baptein*이었고, 침례(*ho baptismos*)는 따라서 새로운 인간으로의 '염색'이자 동시에 '정화'였다. 이는 바로 침례 받은 사람이 한 존재에서 또 다른 존재로의 완전한 변화, 일종의 변형, 그리고 새로 태어남을 경험했다는 것 이외의 다른 어떤 것도 의미하지 않는다.

20세기의 자식인 우리 역시 이름과 사물, 이름과 사물 부르기 사이의 정말 심오한 연관들에 대한 느낌을 완전히 잃어버린 것은 아니다. "악마의 이름을 부르면, 그가 달려온다"는 문장은 20세기 초만 해도 지금처럼 우습게 들리지는 않았다. 그리고 우리는 우리 자신의 이름이 잘못 불리거나 우리에게 친근한 사람의 이름을 더 이상 정확히 기억할 수 없을 때마다 수치스런 느낌을 갖지 않는가? 그리고 이 느낌은 우리에게 이 사실 — 우리의 작은 실수 — 이 고유의 가치를 지닌다는 것을 '말해 주는' 것은 아닌가?[32]

우리에게 약간 남아 있는 이 불편한 심기는, 아마 과거의 다른 세계로 들어가는 데 도움을 줄 것이다. 우리는 사고와 느낌이 당시에는 이른바 교육을 받은 사람들의 **현실유비**(*realanalogie*)에서도 아주 중요한 역할을 했음을 확인하게 될 것이다. 이로써 나는 여기서 상징과 유비의 개념을 세밀히 고려하지 않은 채, 계몽주의 이전 시대의 이해방식에 따르면 **다른 것과 유사한** 어떤 것은 이 다른 것과 내적이며 **능동적** 연관을 맺고 있다는, 혹은 적어도 그런 연관을 맺을 수 있다는 언급만을 하고자 하는 것이다. 이 연관은 단어들의 소릿값이나 조화와 관련된 것일 수도 있고, 아니면 색이나 모양에 관한 인상과도 맺어져 있을 수 있으며, 의미와 상관있는 모든 것들과의 연관일 수도 있다. 그 밖에도 이 연관은 구조, 갖가지 사건들과 현상들과 관계된 이야기의 논리와도 맺어져 있을 수 있다.(33)

항상 눈앞에 있는 것을 시간이 지남에 따라 점점 더 평범한 것, 그림자가 없는 것으로 여기는 것은 그야말로 인간적인 것이다. 그러므로 명백히 일상적으로 보이는 유사성은 통상적으로 어떤 비밀도 갖고 있지 않았다. 이에 비해, 쉽게 꿰뚫어 볼 수 없는, 숨겨진 유사성은 이와 전혀 달랐다. 그러면, 숨겨진 것, 연금술 대가의 눈에만 보이는 유사성 관계가 비밀이 존재하는 진정한 장소가 아닐까? 특히 이 관계로 인해 갖가지 존재의 영역들이 서로 연결되고, 이로써 내적 통일 속에서 상호 확인이 이루어질 때 그렇지 않을까? 그리고 이 내적 통일은, 우리가 테이온 히도르 속에서 황(黃)적인 것과 신(神)적인 것이 서로 만날 때 감지된다고 생각하는 것처럼, 아주 다중적인 것이 아닐까? 혹은 삶 자체와 같이 사고와 감정으로 잔뜩 뒤엉켜 있는 복합적인 것은 아닐까?

암시적, 혹은 명시적인 '…와 같이'라는 말은 연금술적 사고와 감정에서는 한 번도 단순한 관용어인 적이 없었고, 더 주목할 필요가 없는 유사성을 단순히 암시한 적도 거의 없었다고 주장할 수 있다.

'…와 같이'란 말은 그 이상을 의미한다. 즉, 유사한 다른 대상과 공감 혹은 반감(反感) 속에서 연결되어 있으며, 바로 그 때문에 비슷한 것이다. 이런 식으로 이해된 유사성 관계들, 단어와 사물, 표현하는 것과 표현되는 것들 사이에 맺어진 공감관계도 마법적 성질을 지녔다. 이들은 서로서로 의미했고, 서로서로 작용했고, 인간 — 고대의 인간뿐만 아니라 근대의 깊숙한 시기까지 포함한 모든 후속 시기의 인간까지도 — 을 내적 관계의 두터운 연결망 속에 세워 놓았다. 인간은 이 연결망 속에 엉켜들어가 있고, 또한 그 속에 붙들려 있고 부양받는다는 느낌을 가질 수 있었다. 하지만 이는 그다지 평온한 것은 아닌데, 왜냐하면 엉켜들어감이란, 도처에서 초월성과 우월성을 경험하며 구원을 갈망하는 영혼의 두려움 속에서 포로가 됨을 의미했기 때문이다. 그리고 — 이는 고대 후기 종교운동의 근본 사상으로, 우리가 **그노시스**(*Gnosis*)라고 부르는 것인데 — 자신에게 무슨 일이 일어나는지 모르는 자, 어둠 속에서 자기 자신의 엉킨 실타래와 싸우는 자, 그는 결코 구원받지 못한다. 그런데 구원하는 지식, 즉 지혜는 의미하는 것의 의미를 깨닫는 것을 의미한다. 그것도 오늘날 우리가 냉정한 눈으로 바라보기 때문에 의미론적 우연성만을 보는 바로 그곳에서 말이다.

제우스의 번개, 침례, 지혜로서의 지식, 이 모든 것이 언급되었다고 해도, 우리는 테이온 히도르가 무엇보다도 화학반응을 일으키는 시약(試藥) — 이미 화학 기술적인 파피루스에서 언급되었고, 연금술의 표준제법 중 세 번째 단계에서 연금술사들이 열망하는 그리고 게다가 전적으로 수용 가능한 금을 만들어 내는 — 임을 잊어서는 안 된다.(34) 그럼에도 불구하고 우리는 여기서 열망의 목적, 금, 그리고 고대의 사고와 믿음과 감정, 이런 것들을 더 자세히 살펴볼 필요는 없다. 왜냐하면, 이 표준제법에서 우리의 금은 더 높은 어떤 것을 위한 것이며, 일종의 슈퍼금—연금술 대가의 가치 잣대로 재면, 여성적 은과 남성적 금보다 훨씬 더 위에 놓여 있던—을 얻기 위해 이용되는 것이기 때문이다. 그러므로 연금술 과정의 처음 세 단계만으로는 충분하지 않았고, 그 위의 단계가 포함되어야만 한다. 이것은 라틴어로는 **루베도**(*Rubedo*)라고 하며, 붉은색 염색을 의미하는 **에리트로시스**(*Erythrosis*)이다.

그런데 에리트로시스라는 단어 대신 의미가 아주 분명하지는 않은 **이오시스**(*Iosis*)라는 단어도 종종 사용되었다. 이 단어는 독 또는 녹 그렇지 않으면 녹청 또는 청동기의 녹청을 뜻하는 **호 이오스**(*ho ios*)로부터 유래했을 수 있다. 그렇지만 흰제비꽃이나 금칠 또는 제비꽃을 뜻하는 토 이온(*to ion*)에서 파생했을 수도 있다. 이 경우 이오시스는 보라색 혹은 자색으로 염색하는 것을 의미했다. 그런데 두 개의 의미군이 이오시스라는 단어로 통일된다면, 이는 우리 연금술사의 연상적이면서 동시에 부가적인 사고방식에 잘 들어맞을 것이다.

우로보로스. 질료의 순환 등을 나타내는 연금술의 주요 상징 중 하나.
안쪽의 색(녹색)은 작업의 시작, 바깥쪽의 색(붉은색)은 작업의 끝을 상징한다.

프랑스 국립도서관, 그리스어 필사본 2327, f. 297

9. 마지막 발걸음

연금술사들의 최종 목표는 왜 크산토시스(*Xanthosis*)가 아니라 이오시스(*Iosis*)였을까? 그 이유는 이오시스의 화학이 우리에게 이해될 때까지 — 현재 우리에게 가능한 것만큼 — 한쪽에 밀어 두자. 연금술 텍스트들에서, 말하자면 이오스나 이온 그리고 이오시스에 대한 서술은 아주 불분명하다. 가령 알(*Ei*)과 마찬가지로 세계 전체와 4원소를 상징하는, 자기 자신을 잡아먹는 우로보로스라는 용에 관한 글 속에 나오는 이오스에 대한 다음과 같은 정의로 무얼 할 수 있겠는가?

"녹색 용, 이것이 이오스다. 즉 그것의 발효, 그것의 네 갈퀴, 이것이 예술의 처방에 이용되는 테트라소미에(*Tetrasomie*)다. 그의 3개의 귀, 이것은 3개의 증기이고 12개의 처방이다. 그것의 이오스, 이것은 식초이다."[Berth. (2) Ⅲ, 24]

여기서 언급된 이 동물의 귀는 황, 수은, 물을 가리킬 수도 있지만, 알의 3가지 증류 생성물을 가리킬 수도 있다. 12개의 처방은 이오스를 얻는 데 필요한 12개의 처리 단계를 의미할 수도 있을 것이다. 이 숫자는 알렉산드리아의 스테파노스(*Stephanos*)라는 연금술사가 우리에게 분명히 알려 주듯이 4원소 각각의 3가지 성분을 합한 것 — 원물질 더하기 이들 각각의 두 가지 근원성질 — 으로부터 생겨났을 수도 있다.[38] 식초는 녹슬게 만들 수 있는 부식용제였을 뿐이다.

---

[38] 아리스토텔레스의 물질이론에 의하면 흙, 물, 공기, 불 4원소는 각각 습함, 건조함, 뜨거움, 차가움이라는 네 성질 중 두 가지 성질을 지니고 있다. 예를 들어서

라틴어로는 비루스(Virus)인 이오스는 분해의 산물인 것처럼 보인다. 그런데 이것은 분해된 물질이 독성을 갖게 만들었다. 플리니우스(Plinius)와 디오스코리데스(Dioskorides)의 저작에서는 그것을 구리, 소리(Sory), 산다라크의 독성 기운 또는 독성 풍화물이라고 했다. 이오스는 다른 무엇을 변형시키는 그런 것이다. 그래서 사람들은 자석에 의한 철의 자화(磁化)도 이오스라고 부를 수 있는데, 여기서도 특정 성질이 부여되는 일이 일어나기 때문이다.

이오스는 가장 흔히 녹으로 이해되었다. 예를 들어서 이오스에 고정되어 버린,39 말하자면 어떤 방식으로든 고체로 변환된 수은 같은 금속의 산화물 내지 금속염 같은 것으로 생각되었던 것이다. 다른 한편 이오스는 데모크리토스가 다음과 같이 주장하듯이 증류물이기도 하다.

"실제로 용의 행위를 통해서 물질성을 상실한 물질로부터 나온 이오스는 프네우마(Pneuma)를 의미한다. 황금빛 색조가 나타나기 때문에 이오스는 금빛이라고 일컬어진다."[Berth. (2) III, 128, 134]

이오스의 제조는 안정된 황색 색조에 의해서 실현되는데, 이는 "이 색조가 작용 대상 금속에 숨겨진 내면의 성질을 해방함으로써" 이루어진다.[Berth. (2) III, 107]

한 가지는 분명하다. 즉, "금을 착색하기 위한 가장 좋은 방법은 이

불은 뜨겁고 건조하고, 물은 습하고 차가운 성질을 가진다는 것이다. 따라서 4원소와 이들 원소와 결합된 두 개의 성질을 합하면 12라는 수를 만들 수 있다.

39 이오스에 고정된다는 것은 현대 화학의 용어를 사용해서 표현하면 이오스와 결합한다는 것을 의미한다.

오시스를 따라 하는 것이다 … 이오시스 혼자 모든 것을 만들고, 특히 이오스를 만든다."[Berth. (2) Ⅲ, 175] 이오시스에서는 또한 "대황, 사프란 등"의 식물도 사용할 수 있다.[Berth. (2) Ⅲ, 159 이하]

그런데 "천연 황의 물"도 이오스라고 불린다.[Berth. (2) Ⅲ, 209] 왜냐하면 이오스가 없이는 아무것도 될 수 없듯이, 테이온 히도르(*Theion hydor*) 없이는 아무것도 되지 않기 때문이다. 즉 "신의 액체인 테이온 히도르 없이는 아무것도 없다. 어떤 결합물이라도 그것에 의해 완성되고, 그것에 의해 끓여지고, 그것에 의해 하소(煆燒)되고, 그것에 의해 고정되고, 그것에 의해 황색으로 되고, 그것에 의해 분해되고, 그것에 의해 착색되고, 그것에 의해 이오시스와 존귀해짐을 경험한다."[Berth. (2) Ⅲ, 238]

그러나 어떤 것도 확실하게 나타나지 않는데, 이는 우리의 눈뿐만 아니라 오래전 연금술사들의 눈으로 보아도 그렇다. 왜냐하면 임의로 나열해 놓은 것 같은, 가능성 있는 모든 것들이 이오스 내지 이오시스로 불리기 때문이다. 이오시스를 우리 화학의 세계 속으로 번역해 들여놓는 일은, 이오시스 과정에서 적어도 몇몇 경우에는 크산토시스로부터 얻어진 생성물이 금속부식제로 처리되었다는 것을 가정할 때 가장 성공적으로 이루어질 것이다.

그렇다면 이오스는 일반적으로 금속 표면 위의 특이한 색재현상을 의미할 것이다. 예를 들어 구리 표면에서 그러한 현상을 나타내는 것은 아마 황색 내지 붉은색의 산화 제일구리, 또는 잘 알려진 염기성 아세트산 구리 녹청 또는 청색 구리유약, 즉 탄산염일 것이다. 철의 경우는 보통의 녹(Fe_3O_4), 또는 흙과 다른 것이 섞인 자토[磁土, $FeO(OH)$]

와 베네치아 레드(Fe_2O_3)도 생각해 볼 수 있을 것이다. 예를 들어서 붉은 산화 제삼철을 물로 갠 다음, 이것을 청동 위에 얹어서 가열하고 연기를 쐬면 짙은 황금빛의 표면 색조를 얻게 되는데, 이 청동이 금을 4%가량 함유하고 있으면 자색으로 변할 수 있다.

"자토라고 불리는 흙을 취해서 그것이 붉은색이 될 때까지 불 위에 올려놓으라. 그 후 그것을 불로부터 들어내어 소금이 첨가된 물속에 녹이라. 이것으로 금이 되어야 할 대상에 바르라. 그리고 이것을 불 위에 놓고 연기가 생기고 색이 나타날 때까지 뒤집으라. 그다음에 이것을 물속에 넣으라."[Berth. (2) Ⅲ, 311 이하]

직물 염색에 사용되었던, 녹색의 구리를 함유한 황산 철인 찰칸톤(Chalkanthon)으로도 철과 같은 금속을 착색할 수 있었는데, 이는 물기 있는 황산 철을 철에 문지르고 이때 붉은 거죽을 만들어 냄으로써 이루어졌다.

그런데 우리가 금 자체를 생각하면, 물론 그리스 연금술사들의 화학적 실행능력과 관련해서 많은 문제들을 던져 주는 것이 연상되지 않을 수 없는데, 이것은 환원제의 존재하에서 금의 염에 알칼리(잿물)가 작용하면 섭씨 250도에서 벌써 분해되는 짙은 보라색의 수산화 제일금이 생긴다는 것이다. 그러므로 금속에 이것을 바르고 가열하면 그것을 금으로 만들 가능성도 상당히 있을 것이다.

그래서 조시모스는 펠라기오스(Pelagios)라는 연금술사로 하여금 이렇게 말하게 한다.

"그것은 내부에서 형성되는 팅크투르(Tinktur, 착색)인데, 이것은 자색으로의 진짜 착색이고, 또한 금의 이오스라고도 불린다. 우리가 거기에 도달하면 팅크투르가 일어나고, 그렇지 않으면 그 일이 일어나지 않는다. 팅크투르가 깊이 침투하도록 유의하라. 그렇지 않다면 팅크투르는 일어나지 않은 것이다."[Berth. (2) Ⅲ, 194]

자색 착색만이 문제라면 다른 여러 방법들이 있는데, 고대 후기의 화학기술에는 이 방법들이 잘 알려져 있었을 것이다. 실험적으로는, 금을 함유한 청동의 경우 이 합금을 부식성 산 — 당시에는 과일산이었는데 — 또는 명반, 산다라크, 수은염, 납염, 은염 같은 특정한 부식성 염들의 용액 속에 담그면, 그 표면에서 자색과 보라색을 띠는 다른 색조가 나타나는 것을 증명할 수 있다.

자색 착색 및 색 변화시키기와 관련해서는 이미 언급된 표면처리 방법들 외에 공기를 불어 넣어주며 가열하는 방법이 있는데, 이것은 부식과 비슷한 결과를 가져온다. 즉, 처리된 표면에 달궈진 쇠 빛깔이 형성되는 것이다. 예를 들어 철이나 강철의 경우 갈적색에서 적색, 자적색, 자색을 지나서 청색까지 불러오기 위해서는 섭씨 250도부터 280도 정도까지면 충분하다. 그리고 자기가 다루는 물건 위에 다양한 두께의 산화막을 입힐 줄 아는 사람은 표면을 아주 아름다운 색채로 빛나게 만들 수 있다. 게다가 그 전에 물건에다 부분적으로 지방을 발라 놓거나 표면의 여러 다른 부분을 서로 다르게 부식시키면, 특정한 색을 일정하게 나열할 수 있다. 이와 관련해서, 고대 연금술사들뿐만 아니라 후기의 연금술사들도 되풀이해서 그들이 다룬 물질 표면의 무지개색에 대해서 보고했다는 것은 특기할 만하다.

이러한 종류의 일련의 색채들은 **카우다 파보니스**(*Cauda pavonis*), 즉 공작꼬리, 또는 **이리스**(*Iris*), 즉 무지개라고 불렸고, 특히 유익한 것으로 여겨졌다. 하지만 공작꼬리와 무지개 — 거의 모든 문화에서 신적인 것 내지 은총의 상징으로 여겨진 — 에는 모든 색이 동시에 나타난다. 그런데 서로 다른 것들, 아니 반대되는 것들의 합일이야말로 연금술의 가장 고귀한 목표 중 하나였는데, 여기서 핵심적인 것은 서로 다른 색들만이 아니라 색이 변화함으로써 그 **본질적 존재**, 그 **본체**가 변화한 물질들이라는 것이다. 대가들에게 연금술에서 말하는 꼬리(*Cauda*)는 어느 정도는 하나이면서 동시에 모두인 것, 즉 '모두인 하나'이고, 그리스어에서 의미하듯이 '유일한 것, 전체 속의 하나인 것'이다(*Hen to pan*). 꼬리는 서로 배제하는 성질들의 펼쳐짐이고 이와 동시에 모순적인 합일인데, 이 둘은 동일한 질료 조각 속에 들어 있다.(35)

또 한 가지 잊지 말아야 할 점은 이미 대부분 전처리된 금속을 수지, 니스, 왁스, 기름으로 처리하는 것이다. 테이온 히도르가 연금술의 진정한 만능약이 된 데는 바로 이러한 처리가 기여한 바가 크다. 그렇지만 세 가지 '테이온 히도르 착색' — 즉, 첫째 금으로의 착색, 둘째 (어떤 특정 판본들에서는 아마 비소 화합물 또는 특정 농도를 지닌 시약으로서) 은(銀)으로의 착색, 셋째 구리 합금을 교묘하게 처리할 경우의 이온 또는 이오스, 즉 자색으로의 착색 — 이 가져온 놀랄 만한 효과는 후처리를 통해서 아무 문제없이 보존될 수 있었다.

연금술사들이 보기에 어떤 대단한 것이 생겨났다는 것은 의심할 여지가 없다. 이미 고대 후기에 이오시스의 생성물은 **리토스 테스 필로소**

피아스(*Lithos tes philosophias*) 또는 **리토스 톤 필로소폰**(*Lithos ton philosophon*) 등으로 표기되었고, 그럼으로써 라피스 필로소포룸(*Lapis philosophorum*), 즉 현자의 돌(*Stein der Weisen*) 등으로 표기되었다. 그 밖에도 '황금 산호'(*Chrysokorallion*)나 '황금 조개'(*Chrysokogchylion*)라는 표현도 사용되었다.

"이 큰 기적, 이 말하기 어려운 기적, 이것을 황금 산호라고 한다."
[Berth. (2) II, 56]

어쩌면 여기서 이야기되는 것은 이미 앞에서 언급했듯이 부식성 염을 가지고 제조한 금청동이었을지 모른다. 산호라는 표현이 특이하기는 하지만, 그래도 우리는 고대 연금술에 대해서 이야기할 때 이 표현을 선호해야 할 것이다. 나는 그리스 연금술사들의 돌은 라틴 연금술사들의 돌 또는 라피스보다는 의미로 덜 짓눌려 있다고 생각한다. 중세의 현자의 돌은 처음에 산호 속에 씨앗처럼 내재되어 있던 것이 표현되어 나온 것이라고 할 수 있다.

물론 산호는 현자의 돌의 가장 특출난 임무를 이미 무한정 충족시킬 수 있었다. 그것은 일종의 슈퍼금 또는 슈퍼 질료로서 천한 금속을 금으로 변환시킬 능력이 있었다. 이는 아마 가루로 빻은 산호, 즉 이오시스의 적색 또는 자색 생성물을 용융된 천한 금속 위에 그냥 뿌리거나 던짐으로써 이루어졌을 것이다. 그렇기 때문에 사람들은 산호를 **크세리온**(*Xerion*, 뿌리는 가루) 또는 **크세리온 옥시포르피리온**(*Xerion oxyporphyrion*, 짙은 적색의 뿌리는 가루)이라고 불렀다. 아랍인들은 이것으로 아마 **엘릭시에르**(*Elixier*)를 만들었을 것이다. 그런데 크세리온이란 말에는 이미 '생명의 영액'(*Elixier des Lebens*) 쪽으로 향해 가는 희미한 울림이 있는데, 왜냐하면 크세리온이란 개념은 무엇보다 상처에 뿌렸던 가루에 대해서 사용되었기 때문이다.

〈레이던 파피루스〉에서, 염료나 약재를 제조할 때 화학약품을 첨가하는 경우에 사용되던 말은 **엠발레인**(*emballein*) 또는 **에피발레인**(*epiballein*), 즉 '던져 넣다', '집어넣다', '첨가하다', '던져 올리다'였다. 물론 이때 이러한 첨가로 인해 어떤 색이 다른 색으로 변하거나 치료제가 독으로 바뀌고, 그럼으로써 이 물질의 본체가 근본적으로 변하는 일도 발생할 수 있었다. **엠발레인**은 중세에 **프로이케레**(*projicere*)가 되었고, 이때부터 던져 넣기(*Projektion*)는 연금술사가 자기 자신이 정말 대가이며 진정한 대가로서 실제로 금을 만들 줄 안다는 것을 증명하는 행위를 의미했다. 그가 어떻게 자신의 행동이 나중에 심리학적으로 해석되어서 던져 넣기라는 것이 이제 더 이상 손에 의한 의식적 행위가 아니고 혼의 무의식적 행위로 여겨지게 되리라는 것을 예상할 수 있었겠는가?

그런데 던져 넣기라는 행위에서 일어나는 변환을 화합물의 형성으로 이해해서는 안 되는데, 이는 바로 아주 적은 양의 산호만 가지고도 그것보다 몇 배나 무거운 납을 금으로 변환하는 것이 가능했기 때문이다. 우리는 또한 그것을 촉매 효과라고 이야기할 수도 없다. 왜냐하면 산호가 촉매처럼 남는 것이 아니라 그것의 목표인 금으로 가는 도중에 거의 죽어 없어지기 때문이다. 그러므로 산호도 씨앗 같은 것이다. 씨앗은 '금 발효'(*Goldgärung, Chrysozymia*) 중에 사라지는데, 그러므로 변환된 금 속에서 산호를 회수하려는 시도가 한 번이라도 있었다는 것을 암시하는 흔적은 어디에서도 발견되지 않는다.

산호는 테이온 히도르와 비슷한 '발생 기능'을 가지고 있으며, 발생시킬 때 혼(魂)을 불어넣거나 영(靈)을 넣어 주기도 하고, 여성적인 것과 남성적인 것의 합일, 즉 수정을 성사시키고, 동시에 배아의 잉태를 유발한다. 적어도 이러한 것은 발생자 기능에 대해서 의식적으로 불분명하게 시의 형태로 서술한 것들로부터 읽어 낼 수 있다. 이로써 연금술사들의 질료는 확실하게 오직 물질적이기만 한 것으로부터 해방된 것의 모든 성질을 얻는다. 그것은 진정으로 테이온(theion)이 되고, 신적인 것이 된다. 자연이 자연을 정복하는 것이다….

이 지점에서 산호 내지 돌의 기능에 대한 다음 두 개의 질문이 따라온다. 그 돌은 어째서 돌인가? 그리고, 왜 금의 산호는 붉은색이거나 보라색인가, 왜 수백 년이 지난 다음에도 현자의 돌은 거의 항상 붉은색, 불그레한 색 또는 보라색으로 서술되는가?

그런데 이건 인정하자. 즉 어떤 연금술사도 왜 그의 돌이 반드시 돌이어야 하는가를 깊이 고민하지 않았다는 사실이 충분히 놀랄 만하다는 것을. 연금술의 창시 신화와 결부되어 있는 이 이상한 이름 부여에 대한 설명, 즉 땅으로 떨어진 천사가 최초의 여성 연금술사로 여겨질 수 있는 여성들에게 고귀한 돌(Lithot timtot)을 만드는 일을 가르쳤다는 설명은 내가 보기엔 너무 빈약하다 ― 조시모스가 언젠가 한번 '리토스 티미오스'(Lithos timios)를 '리토스 톤 필로소폰'(Lithos ton philo-sophon)[40]과 동의어로 사용했다고 해도. 가루 또는 왁스와 비슷한 것까지도 계속 고집스럽게 돌이라고 부른다는 사실은, 오히려 돌과 결부된 불변성, 초시간성을 보여 준다. 시간이라는 관점에서 돌은 신적인 무언가를 지니고 있는데, 그렇기 때문에 분명 그것은 태고의 종교에서 중요한 역할을 했다.

돌은 땅뿐만 아니라 종종 돌로 이루어졌다고 여겨진 '태고의 하늘'과 결합되어 있었다. 사람들은 돌이 유성의 형태로 이 '태고의 하늘'로부터 떨어진다고 보았다. 그런 돌은 성스러운 것을 자기에게 끌어당기는데, 그 예로는 메카(Mekka)의 카바(Kaaba)를 들 수 있다. 성스러운 것은 초시간적이고, 성스러움의 상태로서 더 많아질 수도 더 적어질 수도 없다. 그것이 현현되어 나타나는 돌과 똑같이 말이다. '라피스 필로소포룸'(*Lapis philosophorum*)도 녹슬지 않고, 썩지 않고, 증발해 없어지지 않고, 변화하지 않고, 바뀌지 않는다 — 그것의 발현 형태에 상관없이. 그리고 그것은 또한 씨앗이기도 하다.

돌이 아닌 돌, 그것의 색에 대한 물음은 그다지 어렵지 않다. 물론 이때 우리가 전제해야 하는 것은, 색채들이 다소 농축될 수 있는데, 연금술사들의 색감에서 붉은색 내지 보라색은 농축된 황색, 즉 과잉의 황색이었다는 점이다.(36)

그러므로 산호는 붉은색이거나 보라색이었다. 왜냐하면 그것은 일종의 슈퍼금으로서 과잉의 황금색을 지니고 있었기 때문이다.(37) 그리고 그것은 이 황금색을 수용자세가 되어 있는 질료에 전달할 수 있

---

40 Lithos timios는 Lithoi timioi의 그리스어 남성형이다. 리토스 톤 필로소폰은 철학자의 돌로 번역된다.

었다. 검고, 아무 성질도 없고, 쉽게 녹는 납은 그러한 금속이었고, 그래서 납은 보통 던져 넣기와 변환에 사용되었다. 크세리온은 그 속에서 염료처럼 작용했다. 금은 아주 정확한 황금색 성질이 정확한 양만큼 들어 있는 제일질료인데, 이때 색이 모두 밖에서 들어온 것인지 아니면 원물질 자체에서도 발현되는지는 항상 분명하게 구별되지 않았다. 모든 노력의 화학적 결과가 그렇게 불명확한 것처럼, 이 경우에는 이론 역시 아주 불명확하다.

그러나 산호가 붉은색과 보라색인 또 하나의 이유는, 이 두 가지 색이 특별한 상징가치를 지니고 있기 때문이다. 붉은색은 피이고, 피는 생명이다. 햇빛과 금이 생명과 영원한 삶을 나타내는 상징인 것처럼 말이다. 붉은색은 생명이자 느낌이고, 사랑이자 미움이고, 열정이며, 또한 피의 붉은 원리로서 '지각된다'. 즉 그것은 혼을 담지하고 있고, 이와 동시에 일반적으로 성장의 힘들을 지니고 있다. 영원한 생명을 부여하는 신의 음료인 넥타르(Nektar)는 피와 같이 붉다. 따라서 붉은색 의약품이나 붉은색으로 채색된 마술적 방어약제가 의학에서 커다란 역할을 했다는 것은 놀라운 일이 아니다.

그러나 방어란 귀신에 대한 방어를 의미했고, 따라서 붉음이란 색은 어쨌든 간에 좋은 영이나 나쁜 영과 관계를 맺게 되었다. 그렇기 때문에 붉은색은 무엇보다도 중의적이며, 초감각적인 것, 거룩한 것과 관계를 맺는 모든 것과 마찬가지로 양가감정적이다. 이집트의 태양신 레(Re)는 태양, 작열, 불을 나타내는 붉은색 망토를 걸쳤다. 오시리스도 본래 태양신으로서 붉은색과 결합되어 있었고, 오래전 시기에는 그에게 붉은 머리카락을 가진 사람을 제물로 바쳤다는 주장까지도 나온다.

보라색 그룹 색들 — 이것들도 물론 고대에는 모두 붉은색의 아류로 여겨졌는데 — 은 더욱 특별한 연상을 불러일으켰다. **포이니케오스**(phoinikeos), 즉 보라색 빛이란 단어는 보라색이 유래한 나라인 페니키아를 연상시킬 뿐만 아니라, 둥지에서 스스로를 불태우고 재 속에서 다시 활기차게 솟아오르는 황금빛과 보랏빛 깃털을 지닌 불사조도 연상시킨다. 그리고 그것은 또한 연금술적 운명, 즉 질료의 죽음과 정화를 연상시키는데, 그런 까닭에 포이닉스(Phoenix)라는 단어는 '현자의 돌'의 동의어로도 사용되었다.

그렇지만 상징은 뒤로하고, 실천에 주목하자. 붉은 가루가 어떻게 — 화학적으로, 그리고 그럼으로써 **합리적으로** 고찰할 때 — 납을 금으로 변화시킬 수 있는가? 변환에 관한 이야기는 모두 순전한 엉터리가 아니었던가?

이 두 물음은 스스로 대답을 하고 있다. 그렇지만 이 물음들은 — 답을 원하는 것 같은 수사학의 외투를 걸친 — 유죄선고일 뿐이다. 그런데 이런 물음에 대해서는 똑같이 수사학적이긴 하지만 꽤 정당한 다음과 같은 반문을 제기할 수 있다. 도대체 우리는 이 납이 어떤 납이었는지 아는 것일까? 우리는 산호가 실제 어떤 물질로 구성되어 있는지 아는 것일까? 진기하긴 하지만, 변형된 황색을 지닌 그러나 어쨌든 황색인 합금 — 게다가 어쩌면 화학적으로 흠잡을 데 없는 특정한 양의 금도 포함하고 있던 — 이 생겨날 수 있지 않았을까?

오늘날 금 대체물로 시장에 나오는 것 — 가령 금청동(86.5~89% 구리, 8.5~11% 주석, 1~3% 아연) 또는 다양한 네덜란드 황동류 — 은 오히려 단순한 성분을 지니고 있으며, 황동은 적어도 로마 시대에 이미 알려져 있었다.

그리고 연금술의 착색능력을 이용해서 산호를 만드는 일이 성공하기라도 했다면, 이 경우 성공은 항상 거의-성공(Fast-Erfolg)이었을 수 있다. 아니 거의-성공으로서 허용되었다. 말하자면 모든 기대, 적어도 모든 물질적 기대를 충족시킬 만한 산호의 제조에 정말 성공한다면, 그리고 그러한 산호 제조가 재현 가능하다고, 즉 가르칠 수 있고 가르침 받을 수 있다고 하는 자연과학의 자명성을 가정한다면, 이 발견은 ― 경건하지 않은 화학자는 항상 존재하는데 ― 비밀의 파괴를 가져오고 그럼으로써 연금술 정신의 파괴를 가져올 뿐만 아니라, 단기나 장기에 걸쳐 통화시스템의 붕괴와 지불수단으로서의 금의 붕괴를 가져오게 된다. 그렇지만 바로 이런 파국적 성공이 아니라 그것의 거의-성공, 바로 이 '거의'가 연금술 생명력의 기반 중 하나이다. 성공과 실패 사이의 마찰면에서 희망은 다시금 새롭게 피어날 수 있었던 것이다. 그리고 희망은, 우리가 목표의 마력에 붙잡혀 있을 때는 생명 그 자체이다.

사람들은 이 모든 것을 자기기만이라고 부를 수도 있는데, 물론 우리에게는 자기기만이 일어나지 않을 것이다. 그렇지만 잊지 말아야 할 점은 우리는 세계를 연금술 대가와는 다른 눈으로 본다는 것이다. 우리는 원소, 원자, 분자를 보지만, 연금술사는 소마타, 프네우마타, 색채, 그리고 특히 "금을 향해 압박하고 / 금에 매달려 있는" 상징 암호화된 세계의 비밀을 본다. 대가 또한 금을 열망한다. 그러나 그의 욕심은 클론다이크(Klondike)⁴¹의 금 탐색자의 욕심과는 다른 성질을 지닌 것이었다. 그의 금은 신화였는데, 우리는 그것의 희미한 반영을 근대의 금 발견 신화에서 알아차릴 수 있다.

돈의 영역에서 금과 은은 실재를 나타내는 실재이지만, 지폐의 경우 표시된 것과 현실 사이의 거리는 훨씬 크다. 금의 신화는 지금도 금덩이의 신화이지 지폐의 신화가 아니다. 지폐는 그 위에 우리가 모르는 어느 누가 해독 불능의 서명을 하고, 누구도 상환할 수 있으리라고는 생각하지 않는 것 — (은화) 5파운드, (요아힘슈탈에서 온 좋은 은화로) 10달러, (표기된, 즉 도장이 찍힌 은괴나 금괴로) 20마르크 — 을 약속해 놓은 것이다. 그런데 진정한 원초 신화는 포트 녹스(Fort Knox)의 강철 창고가 **아니라 태곳적 광산의 갱 속에 있다.**

---

41 캐나다 유콘 도슨시티 인근을 흐르는 강 이름으로 클론다이크 골드러시가 일어난 지역.

10. 표준제법에서 표준이란 무엇인가?

태고의 신화세계로 들어가기 전에, 우리는 연금술의 표준제법이 **표준적** 제법으로서 우리에게 해석해 줄 것으로 예상되는 모든 것을 화학적-기술적 측면에서 해석하려는 시도를 해야 한다.

그런데 처음 시작 단계부터, 그것이 전부였는지에 대한 이의가 제기되지 않을까? 오히려 표준제법이 제공하는 것보다 훨씬 많은 것들이 역사가가 연금술의 실험실 작업을 해석하는 데 도움을 주는 것이 아닐까? 우리가 글자 그대로 '현자의 돌' 같은 것을 손에 쥐고 있다고 하더라도, 대가의 많은 실험실 도구와 물질, 특히 식물성, 동물성 물질이 아직 조금도 사용되지 않은 채 그의 실험실 여기저기에 놓여 있는 것은 아닐까? 이로부터 우리는, 표준제법이 여러 연금술 과정 중의 **하나**였을 뿐이고, 어쩌면 서술된 대로 정말 한 번도 정확하게 수행되지 않았다는 의미에서 그것이 단지 이념형이었을 뿐이라는 결론을 끌어내야 하지 않을까?

이 모든 것을 우리는 인정해야 할 것이다. 또 하나 인정해야 할 것은 우리가 표준제법을 그것이 정말 어떠했는지는 감안하지 않고 설명했다는 것이다. 사실 우리는 모든 중간 단계들, 그리고 특히 증류 같은 작업들 — 연금술사들의 눈에는 절대적으로 필요한 것으로 보았을 것 같은 — 을 화학적으로 불필요한 것으로 보고 제외해 버렸다.

연금술의 최고 권위자 중 한 사람인 조시모스는 이렇게 말한다.

"철학을 네 부분으로 나누려 하면, 우리는 그 첫 번째 것은 검게 하기, 두 번째 것은 희게 하기, 세 번째 것은 노랗게 하기, 네 번째 것은 자색으로 만들기임을 발견하게 된다. 이와 똑같이 우리는 이 부분들이 각각 다시 작은 부분들로 갈라진다는 것을 발견하고, 또 순서에 맞추어서 접근하려고 하면 반응 단계들(선들 내지 줄들)과 이 단계의 주요 지점들 사이에 삽입된 단락들을 발견한다. 그래서 [우리는 또한] 검게 하기와 희게 하기 사이에 물체의 무르게 하기와 세척하기가 존재한다는 것도 발견한다. 희게 하기와 노랗게 하기 사이에는 분쇄하기 내지 현탁액(懸濁液) 만들기가 존재한다. 그다음의 노랗게 하기와 자색으로 만들기 사이에는 구성물을 두 부분으로 나누는 일이 존재한다. 그러나 자색으로 만들기는 증류 장치 속에서 처리하는 일과 부분들을 합하는 일을 하지 않고는 완수가 불가능하다. 우리 과학에서는 달리 접근하는 것은 불가능하다."[Berth. (2) II, 219f.; III, 212]

한편 모든 시기의 연금술 문헌 속에는 파피루스 제조법과 마찬가지로 예비 단계와 우회로를 거치지 않고 직접 은이나 금을 목표로 하는 실험 방법이 나온다. 데모크리토스는 이미 그의 표준제법 바깥에 있는 다양한 금 제조 방법을 권고했다.(38) 그런데 그럼에도 불구하고 무엇보다도 교수법적인 이유에서 '표준제법'이라는 표현을 유지하는 것이 좋을 것 같다. 말하자면 위에서 서술한 제조과정은 가장 단순하고, 그렇기 때문에 가장 분명한 사례를 통해서 연금술의 범주 안에서 완전하게 수행된 모든 위대한 화학 과정들이 지닌 많은 전형적 특성들을 알 수 있게 해 주는 것이다.

연금술의 주요 관심사가 단순한 조리법이 아니라 제법이었다면, 이 과정은 그것이 아무리 복잡하게 수행되었다고 하더라도 근본적으로는 특정한 단계 — 각각 하나의 색채에 의해서 특징지어졌는데 이때 단계 내지 색의 순서는 항상 동일했던 — 를 거쳐 전개되었다. 거의 모든 연금술사들은 그들이 고대에 살았든, 아랍 중세나 라틴 중세 또는 근대 초기에 살았든 이에 상관없이 가장 먼저 — 종종 미로처럼 복잡하게 얽혀 있는 길을 통해서 — 검은 물질을 제조하거나 하나의 검은 물질을 가지고 제조 과정에 들어갔다. 이 검은 물질은 그 후 일반적으로 밝은 흰색의 물질, 즉 어떤 한 형태의 은으로 변환되었다. 그리고 이따금 중간 단계로 녹색 착색이 들어갔다. 때때로 사람들은 은의 단계에서 만족했고, 노랗게 하기 단계는 라틴 연금술에서는 생략되었다. 그런데 이는 진지한 연금술사가 단순히 금 제조만을 목표로 한 것은 아니었음을 보여 준다.

그가 '대작업'(Opus magnum)을 수행하려 했다면, 그의 노력의 최종 목표는 항상 모든 알려진 질료의 상태 위에 있는 상태의 질료였다. 그러므로 연금술 과정은 항상 예외 없이 천한 것으로부터 고귀한 것으로 가는 길을 통과해 간 목표지향적 절차였다.

이 점에서 근대 자연과학의 시각에서 볼 때는 완전히 낯선 사고방식과 행동방식을 보여 준다 — 비록 그것이 우리가 이에 대해 아주 깊게 생각해 보지 않으면 전혀 낯설게 보이지 않을지라도. 사실 우리는 대체로 인지하지 못하는 가운데 두 개의 세계, 즉 과학적 세계와 과학 외적 세계 속에서 살아간다. 그런데 '객관적 인과성' 바깥쪽의 세계에서 연금술적 사고는 낯익은 것이다. 그것은 우리의 격정, 우리 원망(願望)의 세계이고, 노력과 의지의 세계이다. 간단히 말하면 그것은 커피 한 모금을 얻기 위해서 부엌으로 가는 것과 같이 '무엇을 하기 위한'의 세계이다.

내가 부엌 쪽으로 움직이기 위해서 일어선다면, 이로써 나는 커피 마시기가 (물론 오직 나에게만 그리고 이 순간에만) 다른 어떤 목표보다 더 중요하고 따라서 더 가치 있다고 주장한다. 그러므로 나는 책상 위에서 나를 부르는 것처럼 놓여 있는 책을 거들떠보지 않고 부엌으로 향하며, 이때 나는 비록 어쩌면 의자에 걸려 비틀거릴지라도 나의 행동을 의도적이고 목적지향적인 것으로 여기는데, 이는 맞는 것이다. 그러나 내가 이제 목적에 합당하게 나의 목표로 나아가든 아니든 그에 상관없이 나의 목표, 즉 커피 또는 엄밀하게는 커피 마시기의 체험은 아직 충족되지는 못했지만 어떤 식으로는 이미 내 안에서 실현된 어떤 것이다.(39)

독일어도 이를 다음과 같이 분명하게 말한다. 내가 부엌을 향해 첫 걸음을 떼면, 나는 부엌에서 나를 기다리는 것 중에서 어떤 것을 미리 떠올려 보는데(vorstellen), 그러나 내 앞에 세울(hinstellen) 수 있는 것은 특정한 대상 — 나에 대해서 작용하고 바로 그렇기 때문에 현실인 — 밖에 없다. 이를 나는, 내가 열심히 쫓아가는 커피 같은 대상이 사실은 코코아라는 것이 밝혀지기 때문에 실체화되지 않을 때 깨닫게 된다. 그러나 내가 속는다고 해도, 내가 코코아로 만족한다고 해도, 커피나 커피 마시기라는 나의 목표는 변하지 않는다. 그리고 이 목표가 나의 목표지향적 행동의 목표였음도 전혀 변하지 않는다. 추구와 체험의 세계는, 그것들이 네커만이라는 회사의 배송상품 카탈로그로부터 나왔든, 동화책에서 나왔든 그저 빈 뱃속에서 나왔든, 우리가 사는 세계이다.

또한 여기서 반드시 덧붙여야 할 것은, 화학책을 펼칠 때 우리는 언제나 다른 세계로 들어간다는 것이다. 이 세계에서는 어떤 쇠 부스러기도 고귀한 목표를 갖고 있지 않고, 염산과 결합하려는 소박한 의도도 갖고 있지 않다. 어떤 산소 분자도 자기 자신과 셀룰로스를 격렬한 격정 속에서 불태우려는 갈망이 없다. 근대 자연과학은 화학물질이 어떤 의도도 갖고 있지 않다는 것을 우리에게 가르친다. 그 행동은 선한 것, 진정한 것, 아름다운 것 또는 아예 악한 것을 향한 노력에 의해서 규정되지 않고, 그들의 에너지적, 물질적 상태에 의해서 규정된다. 그러므로 자연과학자로서의 화학자에게, 그리스의 자연철학에 그토록 낯익었던 가치론(價値論)적 사고는 완전히 낯선 것이다.(40)

화학은 비천한 것으로부터 고귀한 것으로의 일방통행로를 모른다. 아니, 그것은 비천한 것이나 고귀한 것 자체를 아예 모른다. 오늘날 우리는 귀한 금속과 천한 금속, 귀한 가스(*Edelgas*)[42]와 천한 가스에 대해서 이야기하기는 하지만, 이때 우리는 이 귀하다거나 천하다는 표시가 단순히 역사로부터 전해져 온 것이고, 우리의 현대 자연과학적 세계상에 어울리는 현실과는 아무 관련이 없다는 것을 안다 — 이에 대해 보통 우리에게 아주 친숙한 해명도 없이.

귀하다는 말 대신 우리는 기껏해야 반응에 태만하다고 말할 수 있는데, 그러나 여기에는 어떤 도덕적, 미학적 가치평가도 없고, 고작해야 태만함이 일종의 귀족 작위증서처럼 제시되는 것에 대해서 경미

---

42 독일에서는 헬륨, 아르곤 등과 같이 반응성이 아주 약한 0족 원소들을 *Edelgas*라고 부른다. 독일어에서 edel은 귀하다는 뜻이다.

한 놀라움 정도만 있을 뿐이다.

그럼에도 불구하고 연금술사들이 그들의 다양한 질료를 어떠한 경제적 고려도 하지 않은 채 가치 위계에 따라 배열했다는 사실로부터, 그들이 결코 그들의 위계에 대한 화학 내적 논거를 제시할 수 없었다는 것 같은 결론을 끌어내서는 안 될 것이다.

예를 들어서 신플라톤주의자인 올림피오도로스(41)는 금속을 불로 처리하면 슬래그와 색채변화가 일어나고, 금속이 천할수록 더더욱 그렇게 된다고 주장한다. 가연성과 녹슮의 경향은 금속 속에 들어 있는 아리스토텔레스적 원소인 흙의 비율과 관련이 있는데, 이때 금은 흙을 상대적으로 가장 적게, 철은 가장 많이 포함하고 있다. 다만, 천한 것으로부터 귀한 것을 만드는 일은 도덕적으로 합당한 일이었고, 반대로 귀한 것으로부터 천한 것을 만드는 일은 타기(唾棄)할 만한 일이었다.

진정한 연금술 대가는 근대적 실험실에서 불안감을 느낄 것이다. 여기서 그는 완전히 가치중립적 자연과학으로 수행되고 있는 화학에 대해서 아마 경탄할지 모르지만, 마음에 들어 하지는 않을 것이다. 그는 삶의 세계 옆에 또 하나의 세계, 즉 동화 속 공주가 되려는 노력도 모르고 커피 한 잔에의 욕구도 모르는 세계가 존재한다는 것을 이해할 수도 없을 것이고 이해하려고도 하지 않을 것이다. 그 자신, 즉 연금술사가 보기에 자연은 세계의 단일성을 위해서 그 자신과 마찬가지로 노력하고 의지를 가져야 한다. 자연이라는 단어나 피시스(*Physis*)라는 단어 속에는 '되다'(*werden*), '내어놓다'(*hervorbringen*)라는 말의 뿌리가 숨어 있다. 자연은 내어놓고, 인간도 내어놓으며, 둘 다 결국은 동일한 방식으로 그렇게 한다. 왜냐하면 그래야 우리 연금술사는 '만일 자연이 인간과 근본적으로 다르다고 하면 인간은 자연과 근본적으로 다를 것이고, 그는 자연의 부분이 아니라 그것의 반대-부분일 것이다' 같은 말을 근대 깊숙한 곳에 이를 때까지 입 밖에 낼 필요 없이 무의식 속에서 느낄 수 있을 것이기 때문이다.

그런데 연금술사의 눈으로 보기에 자연은 무엇을 추구하는가? 우리가 우리 갈망의 실현을 추구하는 것과 마찬가지로 자연도 그렇게 한다. 그리고 그 갈망들 중 하나, 아니 그 유일한 갈망은 물질적인 것에서의 완전함, 즉 '현자의 돌'이다. 돌이 커피 같은 대상이든 동화 속 공주 같은 환상적 존재든 그 실현은 이미 전제되어 있다 — 적어도 자연의 가슴속이나 머릿속에, 그리고 목표 투사(投射)로서 연금술사의 머릿속에.

이 실현, 이 현실은 연금술사의 외적 감각으로는 접근할 수 없는 것일지 모른다. 이유는 단순히 그가 돌을 가지고 있지 않기 때문인데, 하지만 그는 돌이 틀림없이 존재한다는 것을 안다 — 숨겨진 상태이긴 하지만 자연이 이미 목표로서의 돌을 실현해 놓았다는 것을 안다고 생각하는 것처럼.

돌이 존재하기 때문에 연금술사가 그것을 찾는 것이 아니라, 그가 돌을 찾기 때문에 그것은 존재한다. 그리고 그것은 어디에나 있다. 왜냐하면 그것은 모든 연금술 대가 속에 있고, 또한 그는 그 돌을 모든 것 속에서 찾을 수 있기 때문이다. 돌의 편재성(遍在性, *Ubiquität*)에의 믿음, 돌의 어디에나 있음에 대한 믿음은 연금술의 확고한 내용이다. 연금술사 시네시오스는 5세기에 전체(*pan*)가 보통의 것, 즉 일반적인 것(*koinos*)으로부터 유래하기 때문에 변환물질, 즉 돌이나 그 전 단계는 '암캐의 젖'(*kynos gala*)으로 불린다고 주장했다.

물론 그 뒤에는 kynos-koinos의 연상이 숨어 있다. 젖(*gala*)은 그 밖에 또한 피, 담즙, 씨앗 등을 의미할 수 있다. 돌의 구체적인, 감각적으로 실현된 실제는 실현의 정거장들을 거쳐서 도달될 수 있다. 천한 납 내지 테트라소마로부터 더 귀한 은이 실현되고, 더 천한 은으로부터 더 귀한 금이 실현되는 것이다. '더 천한'이라는 비교형은 이때 의도적으로 선택된 것이다. 사실 납도 천하지 않다. 그것은 소마로서, 진짜 물체로서 지구적 물질들의 스칼라에서 아주 위쪽에 놓여 있다. 이는 어쩌면, 연금술사가 어떤 다른 물질이 아니라 금속으로부터 시작해서 가장 고귀한 초질료에 도달하려 했다는 특기할 만한 사실을 설명해 줄지 모른다.

이때 또한 표준제법 바깥에서도 무언가가 전제되었는데, 이것은 우리에게 문제적으로 보이지만 모든 연금술 대가들에게는 자명한, 자연계에서의 물질변환 가능성이다. 그리고 이 가능성은 무엇보다도 고대의 가장 위대한 자연철학자인 아리스토텔레스가 자신의 물질이론을 가지고 그 근거를 제공해 주었기 때문에 아주 자명한 것처럼 보였다.

11. 거장 아리스토텔레스

연금술사들이 생활하고 수고하는 자연철학의 건축물은 본질적으로 의심할 여지 없이 아리스토텔레스로부터 유래한다. 누구보다도 스토아학파가 이 건축물의 특정 부분 일부를 개축하기는 했지만, 이 건축물의 토대는 성질의 물리학에 대한 아리스토텔레스의 개념으로부터 유래한 것이다.

아리스토텔레스는, '나는 어떤 임의의 특정한 물리적 대상에 대해서 그것이 이러저러하게 생겼다거나 이런저런 맛이 난다는 것만을 확실하게 말할 수 있을 뿐이지, 엄밀히 말하자면 그 이상은 할 수 없다'고 말했다. 그런데 이 말은, 내가 어떤 사물을 관찰 대상으로서 규명하려고 할 때 전적으로 대상의 성질만을 나열할 수 있다는 것을 의미한다. 그 밖에 내가 할 수 있는, 혹은 더 정확히 하자면 내가 언급 또는 인정해야만 하는 것은 이 성질이 어떤 대상의 속성이고, 따라서 이 '성질'이라는 것은 그 자체로는 속성이 아닌 어떤 것 위에 얹혀 있는 상태라는 점이다.

이 어떤 것은 대상의 속성이 변하더라도 스스로 보존, 유지되는 것이며, 이 어떤 것은 대상의 속성과 성질에 대해서 명사가 형용사에 대해서 맺는 것과 같은 관계를 맺는데, 이 어떤 것을 아리스토텔레스는 스스로는 속성이 없으면서 모든 속성, 그리고 그렇기에 모든 사물의 저변에 놓여 있는 질료로만 이해할 수밖에 없다고 보았다.

아리스토텔레스는 이 어떤 것을 **프로테 힐레**(*Prote hyle*), 즉 제일질료 혹은 원질이라고 부른다.[42] 이와 대조적으로 아리스토텔레스는 전체로서의 속성들을 **모르페**(*Morphe*), 즉 형상(*Forma*)이라는 명칭으로 불렀다. 그렇기 때문에 아리스토텔레스의 물질이론은 '질료형상론' (*Hylemorphismus*)으로 불린다. 감각적으로 파악할 수 있는 모든 사물은 속성의 합인 모르페(*Morphe*)와 이 형상의 담지자인 질료(*Hyle*)로 이루어진 것으로 생각할 수 있다. 질료는 그것에 속하는 성질을 통해서 '알려지는' 것이다.(43)

그런데 이것으로 충분하지 않다. 많은 대상들의 속성은 우리 모두 알고 있듯이 변화할 수 있다. 처음에는 **가능태**(*potentiell*)일 뿐인, 즉 가능성만으로 존재했던 속성들은 **현실적인**(*aktuell*) 것이 될 수 있고, 이로써 감각적인 현실의 세계로 들어오게 된다. 이런 과정의 역도 일어난다.

거장 자신이 제시한 사례를 가져와서 설명하면 다음과 같다.

철과 황의 속성은 황철광에 가능태로만 포함되어 있지만, 이 황철광을 제련하면 그로부터 황과 철이 나오게 된다. 이렇게 되면, 철과 황의 속성이 현실적인 것으로 나오게 되고, 반면에 황철광의 특징적 성질은 가능태로 밀려들어 가게 된다. 이는 감각적으로 인지될 수 있는 속성들이 하나의 동일한 물질을 변화시킬 수 있다는 것 이외의 것을 의미하지 않는다.

이런 고찰은 앞에서 언급했던 비교적 복잡한 물질에만 적용되는 것이 아니라 가장 단순한 원소에게도 적용된다. 아리스토텔레스에 의하면 이 원소들은 제일질료와 각각 한 쌍의 촉각에 의해 감지되는 속성들로 형성되고, 네 개가 존재한다. 그러므로 이 촉각에 의해 파악

되는 속성은 — 인간의 시각에서 볼 때는 언제나 — 기본 성질들이다. 왜냐하면 이것들은 고급의 감각이 더 이상 기능을 발휘하지 못할 때에도 인지되고, 또한 우리는 접촉을 통해서 인지할 때만 인지된 대상과 직접적 접촉관계에 들어가기 때문이다.(44)

이제 기본 성질들을 네 개의 원소에 분배하면, 불은 뜨거우면서 건조하고, 다시 말하면 원질에 뜨거움과 건조함이 더해져서 이루어지고, 반면에 흙은 원질, 건조함, 차가움, 물은 원질, 차가움, 습함, 그리고 마지막으로 공기는 원질, 습함, 뜨거움으로 구성된다는 것을 금방 알 수 있다. 물론 공기의 이런 특성은 북유럽인에게는 번개 치는 날에 아주 자연스럽게 느껴지는 것이다. 불에서 발견되는 뜨거움과 건조함, 그리고 공기에도 있는 뜨거움은 능동적인 것으로 여겨졌고, 연금술사는 또한 그것을 남성적이라고 보았다. 물에서 발견되는 차가움과 습함, 그리고 흙에도 있는 차가움은 수동적인 것으로 여겨졌고, 연금술사들은 이것을 또한 여성적이라고 보았다.

곁들여 말하면 아리스토텔레스의 이론에는 순수한 공기는 존재하지 않는다. 물론 이것은 환경오염 같은 것과 관련된 이야기는 아니다. 우리가 보통 불, 물, 흙, 공기라는 이름으로 부르는 것은 항상 원소들의 혼합물로서, 거기에는 '원래의' 원소가 단지 많기만 할 뿐이다.

연금술사들이 진정한 소재인 금속에 대해 말하면, 이것들도 원칙적으로는 다른 모든 종류의 질료와 다르게 구성되어 있지는 않다. 그렇기는 해도 이것들은 남다른 속성들을 지닌 어떤 특별한 것이다. 왜냐하면 그것들은 특별한 방식으로 생겨났기 때문이다.

금속은 지구의 갈라진 틈새로 스며든 축축하고 증기 같은 김이 굳어서 생긴 것이다.(45) 이 김의 축축함은 그것으로부터 생겨난 금속이 용융(鎔融) 가능해지도록 충분한 '물'을 포함하게 만든다. 그러나 '물' 뿐만 아니라 다른 원소들도 금속의 형성과 그 성질 전체의 발생에 기여한다. 예를 들어서 원소 '불'은 원소 '흙'과 결합해서 가연성을 갖도록, 즉 대부분의 금속이 하소되는 성질을 갖게 만든다. 그러나 하소성을 갖지 않은 귀금속도 약간의 '불'을 지니고 있다.

금속은 독자적 원소가 아니라 원소들이 혼합된 것이다. 그것의 혼합방식도 주 원소에 다른 원소가 아주 약간 섞인 것이 아니라 여러 원소들이 상당 부분 섞이는 식이다. 그렇지만 그 점을 도외시하면 금속은 우리가 그냥 보기만 해도 알 수 있듯이 물리적으로 분리할 수 있는 혼합물이 아니라 화학적으로 합쳐진 균일한 물체이다. 그러나 우리는 이 화학적으로 합쳐진 것을 ― 다시 한번 강조하는데 ― 결코 합금이나 화합물, 다시 말해서 현대적 의미의 동일한 분자들의 균질적 응집물로 생각해서는 안 된다. 오히려 금속도 원소 자체와 똑같이, 영원히 그대로이고 속성 없는 제일질료와 속성들의 조합이다. 물론 이 속성에는 촉각 관련 속성뿐만 아니라 원소의 고유한 속성도 포함된다. 거기에다, 예를 들면 색을 갖는다는 다른 중요한 속성도 덧붙여진다.(46)

아리스토텔레스가 금속과 다른 물질에 관해서 사고할 때 얼마나 일상경험에 의존했는지는, 그의 화학이 우리에게 아주 낯설게 보이는 지점에서 잘 나타난다. 말하자면 그는 화학적으로 새로운 물질은 원소로 이루어진 물질이 녹거나 분리되는 가운데 생겨날 뿐만 아니라, 원소가 그 성질의 하나 또는 둘을 바꾸어 버리는 자기변환을 통해

서도 생겨난다고 보았던 것이다.(47)

이러한 변환방식은 우리 자신의 일상경험을 돌아보면 조금도 이상하게 보이지 않는다. 우리는 언뜻 보기에 사물들에게 무엇이 더해지거나 빠져나오지 않는데도 그 성질이 변화하는 것을 끊임없이 경험한다. 예를 들면 오늘 아침에는 맛이 좋았던 우유가 시큼해지고, 여름에는 녹색인 나뭇잎들이 가을에는 붉어지고, 조부모의 거울이 거울이라고 부를 수 없을 정도로 흐려지는 것 따위를.

그리고 속성들의 본질적 변화가 일어나는 경우에는 이름이 본질적으로 바뀌기도 한다. 검은 말(Rappe)이 흰 말(Schimmel)이 될 뿐만 아니라, 와인이 식초가 되기도 한다. 그리고 도토리는 자기의 존재목적이었던 상수리나무가 되고, 동화책에 나오는 항상 배고픈 아기 배추벌레는 아주 아름다운 나비가 되는데, 고치로부터 나비가 빠져나올 때 벌레의 날개 달린 곤충으로의 변신이라는 자연의 경이는 완결된다.

아리스토텔레스 역시 변신을 알고 있었지만, 그는 그것이 그 이름이 이야기하듯이 변화 과정의 비밀에 둘러싸여 있음에도 불구하고 동일한 질료의 근본적 속성변화일 뿐이라고 보았다. 이 경우 우리의 작은 나비는 자연적 목적인 텔로스(*Telos*)에 대한 아리스토텔레스의 생각을 잘 보여 주는 예이기도 하다. 자연적 발달의 경우에는 속성이 변화하기만 하는 것이 아니다. 그것은 각각의 대상의 에이도스(*Eidos*), 즉 상상되거나 미리 정해진 최종형태를 향해서 변화해야만 하는 것이다. 배추벌레는 나비가 되어서 자신의 텔로스에 도달했고, 그럼으로써 자신이 그리는 상을 실현한 것이다.

또한 구원받았고 구원하는 질료라는 개념, 예를 들어서 '철학자의 돌'(Lapis philosophorum) 같은 개념이 아리스토텔레스에게는 낯선 것이었을지 몰라도, 연금술사는 그들 자신이 바로 질료의 텔로스라는 표상을 가지고 작업하기 때문에 자연철학적으로 용인될 만한 사고궤도 안에서 움직인다고 가정할 수 있었다.

물질변환이라는 사실에 대해서는 그것이 어떻게 발생하든, 또는 어떤 이론적 뒷받침을 받든 이에 상관없이 훌륭한 경험적 근거가 있었다. 그리고 오늘날의 우리도 따옴표를 붙이지 않고 받아들일 수 있고, 제대로 된 경험과학에서 요구하는 것 같은 반복 가능한 실험도 충분히 존재했다. 예를 들어서 우리가 어떤 나무의 어린 묘목을 수년 동안 빗물만을 주어서 키우고, 이 묘목의 무게와 그것으로부터 자라난 나무를 태워서 얻은 재 ― 누가 보아도 흙과 같아 보이고 무게가 훨씬 더 나갈 것 같은 ― 의 무게를 비교하면, 우리는 물이 실제로 흙이 되었다는 말에 동의하지 않을 수 없게 된다.[48]

공기가 어떻게 물로 변하는지 보려면, 우리는 수개월 동안 정원에서 고생하며 기다릴 필요가 없다. 따뜻한 어느 날 유리잔에 차가운 물을 채우고 유리잔 주변의 공기가 차가운 물 표면에서 물방울로 변하는 것을 보는 것만으로 충분하다.

그런데, 이런 일은 우리가 학교에서 얻은 지식 ― 옛 사람들의 세계에 관한 지식에 비해 일상경험으로부터 한참 떨어져 있는 ― 을 잊어버리거나 머릿속에서 몰아낼 때 일어난다.[49] 이 지식의 세계에서도 원소보다 더 복합적인 기본물질의 변환에 대한 증거가 존재한다. 두 가지 예만 들어 보자. 우리가 쇠못을 어떤 특정한 파란색의 변환 용액에 담그면, 쇠못이 구리로 변한다.43 그런데, 파란색의 비트리올 용액이 붉은색의 구리를 이미 함유하고 있다는 설명은 이치에 맞지 않아 보인다. 흔한 납광석인 방연광($PbCO_3$)을 제련하여 얻은 납을 태우면, 우리는 용광로에서 작은 은구슬을 얻게 된다. 왜냐하면 방연광에는 일반적으로 은과 같은 것이 함유되어 있기 때문이다. 그렇지만 납 일부분이 열기 속에서 은으로 변환되었다고 가정하는 것보다 더 설득력 있는 것이 있을까?

그런데 우리가 이 모든 물질변환을 통해서 얻으려는 것이 정말 아리스토텔레스적인 것일까? 아리스토텔레스 자신은 아마 깜짝 놀라며 아니라고 바로 부정했을 것이다. 사실, 한 번도 분명하게 이야기되지 않은 연금술사들의 관념 속에는 이 대학자의 정신에 반하는 오해, 아니 의식적 죄악이 숨어 있다. 아리스토텔레스는 모든 사물은 형상과 질료로 이루어진다고 생각할 수 있다고 주장했다. 이는 우리에게 너무 자명한 것이기 때문에, 이 주장의 언어적 표현양식은 아마 전혀 눈에 띄지 않을 것이다. 어떤 물질적 사물의 모든 속성을 사물로부터 실제로 분리하면 이 사물은 감각적으로 파악 불가능하게 될 터인데, 이러한 분리는 우리가 보기에도 정말 불가능한 것이다.

우리가 성질들을 가지고 연속적으로 '정보를 부착'할 수 있는 순수한 제일질료는 존재하지 않는다. 그러나 이미 초기 연금술사들은 불가능한 것을 가능하게 하라고 그들에게 명한 법에 따라 작업에 뛰어

---

43 파란색 비트리올 용액은 황산 구리($CuSO_4$) 용액을 가리킨다.

들었다. 이 불가능한 것을 가능하게 한다는 것은 하나 이상의 측면에서 그러한데, 사실 연금술의 생명의 피를 제공하는 것은 겉보기에는 완전히 분리된 것 같은 존재영역들 사이의 모순들과 상상 불가의 결합들이다.

그러나 이 모든 일이 일어나는 토대는 아리스토텔레스적인데, 표준제법에서의 관건은 제일질료를 만들어 내고, 그다음에 거기에다 연속적으로 '정보를 부착'하는 것, 즉 형상을 덧붙이는 것이기 때문이다. 물론 어떤 측면에서 제일질료는 속성 없음과 이로 인한 정체성의 상실, 그리고 이에 따른 죽음을 보완하는 속성을 가지고 있어야만 했다. 즉, 그것은 잠재적으로 살아 있어야 했던, 다시 말하면 자기 자신으로부터 벗어나서 변화로 나아갈 능력을 지녀야만 했던 것이다. 이렇게 해서 '죽은' 제일질료는 생명을 얻는데, 이는 생명을 주기 위해 죽는 씨앗의 비유를 통해서 쉽게 이해될 수 있었다.

이러한 이해를 위해서 연금술사들은 철학에 의지했는데, 이 철학의 자연철학적인 부분은 개축된 아리스토텔레스주의로 볼 수 있는 여지가 충분하다.

12. 스토아학파와 연금술

개축을 수행한 사람들은 스토아학파였다. 그러나 이들은 개축을 할 때 아리스토텔레스의 특정한 기본 신념은 남겨두었다.

고대 후기가 시작되던 때의 모든 철학 집단과 마찬가지로 스토아학파도 이론의 여지 없이 개별 인간과 그 곤궁을 그들의 사고 대상으로 삼았다. 그리고 그들의 철학적 경쟁자와 똑같이 자기들을 영혼의 의사로 보았다. 그들이 물리학[44]을 했다면, 이는 세계 인식이 개인적 삶의 태도를 정당화하거나 영향을 줄 수 있다는 견해를 가졌기 때문이다.(50)

그들의 자연철학에는 아낙시메네스, 헤라클레이토스 그리고 특히 아리스토텔레스 같은 고전 철학자들의 흔적이 분명하게 존재한다. 그러나 스토아철학자들은, 아리스토텔레스가 세계에서 일어나는 운동과 변화의 원인으로 4원소보다 비물질적인 것을 먼저 제시하는 경우에는 결코 그를 따르지 않았다. 실제로 스토아철학자들이 보기에 모든 존재하는 것은 공간을 채우고 있고 따라서 물질적인 것이다. 그들은 그 자체로서는 참신할 것 없는 이 생각을 끝까지 밀고 나갔고, 놀랄 만한 결과에 도달했다. 그들은 힘, 느낌, 상상뿐만 아니라 색, 냄새, 질감, 온도처럼 우리가 감각을 통해서 인지하는 성질까지 모두 물질적이라고 선언했던 것이다. 물질적인 것만이 말하자면 행동이나 고통의

---

44   여기서 물리학은 근대 물리학이 아니라 자연학이라고 할 수 있다. 자연학으로 번역하지 않은 이유는 저자가 Physik(물리학)이라는 용어를 사용했기 때문이다.

능력을 가지고 있다.

이런 모든 성질은 프네우마타(*Pneumata*)가 힐레로 침투함으로써 생겨나는데, 이 힐레는 결국은 우리에게 아주 잘 알려진 제일질료이다. 물론 그것은 아리스토텔레스의 경우와 달리 머릿속에서 고안된 것이 결코 아니고, 침투에 저항하는 성질과 수동적 변화 가능성을 지닌 것이다. 그런데 우리가 어떻게 감각적 성질은 하나도 없으면서 공간은 가득 채우는 무엇을 상상할 수 있는가? 사실은 스토아철학자에게 있어서도 제일질료는 질적 규정 없이는 상상할 수 없는 것이고, 따라서 그들도 4원소를 질료의 가장 단순한 형상이라고 말한다. 이 원소들은 모든 '정보가 부착된' 것과 마찬가지로 형상을 주는 원리, 즉 '거친 질료'와 항상 결합해 있는 프네우마 — 물론 마찬가지로 물질적인 것이라고 생각할 수 있는 — 의 영향하에서 자기를 실현한다. 존재하는 모든 것은 프네우마가 그것 속으로 '완전히 섞여 들어감'으로써 감각적으로 파악 가능한 것이 된다.

프네우마는 아주 넓은 의미에서 불과 공기의 혼합물인 따뜻한 공기숨결(*Lufthauch*)에 해당하고, 다양한 형태로 나타난다. 그렇지만 프네우마는 원칙적으로 세계불(*Weltenfeuer*)에서 모습을 드러낸 세계이성(*Weltenlogos*)과 같은 것인데, 스토아철학자들은 이것을 원이성(*Ur-vernunft*)과 동일한 것으로 간주했고, 그럼으로써 신(제우스)과 동일한 것으로 보았다.[51] 각각의 프네우마는 그것과 결합해 있는 거친 질료에게 '생기를 주는'데, 이는 프네우마가 그 자체의 장력에 의해서 그리고 거친 질료와의 물질적 결합을 통해서 수축하거나 팽창하고, 이에 따라 질료 속에서 내적 긴장을 만들어 냄으로써 이루어진다. 스토아철학자들이 토노스(Tonos)라고 부르는 질료의 긴장은 감각을 통해서 인지할 수 있는 아주 다양한 성질을 지닌 모든 물체에게 그 고유의 단일성과 지속성을 부여한다.

우리가 이미 여기서 스토아학파에서 말하는 프네우마의 작용을 연금술적인 것이라고 보고, 또한 연금술 과정에서의 그것의 작용을 생기가 덜한 것으로부터 더 생기 있는 것으로, 더 나쁜 것으로부터 더 좋은 것으로 올라가는 과정에서 활력을 주는 것, 영을 주는 것이라고 보면, 우리는 당연히 프네우마를 물질적 에너지 같은 것으로 생각하고, 현자의 돌은 그 에너지가 가득 응집된 그릇으로 파악하려는 유혹에 빠지는 셈이다. 우리가 프네우마적 에너지와 물리학적 에너지의 차이를 의식하고 있다면, 이 유혹에 그냥 넘어가더라도 상관없다.(52)

연금술에서 그토록 중요한 색과 관련해서, 우리는 스토아철학자와 연금술사도 물론 색을 일종의 프네우마로 보았으며 그렇기 때문에 색소만이 아니라 색 자체도 물질적인 것이라는 점을 기억해야 할 것이다. 다시 말하면, 어떤 물질의 색은 질료의 상태에 대한 지표이기만 한 것이 아니다. 그것은 질료의 상태 자체이며, 색을 입힌 대상이 바로 색이다. 그런데 이 색은 힐레와 프네우마라는 두 개의 질료로 이루어져 있고, 이것들은 그라시스(Krasts)[45]라는 완선한 혼합제를 형성하며 서로 섞여 들어간다.(53) 아리스토텔레스는 이 문제를 힐레와 모르페를 순전히 개념적으로 구분함으로써 쉽게 해결할 수 있었다. 그

---

45 그리스어로 혼합이라는 뜻.

러나 그는 또 한 가지 구분을 했는데, 스토아철학자들은 이것을 그냥 무시하고 넘어갔다.

그는 운동 — 위치 변화로서의 운동이든 속성 변화로서의 운동이든 — 을 이 모든 운동의 최종 원인으로부터 분리했던 것이다. 이로써 우리는 '경외하는 신'에 도달하게 된다. 왜냐하면 아리스토텔레스에게는 모든 운동의 영원한 '최종 원인'은 '부동의 운동자'(unmoved mover), 즉 신이기 때문이다. 그러나 이 신은 약간 이상한 신인데, 왜냐하면 그것은 천구들 밖에 존재하기만 함으로써, 그를 사랑해서 그에게 가까이 가려고 하지만 실패하는 천구들을 완전한 체념 속에서 스스로 회전하게 만드는 신이기 때문이다.

스토아철학자들은 이와 관련해서는 다르게 생각했다. 그들은 신을 질료와 동일한 것으로 놓음으로써 신을 세계 속, 질료 속으로 끌어다 넣었다. 신성은 프네우마이고, 그것은 세계 바깥에 있지 않으며, 세계의 모든 사물 속에서 등장한다. 그것은 여러 스토아철학자들이 강조하듯이 "가장 추잡하고 비천한 것들"(Baeumk. 355)[46] 속에서도 등장하는데, 이는 당연히 우리에게 '현자의 돌'의 편재성에 관한 연금술사들의 언술을 상기시킨다. 신성은 프네우마이기 때문에, 그 활동은 질료의 내적 긴장 속에서 발현된다. 그러나 이것으로 끝난 게 아니다. 왜냐하면 신적 프네우마의 창조적 활동은 특별한 모습, 즉 이른바 종자 로고스(logoi spermatikoi, 씨앗원리) 속에서 나타나기 때문이다. 종자 로고스는 동물과 식물 속, 또한 무기적인 죽은 질료 속에 들어 있는

---

[46] Baeumk.는 Baeumker의 약어이다.

고유한 프네우마 응결체로 볼 수 있다.

스토아철학자가 보기에 씨앗은 판스페르미아(*Panspermia*), 즉 영적 힘을 포함한 모든 힘의 추출물이다. 그것은 현대적 용어를 빌려 말한다면 일종의 유전질(*Erbmasse*)이다. 그리고 씨앗 속의 로고스는 무엇보다도 종(種)이 항상 동일한 것으로 존재하도록, 즉 닭으로부터는 달걀이라는 우회로를 통하더라도 다시 닭이 생겨나도록 하는 역할을 한다. 세계의 질서정연한 발달의 핵심은 로고스들(*logoi*)이 전이성(全理性) ― 그것들이 속한 ― 의 필연적 본성에 따라서 발현해 가는 것에 있다. 이에 따라 세계는 질서정연한 것, 즉 코스모스(*Kosmos*)가 된다. 그러므로 그것의 종자 로고스 하나하나에는 사물의 발달 목표가 숨어있다. 이로써 어떤 사물의 존재는 이미 그것이 '거기 있기'(*Da-Sein*) 전에 존재한다. 그래서 교부 아우구스티누스도 신이 오래전에 사물의 존재를 종자 로고스의 형태로 만들었지만 이 사물은 시간이 지나가는 가운데 신이 선택한 어떤 순간에 현존재(*Dasein*)가 된다고 생각했던 것이다.

이제 우리 눈을 다시 하늘로부터 연금술사의 도가니와 레토르트로 돌리면, 우리는 분명히 표준제법 ― 질서정연한 것, 고유한 것을 만들어 내야 하는 속의 금속 씨앗이 기억나는 것을 느끼게 된다.(54)

질서정연한 것이라는 개념은 스토아철학의 라이트모티프이다. 그리고 이 질서정연한 것을 만들어 내는 프네우마는 코스모스 전체를 가득 채우고, 땅뿐만 아니라 하늘까지 가득 채운다. 모든 것을 가득 채우는 세계이성이라는 관념은, 스토아철학자들이 태고-메소포타미아의 관념 — 물론 이것들은 고전 철학자들에게는 낯선 것이 아니었는데 — 을 유럽의 사고에 정말 글자 그대로 **압도적** 영향을 미친 학설로 발전시키는 것을 가능하게 해 주었다. 이 학설은 대우주-소우주 이론이다. 이 이론은 근본적으로는 별로 이루어진 우주라는 커다란 세계가 지구라는 작은 세계 속에 그에 상응하는 것을 가지고 있고, 또한 지구보다 더 작은 인간과 그 주변 속에도 상응하는 것을 가지고 있다는 것, 그리고 그 역도 그렇다는 것 이외의 다른 아무것도 말해 주지 않는다. "Pan ho ano, touto kato". 또는 "Sicut superior, ita inferior". 즉, "위에서 그런 것같이 밑에서도 그런"(Wie das Oben, so das Unten) 것이다. [Jung (5) 202] '그런 것과 같이'라는 관계는 아주 분명하고 구체적으로 생각되었다. 올림피오도로스가 우리에게 아주 자명한 것으로 보증해 주듯, 지구 위에서 큰 동물이 이리저리 기어다니는 것같이, 사람 위에서는 빈대와 벼룩이 기어다니는 것이다.

'이타 인페리오르'(Ita inferior)는 인간이 그 자신을 자기중심적으로 중심에 세워 놓았다고 말하지 않는다. 오히려 그것은 인간이 세계를 의인화했고, 그 자신을 단순한 모상(Abbild), 즉 몸속의 몸으로 보았다고 말한다.(55) 그리고 모상이 위와 아래가 있듯이 우주도 위와 아래, 오른쪽과 왼쪽이 있다. 위의 가장자리에는 하늘이, 아래의 중심에는 지구가 있고, 그사이의 영역은 자연적인, 다시 말하면 가능한 최적의 비율에 따라 배열되어 있다.(56)

열린 우주(Universum)와는 반대로 코스모스는 그 자체로서 닫혀 있다. 그리고 그 모상인 인간과 똑같이 코스모스에도 중요한 것, 소중한 것, 덜 소중한 것이 있다. 시간과 공간과 인간과 코스모스가 소중한 것을 지니고 서로 연결되어 있는 것처럼, 코스모스도 소중한 것을 가지고 있다. 성스러운 시간, 성스러운 장소, 성스러운 방위가 있는 것이다.(57) 시간과 공간 속의 인간-우주 모상은 스토아철학자의 프네우마에 의해서 디나미스 조티케(*Dynamis zotike*), 즉 모든 것을 가득 채우는 현존재력(*Daseinskraft*)으로 작용하게 되는 상응(*Entsprechung*), 현실유비(*reale Analogie*)이다. 즉 태양은 금에 상응하고, 화성은 철에 상응하는 식으로 계속되는 것이다.

이것의 존재와 행동은 저것의 존재와 행동 속에도 있다. 그리고 바로 이러한 이유에서 연금술 대가는 대우주-소우주 상응을 인식할 수 있었고, 또한 그 자신이 저편에 있는 것들(*Gegen-Ständen*), 즉 그의 항아리(*Topf*)와 레토르트 속에 들어 있는 물질들과 내적 관계를 맺고 있음을 깨달을 수 있었다. 그는 밀폐된 용기 속에서 특정한 방식으로 자기 자신을 체험했던 것이다. 이러한 면에서 이것은 저것을 **나타냈고**, 저것을 위한 징표(*Signatur*)였다. 금의 본체(*Wesen*)는 태양의 본체와 마찬가지로 군왕의 본체였고, 불가침과 불사였으며, 이는 일치의 관계, 즉 **공감**관계 속에서 표현되었다. 코스모스는 공감들과 반감들로 촘촘히 짜인 망으로 채워져 있으며, 연금술사의 질료와 그 변화 또한 공감과 반감을 통해서 연금술사와 그들이 실험실 활동에 직접 영향을 미친다.

대우주-소우주 사고는 체험과 발견을 가능하게 하는 사고지만, 그것은 또 단지 착각만을 낳을 수도 있다. 그것은 유비관계를 통한 사고이기 때문이다. 그러나 스토아철학자와 연금술사의 경우 현실유비는 또 하나의 특별한 깊이를 가지고 있다.

현실유비는 대비물이 실제로 존재한다는 것을 전제할 뿐만 아니라 그것이 나-너 관계(Ich-Du-Verhältnis) 속에서 살아 움직이는 것을 전제로 한다. 그러한 유비관계의 파트너들은 죽은 것처럼 보이는 경우라도 서로 상대에게 작용한다. 레토르트의 세계, 인간, 지구, 별들의 세계, 이것은 오직 모두 다른 것들 속에서 그리고 다른 것들과 함께 사고되어야 한다. 연금술사들이 유비관계를 모든 것 속으로 스며들어 가는 스토아학파의 세계-프네우마의 작용으로 해석했는지는 분명하지 않다. 그러나 분명한 것은 그들이 현실유비에 개입했고, 그럼으로써 살아 움직이고 상호작용하는 관계들의 촘촘한 공간그물망 속에 자신을 집어넣었다는 것이다. 그런데 그들은 이 그물망을 자기들 존재를 구속하는 것이 아니라 안전한 지지물로 체험했다.

이제 우리가 다시 알렉산드리아의 연금술사 실험실로 돌아가서 표준제법, 즉 검은 물체의 제조와 그에 뒤이은 여러 다른 성질을 물체에 제공하는 '정보 부여'를 스토아철학자의 눈으로 본다면, 우리는 이 제법이 화학적으로 원시적이고 소박할 수는 있겠지만, 결코 계획성 없거나 근본부터 난센스는 아니었다는 것을 인정해야 한다. 우리가 알렉산드리아의 연금술사 실험실에서 재현해 본 것은 의미 있는 것이었다. 그리고 그것은 성공적이었다! 우리는 어떻게 금을 만들 수 있는지 알고, 또 왜 금을 만들 수 있는지 안다. 달리 말하면, 우리는 연금술이 무엇을 하려는지 알 뿐만 아니라, 연금술이 무엇인지도 아는 것이다.

13. 조시모스의 편지

그렇지만 어쩌면 뭔가 좀 맞지 않는 것 같다는 불길한 느낌도 밀려온다. 우리가 연금술사 실험실에서 한 것은 그냥 화학, 낡은 이론에 바탕을 둔 화학이었다. 그리고 우리 연금술사는 바로 이 점에 대해, 비판의 어조를 깔고 우리를 비방할 것이다. 왜냐하면 그저 화학만을 했다는 것이 그가 보기에는 뻔뻔스러운 반달리즘과 다를 바 없기 때문이다.

이 상황에서 우리는 우리의 가상 연금술 대가의 필기대 어딘가에서 분명히 발견할 수 있는 편지 하나를 한번 보는 것이 좋을 것이다. 이 편지의 작성자는 중부 이집트에 있는 파노폴리스(Panopolis)라는 도시 출신의 인물로, 신처럼 받들어지는 조시모스(Zosimos)이다. 파노폴리스는 조시모스의 주석자 올림피오도로스가 '철학자들의 왕국'이라고 부른 곳이다. 실제로 조시모스는 우리가 알고 있는 가장 중요한 그리스-이집트 연금술 대가이다.

그는 기원전 4~3세기에 알렉산드리아에서 에우클레이데스가 수학을 위해서 한 일과 같은 일을 3~4세기에 신의 예술을 위해서 했던 것이다. 그는 당시의 지식을 정리해서 요약했다. 에우클레이데스의 《원론》과 비교할 만한 저작은 28권으로 이루어져 있으며, '비결' 또는 '요령'이라고 번역할 수 있는 《케이로크메타》(Cheirokmeta)라는 제목을 달고 있다. 우리는 비잔틴 시대로부터 전해진 《케이로크메타》의 텍스트 잔해만을 가지고 있는데, 이상하게도 이것으로 충분하다. 왜냐하면 거기에서 조시모스는 간간이 자기 자신과 어떤 다른 사람을 참조하라고 하기도 하고, 또 어딘가에서는 그보다 수백 년은 늦은 시기에 살았던 연금술사 스테파노스를 언급하기도 하기 때문이다. 간단히 말하면, 어디서나 마찬가지로 여기서도 연금술 텍스트 전승의 토대가 흔들리는 것이다.

조시모스의 편지는 테오세베이아(Theosebeia, 신에 대한 외경)라는 아름다운 이름을 지닌 자기 여동생에게 쓴 것이다. 여동생이라는 개념은 이집트에서는 여러 의미를 가지고 있다.(58) 그렇지만 테오세베이아가 어떤 인물이었든 간에 분명한 것은, 조시모스가 그의 서신 상대에 대해 ― 적어도 좋았던 옛 시절에는 ― 큰오빠가 작은 여동생을 어떻게 대해야 하는지 사람들이 기대하는 바에 완벽하게 부응하는 태도를 보인다는 것이다. 그는 관대하게도 청하지도 않은 조언을 해주고, 테오세베이아에게 여성들이 종종 빠지는 것 같은 감정의 기복에 휘둘리지 말라고 훈계하고, 또한 신을 찾아 나서라고 간곡하게 부탁하는데, 그렇지만 이때 내적으로 경직되지 말고, 오직 "가장 천한 곳"에만 있을 수 있는 악마와 정반대로 "어디에나 있고 어디에도 없는" 신을 차분함 속에서 자기 속에 받아들이라고 말한다.

인간 여성과 관계를 맺고 이들에게 자연과 예술의 비밀을 누설하기도 한 악마 집단도 있지만, 조시모스는 이 비밀은 악한 지식이고 영혼을 손상하며, 그렇기 때문에 음탕한 악마들은 하늘로부터 쫓겨난 천사로 도망자 신세라고 단언한다.

'신의 예술'이 의심스러운 양친을 가지고 있다는 정말 난처한 사실에 대해서 조시모스는 더 이상 이야기하지 않고, 자신의 성스러운 분노를 전적으로 세속적인 것을 향해 쏟아붓는다. 그는 여동생에게 자기가 보기에는 기껏해야 가짜 연금술사밖에 안 되는 사람들의 악한 유혹 기술에 넘어가지 말라고 강렬한 말로 경고한다. 조시모스는 파프누티아(Paphnutia)라는 이름의 여인과 네일로스(Neilos) 같은 남자의 이름을 거명하기까지 한다. 놀란 조시모스가 보기에 특히 네일로스는 신의 조상(彫像)을 아주 생동감 있게 채색할 줄 알고 그럼으로써 사람들을 속이며, 또한 그러는 가운데 "금을 이성보다 더" 갈구하는 아주 흉악한 유혹자이다. 그러나 이들은 자기 자신을 기만한다. 왜냐하면 "그들이 만일 이성의 인도를 받는다면 금이 그들을 따라올 것이고 그들에게 복종할 것 — 이성은 금의 주인이다 — 이기" 때문이다. 그리고 또 "이성을 자기 속에 받아들인 사람은 이성을 통해서 금이 자기 눈앞에 놓인 것을 볼 것이다."[Berth. (2) Ⅲ, 187)]

이성이 조시모스의 눈앞에 놓은 것이 정말 주화금속으로 쓰이는 금이었는지는 의문의 여지가 있다.

그런데 조시모스는 자신의 주장 자체의 설득력에 대해 아주 확신이 있었던 것처럼 보이지 않는다. 왜냐하면 그는 진정한 연금술에 대해서 상세하게 설명하는 또 하나의 방법을 통해서 그의 여동생에게 닥치는 위험을 막으려고 시도하기 때문이다. 이 연금술 서론은 조시모스가 마치 동등한 수준이 상대에게 이야기하는 것처럼 상당히 전문적이다. 그러므로 우리는 당연히 테오세베이아가 화학에 정통했다고 가정해도 된다. 그 외에도 연금술 전승 문서에서 그녀는 사제이자 여왕이 되었고, 그럼으로써 '신비한 여동생'의 기능을 충족시키는 신비스러운 인물이 되었다. 신비한 여동생으로서 그녀는 연금술 작업의 여성적 요소를 구현했고, 그럼으로써 연금술사에게 필요한 보완적 반쪽을 구현했다. 경외하는 신에 관한 볼테르의 말을 조금 바꾸어서 말하면, "만일 여동생이 존재하지 않으면 우리는 그녀를 만들어 내야 할 것이다. 그러나 자연 전체는 '그녀가 있다'고 소리친다."

진정한 연금술의 수행은 연금술이 신적이고 또한 이집트의 예술이라고 단언하는 것에서 시작한다. 나중에 '철학자들의 왕'이라고 불렸을 뿐만 아니라 '노인'이라고 불린 조시모스는, 연금술의 기원이 아주 오래전으로 거슬러 올라간다고 거듭 언급한다. 다시 말하면 연금술은 인간과 신이 아직 지구에서 함께 살았던 그 시절에 생겨났다는 것이다. 그들의 태고 예술(Prisca ars), 그들의 아주 오래된 예술의 상상할 수 없는 신비적 나이에 대해서 모든 연금술사들이 가지고 있던 이 믿음은 그들에게 흔들리지 않는 안정감을 부여했고, 또한 그것은 신의 예술에 그 긴 역사가 흘러가는 동안 끊임없이 문화적, 이념적 제한을 뛰어넘을 수 있는 힘을 부여했다.

조시모스는 텍스트의 전승이 어떻게 일어나는지에 대해서도 이야기한다. 말하자면 그는 금속을 다루는 예술에 관한 지침들이 특정한 이집트 사원의 기둥에 상형문자로 암호화되어서 쓰여 있다고 주장한다. 이것들은 "어떤 사람이 허용되지 않은 방식으로 [이들에 관한] 지식을 얻기 위해 이 어둠에 둘러싸인 성스러움을 향해 감히 머리를 들이박으면, 그 자신의 담대함과 노고에도 불구하고 그 부호를 해독하는 데 성공하지 못하도록 되어 있다."[Berth. (2) Ⅲ, 233]

이와 같은 주장은 연금술 문헌 어디에나 들어 있고, 실제로 에드푸의 토트-헤르메스(Thot-Hermes zu Edfu)의 사원 같은 후기 프톨레마이오스 왕조의 사원들은 지혜의 잠언은 물론이고 훈제 수단이나 치료 연고 등의 제조법으로 뒤덮여 있다. 이는 선택된 자들은 비밀을 알게 하지만, 야만인들은 비밀에 접근하지 못하도록 하기 위해서였다. 그런데 마지막 상형문자 텍스트는 4세기 말에 나왔다.

비밀로 암호화되고 시샘 속에서 보호받은 사제들의 비밀이란 어떤 것일까?

"그것은 옛 텍스트들 속에 나오는, 유명한 세계의 이미지, 이집트인들과 이집트 학자들의 신비로운 돌 절구인데, 이것을 통해서 성질들(Naturen)의 친화성은 그것들과 동종의 성질들에게 마법을 걸고, 정복한다. 여기 이 내용은 동종의 오르페우스 밀교(密敎)에 들어 있는 것이고, 헤르메스의 리라(Lyra)47인데, 물질들의 편안하고 조화로운 결합은 이 리라 안에서 완성된다."[Berth. (2) III, 203]

그러므로 신피타고라스-오르페우스 밀교적 사고에서 보면 화학적 비율은 음악적 화음의 비율에 상응해야 한다.

태고 예술의 중심에는 헤파이스토스-프타(Hephaistos-Ptah)의 사원들도 있다. 그러나 신의 예술의 아주 중요한 지식을 가져다준 것은 이집트-그리스의 신들뿐만이 아닌 것은 분명하다. 조시모스는 또 '위대한 신비'의 대학자와 스승 속에 데모크리토스, 플라톤, 아리스토텔레스 같은 인물들도 집어넣는데, 이들은 모두 신이 아니었고 또한 모두 이집트 문화권 출신이 아니었던 것이 확실하다. 이는 이 고전 철학

---

47 헤르메스가 발명한 것으로 여겨진 고대 그리스의 현악기 이름.

자들이 이미 얼마나 신화로 잔뜩 둘러싸여 있었는지를 잘 보여 줄 뿐이다. 신의 예술의 대학자들 속에는 그 밖에 성경의 모세, 그의 여동생 마리아(또는 미리암), 그리고 마법사 오스타네스(Ostanes) 등 많은 사람이 들어가는데, 이들에 대해 우리는 종종 이름 말고는 거의 알지 못한다. 그 밖에도 조시모스는, 선택된 자들에게는 올바른 가르침이 이미 오래전부터 알려져 있었고, 그것이 '많은 노학자들'의 저작과 유대인의 문서들 속에 나와 있다고 단언한다. 그러나 그것은 '프톨레마이오스 왕조의 도서관'과 커다란 사원의 도서관에 흩어져 있는 수천 권의 책 속에 흩뜨려져 있고 숨겨져 있다. 조시모스는 이 사원들 중에서 알렉산드리아의 세라페이온을 특히 부각시키는데, 이는 저자가 이 사원이 파괴되기 전인 390년에 생존해 있었음이 분명하다는 것을 시사한다.

그렇지만 책의 지식만으로 다 끝난 것이 아니다. 진정한 연금술사라면 특별한 개성과 성격을 지니고 있어야 하는데, 이것은 정말 무시되어서는 안 되는 조건이다. 연금술 대가가 되기 위해서 그는 쉼 없이 열심히 해야 하고, 그 밖에도 엄격하게 진리를 추구해야 한다. 말하자면 그는 오늘날 우리가 과학자에게 기대하는 바로 **그런** 미덕을 발휘해야 하는 것이다.

그렇지만 여기에 또 다른 것, 더 중요한 것이 덧붙는다. 위대한 업적에 자기 자신을 바치려는 사람은 무엇보다도 신의 필수불가결한 은총을 받기에 자기 자신이 합당하다는 것을 보여 주어야 하고, 경건함과 선한 마음으로 가득 차 있어야 하고, 사적 이익 추구와 소유욕이 없어야 하며, 항상 솔로몬의 지혜를 향하여 기도하고 희생을 바칠 자세가 되어 있어야 한다. 더 중요한 것은, 연금술사는 아주 깊은 영혼의 침잠으로 빠져들어 갈 능력이 있어야 하며, 신의 예술을 행할 때는 오직 그 신성을 위해서만 해야 한다.

우리는 이 모든 것을, 어떤 일을 신적인 목적이 아니라 다른 목적을 위한 것으로 생각하고 있으면서도 '일 자체를 위해서 그 일을 한다'고 말하는 통상적 헛소리라고 생각할 수도 있을 것이다. 그러나 조시모스가 말하는 것은 그가 생각하는 것과 문자 그대로 일치한다.

그는 심오한 윤리적 진지함을 요구한다. 진지하지 않음은 반드시 이마에 실패의 딱지를 붙이는 결과를 낳고, 윤리적으로 선택받지 못한 무학식자들의 시도는 모두 애초부터 결실을 맺지 못한다. 특히 내적 인식, 내적 그노시스(Gnosis)는 조금도 추구하지 않고 오직 자기 자신의 의사가 되어서 빈곤이라는 병을 치유하려는 모든 자의 노력은 결실을 맺지 못한다. 지혜로운 조시모스는, 이 아주 흔한 병은 "돈 많은 아름다운 여성"과 결혼하면 가장 잘 치유될 수 있다고 생각한다.[Berth. (2) Ⅲ, 222]

조시모스는 그 말이 프로메테우스의 입으로부터 '너무-늦게-사고하는' 에피메테우스(Epimetheus) 형제를 향해 튀어나왔다고 하는데, 이 얼마나 실질적인 조언인가. 에피메테우스는 이 조언을 듣고 아름답고 지참금이 많은 판도라를 아내로 맞았다고 한다. 그런 그녀의 상자로부터 인류의 모든 불행이 나왔고 마지막으로 희망이 나왔다는 것이다. 진정한 철학자는 — 이것이 이 이야기의 교훈인데 — 겉보기에 호화로운 제우스의 선물, 즉 운명의 선물을 엄중하게 거부해야 한다.

사실은 조언이 아닌 이 조언은 그것이 말하려던 것보다 더 많은 것을 우리에게 이야기한다. 즉, 진정한 연금술사는 그가 자신의 성공의 상징이기도 한 금을 항상 어떻게 해서든 훌륭하게, 금에 가깝게, 그리고 오래 지속되게 만들려고 했다 하더라도 — 그것도 어떤 세속적 탐욕에도 사로잡히지 않고 — 그 자신이 국가의 시험을 통과할 수 있는 보통의 금을 결코 만들지 않았다는 것을 아주 잘 알고 있었음을 발설해 주는 것이다.

그런데 욕심을 억제하고 순수한 마음을 보유하는 것도 우리의 조시모스가 연금술사의 인간성으로서 제시하는 모든 요구를 충족시키기에는 크게 모자란다. 예술의 추종자가 진정한 연금술 대가(Adept)가 되기 위해서는 아주 특정한 방식으로 지적 훈련을 받아야 한다. 그는 아디피스키(adipisci)[48]라는 단어의 두 번째 의미를 끌어낼 수 있을 정도로 노련해야 한다. 진정한 연금술 대가는 위대한 성취를 위한 정확한 시간과 행운의 순간을 결정할 수 있고, 그와 더불어 행성들의 결정적 영향도 알고 있다. 그 밖에도 그는 올바른 기도와 서약, 마법의 물질, 마법의 주문과 행동을 알고 있는데, 이것들은 한편으로는 신의 도움을 얻기 위해서 필요하고, 다른 한편으로는 그 성취를 무너뜨릴지도 모르는 사악한 악마의 마술적 영향을 물리치기 위해 필요하다. 조시모스는 악마적인 페르시아의 영을 안티미모스(Antimimos), 즉 '상대

---

[48] 도달하다, 획득하다라는 의미의 라틴어 adipiscor의 현재형 동사원형. 두 번째 의미는 획득하다를 말한다. adeptus는 adipiscor의 남성명사형으로, 독일어와 영어의 a(A)dept의 어원이다.

자'라고 칭하는데, 그는 기독교 그노시스에서 그리스도의 적수로 등장한다.

조시모스는 그의 여동생에게 바친 《케이로크메타》에서 자신이 천지창조의 유비로 보는 연금술 과정의 본질에 관해서 상세하게 이야기한다. 화학적 창조는 정화(淨化)와 해방, 물질이나 물체에 결합되어 있는 프네우마의 구원과 관련되어 있다는 것이다.

그런데 화학적 창조행위에서는 무슨 일이 벌어질까? 이에 대해서는 조시모스 자신의 말을 들어 보도록 하자.

"왜냐하면 천상의 태양, 하늘의 여왕, 세계의 오른쪽 눈, 또는 불의 만개한 꽃이라고 불리는 안토스(Anthos)의 완성을 위해서는 구리도 프네우마에 의해서 존귀해지기 때문이다. 이때 구리는 충분히 정화되어 안토스, 즉 황금색 또는 황금광택을 갖게 되고, 지상의 태양, 지구의 여왕으로 변환함으로써 존귀해진다."[Berth. (2) Ⅱ, 213f]

우리가 이 문장을 모든 맥락을 고려하지 않고 읽으면, 마치 장엄한 말장난처럼 들린다. 그렇지만 이 문장은 헬레니즘 연금술의 전체 이론을 거의 다 포괄하고 있다. 이 문장과 그 이론은 태양과 황금의 대우주-소우주 유비관계에 바탕을 두고 있다. 여기서 태양은 아주 확실하게 신의 상징이다. 이때 이 신을 신플라톤주의식으로 전일자(All-Einen)라고 부르거나, 유대교식으로 야훼라고 부르거나, 이집트인들처럼 아몬(Amon), 아톤(Aton) 또는 호루스(Horus)라고 불러도 모두 마찬가지이다. 게다가 태양을 모든 것을 보고 모든 생명을 살아 있게 하는 호루스의 눈 같은 신의 눈으로 여기는 것은 좋은 습속이었다. 그러므로 태양의 한쪽 상대로서의 금은 소우주적 신이고, 따라서 그것은 시간을 넘어서 존재하는 지구의 신성한 여왕이기도 하다. 태양과 금 사이의 비밀스러운 연결은 주어진 텍스트에서 '안토스'라는 단어에 의해서 명확해지는데, 안토스는 아마 꽃의 만개와 황금색을 동시에 의미했을 것이다.

또한 앞에서 언급된, 금의 신분으로 높여져야 하는 구리도 이중의 의미를 지닌다. 여기서 그것은 인간과 같은 것, 입문의식을 통과하기 전 상태의 인간과 같은 것으로 간주되는데, 이는 우리가 다른 문헌을 통해서 아는 것이다. 그 후 그것은 사제나 연금술사의 보호 또는 지배 하에서 의식을 거치는 동안 우리의 인간, 즉 우리의 구리가 된다. 물론 우리 구리의 바탕은 우리의 납인데, 이것은 첫 번째 연금술 단계의 검은 산출물 속에 들어 있는 우리의 검은 납 ― 우리의 하얀 납인 주석과는 반대로 ― 이라는 것이 드러난다. 그런데 우리의 납은 아주 큰 변환 능력을 지니고 있다. 그것은 구리가 될 수 있을 뿐만 아니라 흰 것과 붉은 것, 은, 금, 금의 산호까지도 될 수 있다. 그것은 마자(Maza), 즉 밀가루 반죽과 같이 아직 형상이 주어지지 않은 덩어리이거나 또는 보통의 구리를 증식하고 변화시키면서 질을 높일 수 있는 발효종과 같은 것이다. 다시 말하면 마자는 보통의 구리를 꽃피우도록, 즉 금으로 만드는 것이다. 이렇게 보면 '우리의 납'은 이미 헨 토 판(Hen to pan), 모든 것 속의 하나이면서 동시에 하나 속의 모든 것인 셈이다.

여기서 우리는 인간의 본래 상태와의 유사성을 간과할 수 없는데, 특히 마지막에 제시된 주장에 인간의 조건과 관련하여 얼마나 많은 희망이 들어 있는지를 감지한다. 우리의 납은 살아 있는 것, 움직이는 것이고 우리의 물이다. 납은, 그것의 물 같은 특별한 성질 때문에, 즉 어떠한 혼합물이라도 만들고, 어떠한 색도 받아들이고, 또한 새로운 화학적 힘이 그 자신에게 작용하도록 할 수 있는 능력 때문에, 연금술을 하는 이집트인들에게는 제일질료였다. 제일질료는 '오시리스'라고도 표현되었는데, 이와 관련해 조시모스는 주석자 올림피오도로스를 참고하라고 지시한다. 그런데 이 오시리스, 이 납이 녹아서 검은 액체가 되면, 그것은 ─ 이것이 커다란 신비인데 ─ 자신의 무게 덕분에 프네우마를 자기 쪽으로 끌어당기고(!), 이 프네우마를 통해서 새로운 영($Psyche$)을 얻는데, 이 영은 채색하는 프네우마로서 새로운 색과 성질을 주고, 납의 본성을 은과 붉은 피의 본성, 말하자면 금의 본성으로 변환한다.

그렇지만 검은빛의 금빛으로의 변환은, 오빠의 경고를 상기하면, 안티미모스를 멀리하고 조시모스가 나열한 모든 다른 조건에 부응할 수 있을 때만 성공할 수 있다. 신은, 신의 예술에 자신을 바치기에 합당한 사람에게만 진리를 열어 보이는데, 그것도 마법의 잠 속의 꿈과 환영의 형태로 보여 준다. 신은 선택받은 자들에게는 그들이 자는 동안 베푼다. 그리고 근본적 진리가 연금술사들에게 넘어오면, 그들에게는 위대한 성취의 화학적 조작들은 "어린애 장난, 여성의 일"일 뿐이다.[Berth, (2), 251: Ⅲ, 241]

14. 조시모스의 꿈

조시모스도 자신도 어떤 꿈에 대해서 이야기한다. 이 꿈은, 깨어 있는 상태가 간간이 끼어들면서 우리 눈앞에 전개되는 정말 특이한 꿈이다. 그것은 개인적이고 아주 환상적인, 광기(狂氣)와 접촉하는 체험으로 이해할 수도 있고, 동시에 교육용 드라마로 이해할 수도 있다. 이 꿈은 해석이 어렵다. 그런데 나에게 그 꿈은 광인(狂人)의 중얼거림처럼 보이지는 않는다. 왜냐하면 꿈은 잘 구성되어 있기 때문이고, 정신병자의 고백은 일반적으로 수수께끼 같은 대답 이외의 다른 것은 아무것도 내놓지 않는 반면에, 이 꿈은 처음부터 대답이 아니라 물음으로 시작되며, 또한 정말 냉정하게 사고할 줄 알았던 조시모스의 이름을 지니고 전승된 것이기 때문이다.

꿈의 여러 단계에서는 다양한 모티프의 기초로 작용하는 정황이 끊임없이 반복된다. 조시모스는 꿈에서 깨어난 후 이 모티프들을 각각 순수한 화학적 문제로 해석한다. 즉, "이것은 물들의 구성물 같은 것이 아닐까?", "이 장면을 일으키는 원인은 무엇일까? 그러면 이 희고 노란 물은 신의 물일까?"와 같은 물음이 나오고, 나중에는 "그래서 나는, 납을 내던져야 한다는 것을 깨닫게 되었다. 그리고 실제로 내가 본 장면은 액체의 조성과 관련이 있는 것이다" 같은 문장이 등장한다.

그리고 마지막은 "나는 모든 것을 제대로 이해했다. 문제는 금속[예술]의 액체들에 관한 것이다" 같은 문장으로 종결된다.[Berth. (2) Ⅲ, 3~108ff, 117ff]

꿈의 각 장면에서 우리는 계단을 올라가야만 도달할 수 있는 "평평

한 사발 모양의" 제단과 마주친다.[Berth. (2) Ⅲ, 108ff, 117ff] 제단 옆에서 우리는 또 어떤 형상을 볼 수 있는데, 꿈꾸는 자는 이 형상과 이야기를 나누거나 그것을 통해 적어도 자기를 알릴 수 있다. 이 형상은 변화한다. 그러나 동시에, 꿈꾸는 자가 깨닫게 되듯이 본질적으로 동일한 상태를 유지한다. 처음에 그것은 사제의 형상을 하고 있다. 그런데 그 전에 그것은 "조화롭게" 쪼개졌다가 다시 합쳐지는 과정을 통과했다. 다시 말해서 4원소로 갈라졌다가 다시 합쳐진 것이다. 그리고 지금은 꿈꾸는 자의 눈앞에서 자기 자신을 물어뜯어 갈기갈기 찢고, 자기 자신의 고기를 게워 내어, 입 밖으로 내뱉는 재주를 보여 준다. 그러고 나면 이 동일한 형상은 무시무시한 호문쿨루스(*Homunculus*)[49]이면서 동시에 손에 납으로 된 서판(書板)을 지닌 청동 남자의 모습을 하게 된다. 그다음에는 왕이 입는 붉은색 망토를 걸친 남자로 등장하고, 다시 흰 옷 입은 사제가 되고, 핍박자의 칼에 살해당해 "벌을 받도록 넘겨지는", 다시 말하면 끓는 물에 삶아지는 또 다른 흰 옷 입은 사제가 된다. 그리고 마지막에는 제단 위에 서 있는 불 같은 영의 모습이 된다.

제단은 도처에서 "벌 받는 장소"로 표현된다. 그곳은 실제로 고통의 장소이다. 어떤 텍스트에는 다음과 같은 이야기가 나온다.

---

49 호문쿨루스는 라틴어로 인공적으로 만든 인간을 의미한다. 호문쿨루스에 관한 관념은 중세 후기에 연금술 이론에서 나왔으며, 종종 마술 수행을 돕는 악마 같은 조력자로 등장한다.

삶기. 살로몬 트리스모신, 《스플렌도르 솔리스》, 16세기, 영국 국립도서관

"그리고 나는 똑같은 사발 모양 제단을 보았는데, 그 위에서는 물이 끓고 있었고, 물속에는 셀 수 없이 많은 사람이 들어 있었다. 제단 주위에는 내가 물어볼 수 있을 만한 사람이 아무도 없었다. 그래서 나는 제단을 보기 위해 사발 모양 제단으로 걸어 올라갔다. 그리고 나는 무시무시한 호문쿨루스를 보았다. 그는 나에게 물었다. '너는 무엇을 바라보느냐?' 나는 그에게 대답했다. '나는 물이 끓는 것에 대해 놀라고 있다. 그리고 물속에서 삶아지고 화상을 입으면서도 살아 있는 인간이 있는 것에 대해 놀라고 있다.' 그는 대답하며 말했다. '네가 보고 있는 이 장면은 입구이고 출구이며 변환이다.' 나는 그에게 다시 물었다. '어떠한 변환인가?' 그가 대답했고 말했다. '이른바 죽은 자를 미라로 만드는 일이 수행되는 곳. 왜냐하면 예술에 참여하려는 사람은 그곳으로 가서 육체를 떠나 영이 되어야 하기 때문이다.' 내가 그에게 말했다. '그러면 너도 영인가?' 그가 대답했고 말했다. '나는 영이고, 이 영들의 감시자이다.'

우리가 서로 이렇게 주고받는 동안, 그리고 물이 점점 더 심하게 끓고 사람들이 아우성치는 동안, 나는 청동 남자를 보았는데, 그는 손에 납으로 된 서판(書板)을 들고 있었다. 그는 서판을 들여다보며 큰 소리로 말했다. '벌을 받고 있는 모든 자에게 나는 잠을 자라고 명령하노라. 그리고 각 사람은 손에 납으로 된 서판을 들고, 거기에다 손으로 쓰고, 눈을 높이 치켜들라. 그리고 [토해 내는 운동을 하는 중에] 너희 목젖이 부풀어 오를 때까지 입을 벌려야 한다.' 그러자 말에 이어서 행동이 뒤따랐다. 집주인이 나에게 말했다. '너는 그걸 보았다, 너는 네 목을 그곳을 향하고 무슨 일이 벌어졌는지 보았다.' 나는 그걸 보았다고 말했다. 그러자 그가 계속 말했다. '네가 본 이 청동 남자는 사제이다. 그는 희생하고 희생을 받고, 자기 자신의 고기를 내뱉는다. 그리고 그는 이 물과 징벌을 받는 자들을 다스릴 힘을 부여받았다.'"
[Berth. (2) Ⅲ, 69]

이것은 특별히 단순한 텍스트이다. 왜냐하면 여기서 변환이라는 주제는 단 하나의 모티프, 즉 삶는 것과 관련되어 있기 때문이다. 그것 말고 피부 벗기기나 목 베기 같은 다른 모티프와는 연관 지어지지 않는 것이다.

더 심하게 혼란스러운 이런저런 텍스트의 미로에서 빠져나오기 위해서 내가 사용하는 아리아드네의 실은 연상의 사슬로 이루어져 있다. 연금술 연구가 의미를 지니려면, 하나의 작용이 하나 이상의 원인을 가지고 있고, 부분이 전체일 수 있고 전체가 부분일 수 있을 뿐만 아니라, **하나의 특정한 것이 동시에 다른 특정한 것일 수 있다**는 생각에 익숙해져야 한다. 이는 흔히 환상적으로 작용하는 메타포(*Metapher*)를 통해서 나타난다. 그러나 이런 메타포는 단순한 메타포 이상의 것이고, 또한 연금술 전통이 형성되는 동안 상당한 명료성을 획득한 것이다.

조시모스의 꿈이 나오고 나서 1,500년 후에 출판된 《스플렌도르 솔리스》(*Splendor Solis*)[50]와 같은 연금술 그림책을 볼 때 우리가 이 전통으로부터 확인할 수 있는 것은, 갈기갈기 찢는 것은 정화(淨化) — 이것에 의해서 레토르트에 넣은 물질이 젊어지고 거듭나게 되는 — 를

---

50 '*splendor solis*'는 태양의 광채를 의미한다.

위한 것이며, 반면에 끓이는 것과 그럼으로써 녹이는 것은 갱신을 가져오고 또한 — 다른 측면에서는 — '금속혼'(金屬魂)의 분리, 즉 프네우마의 분리를 가져 온다는 것이다.

그런데 대략 같은 시기에 연금술사 미하엘 마이어[51]는 용 — 그냥 질료일 뿐이지만 영을 부여받아야만 하는 — 이 "스스로 자기를 삼키고 자기 자신을 토해 낼 때까지, 자기 자신을 죽이고 자기 자신을 낳을 때까지", 말하자면 그것이 진짜 우로보로스가 될 때까지 "칼과 굶주림과 독에 의해서 길들여져야 한다"(Read 24 I)고 말한다.

꿈의 주된 주제인 물은 아주 넓은 의미에서 분명히 변환의 물들, 즉 테이아 히드라타(*Theia hydrata*)[52]를 의미한다. 이 물들은 — 구성물로 조성된 상태로든 그렇지 않은 상태로든 — 제단 사발에 처음부터 존재하거나 모든 금속 안에 포함되어 있다. 그러므로 핵심 문제는, 질료를 그 구성 성분으로 쪼개는 것, 다시 말하면 무질서한 상태로 분해하는 것, 그리고 그럼으로써 동시에 혼돈과 다산이 동일하게 퍼져 있는 상태, 즉 제일질료의 상태로 분해하는 것이었다. 그러고 나면 이 제일질료로부터 금속성의 변환수(水) — 그것이 금속의 것이든 그렇지 않든 상관없이 — 를 끄집어낼 수 있으리라는 기대를 품을 수 있었는데 그것은 놀랄 만한 변환수, 영원한 물(*Aqua permanens*)이어야만 했다. 중세에 이것은 '우리의 수은'과 동일시되었다. 그래서 나중에는 낯낯 라

---

51 Michael Maier(1569~1622년). 독일의 유명한 연금술사. 여러 권의 연금술 책을 저술했고, 장미십자회단을 옹호하는 책도 썼다.
52 Theion hydor의 복수형.

토막 내기. 살로몬 트리스모신, 《스플렌도르 솔리스》, 16세기, 영국 국립도서관

틴 연금술사들도 은과 금으로부터 영원한 물을 끄집어내어 직접 물질변환에 이용하려는 꽤 그럴듯한 전략을 추구하게 된다.

이와 유사한 생각은 아마 사제―동시에 청동 남자이기도 한―가 자기 자신을 갈기갈기 찢는 행위 속에 담겨 있을 것이다. 그의 손에 들려 있는 납 서판은, 제일질료와 이 제일질료가 연금술 과정에서 수행하는 역할을 암시한다. 아직 '정보가 담기지 않은', 단단하거나 액체 상태인 납 혼자서는 어떤 변화도 일으킬 수 없다. 따라서 '내버려져야만' 하는 것이다. 그러나 그것은 동시에 서판이고, 거기에다 연금술사들은 더 고귀한 질료의 모든 성질을 '써넣어야'만 한다. 물로 채워진 사발은 물 역시 불이나 공기와 마찬가지로 영(靈)이거나 영일 수 있다는 것을 시사한다. 그러므로 어떤 특정한 것은 동시에 다른 특정한 것이다.

그리고 나는 '역시'라는 단어 속에다 하나의 원인이 역시 다른 원인이 될 수 있고, 이 다른 원인 역시 또 하나의 다른 원인일 수 있으며, 또는 모든 원인들 역시 동시에 원인들의 혼잡한 집단―불특정한 것 속에서 종종 희미하게 어른거리는 작용을 공동으로 유발하는―일 수 있다는 암시를 숨겨 놓았다. 그런데 이는, 두뇌가 혼자서 꿈속에 잠겨 있을 때, 또는 혼자서 "보이지 않는 다른 어떤 사람과 내적 대화를 하는 형태의"(Rul. 327)[53] 명상에 잠겨 있을 때 일어나는 사고 형태이다.(59)

---

53 Rul.은 Ruland의 약어이다.

물도 역시 영이라는 것은, 제단 위의 물로 채워진 사발 그림에 잘 나타나 있다. 이는 또한 《코르푸스 헤르메티쿰》(Corpus Hermeticum, 헤르메스 전서)에 나오는 〈포이만드레스〉(Poimandres)라는 제목의 소논문에서 분명하게 드러난다. 여기서는 창조신이 사발 또는 혼합항아리(Kratér)[54]를 영(Nus) 또는 프네우마로 채워서 땅으로 보내는데, 이는 더 높은 의식을 추구하는 사람들이 그 속에서 침례를 받을 수 있도록 하기 위해서이다. 여기서 침례(Baptismos)는 영이 육체로부터 분리되거나 해방되는 것으로서의 영화(靈化)를 의미한다. 그러나 이것은 죽음이다. 비록 그것이 새로운 삶을 향한 죽음, 의식적으로 체험하는 죽음, 그렇기 때문에 아주 극단적 고통과 결합된 죽음이라고 할지라도 말이다.

이로써 물, 불 그리고 영을 동일시하는 것이 방향을 바꿔 다른 의미를 가져온다. 즉, 끓는 물은 분해의 수단이 되는 것이다. 종교연구가 미르체아 엘리아데(Mircea Eliade)의 추측, 즉 연금술사가 입문의식(Initiation)[55]의 고통을 질료 속에 투사하고, 그다음에 이 질료가 글자 그대로 자신의 금속 영을 내놓을 때까지 실제로, 말하자면 아주 화학적으로 끓이거나 추출하거나 증류하거나 하는 등의 고통을 가하는 시도를 했다는 추측은, 분명히 어느 정도는 바로 그러한 점에 바탕을 둔 것이다. 이로써 연금술사들의 체험은 유비(類比) 체험이 된다.

---

54 그리스에서 물과 포도주를 섞을 때 사용하던 항아리를 일컫는 말.
55 Initiation은 비교(秘敎, 밀교), 비밀결사에 들어갈 때 수행하는 의식을 말한다. 이때 그 'Initiation'을 받는 자들은 비교나 비밀결사의 비밀을 전수받고 이 비밀에 접할 수 있는 자격을 얻었다. 이 책에서는 입문(의식), 입문의례 등으로 번역했다.

그러나 여기서 유비는 모든 입문의식에서와 마찬가지로 형식적인 것이 아니다. 피올레, 레토르트, 증류 기구 속에서 일어나는 일들은 단지 은유적으로, 그리고 즉시 이성적 지식으로 번역된 상태로 연금술사의 감정들 속에 반영되기만 하는 것이 아니다. **그것들은 바로 이 감정들**이다. 그러므로 연금술사의 체험은 어떤 중간 영역에서 일어난다. 그리고 그런 까닭에 흔히 화학적인 것처럼 보이는 구절들은 영적 관심을 암시하고, 영적 구절들은 화학적 관심을 암시한다.

물론 꿈속의 형상들도 꿈꾸는 자의 상상이 질료에 투사된 것들이고, 이로써 어느 정도는 심리적으로 결정된 것이다. 그리고 동시에 그것들은 조금 다른 방식으로 결정된 것이기도 하다.

인용문에 나오는 집의 주인을 우리는 꿈꾸는 자의 다른 자아(*Alter Ego*), 즉 일종의 수호천사로 볼 수 있다. 그러나 이 수호천사 역시 '금속의 혼'(*Anima metallorum*)일 수 있고, 그렇기 때문에 또한 금속 자체의 자기 깨달음 ― 어느 정도는 내부로부터 솟아나올 수 있는 ― 일지도 모른다. 금속들이 혼(魂) ― 스토아적 프네우마라는 의미의 ― 을 지니고 있다는 생각은 중세 자연철학에서도 일반상식에 속했다. 또한 고대 후기에는 금속들이 행성들과 은유적으로만 결합되어 있었던 것이 아니기 때문에, 집주인은 마술을 통해 불러낸 행성귀신일 수 있었을지도 모른다.

사제로도 등장하고, 납회색의 호문쿨루스와 구리인간으로도 등장하고, 또 텍스트의 다른 부분에서는 흰 옷 입은 남자, 붉은 옷 입은 남자, 은으로 된 남자, 금으로 된 남자, 그리고 자기 자신을 "벌 받게 내어 주는" 자기 살해자로도 등장하는 일련의 형상은, 무엇보다도 지속적 변환이라는 연금술 과정이 다채롭게 인격화된 것이다. 그런데 이 과정에서는 — 모든 연금술 과정에서와 마찬가지로 — 반응제(Agens)와 반응물(Reagens)이, 능동적인 것과 수동적인 것이 결국은 구분되지 않는다. 여기서도 은유는 단순한 은유 이상의 것이고, 유비도 단순한 유비 이상의 것이다. 왜냐하면 유비의 파트너들은 말하자면 서로 확인 작용을 통해서 상대방에게 작용을 하기 때문이다.

그러나 혼합항아리에서는 본원적인 일이 일어난다. 분명하게 이야기되고 있는 것은, 예술에 참여하고자 하는 사람들이 그 항아리 속으로 들어가서 육체로부터 도망침으로써 영이 된다는 것이다. 그러므로 제단 사발 속의 사람들은 입문자들(Mysten),56 다시 말하면 입문의식에 선택될 자들이거나, 그렇지 않으면 조시모스 — 그가 증류 기구나 책 앞에 앉아 있다면 — 자신과 똑같은 연금술사들이다. 연금술 과정의 시작과 종결은 혼합항아리의 물속에서 삶는 일 안에 상징화되어 있는데, 그 과정은 소우주 속에서, 말하자면 신전 비슷한 반응용기 속에서 일어난다. 이 반응용기에 대해서는 조시모스가 아주 해독하기 어렵게, 그러면서도 상세하게 묘사하고 있다.

조시모스의 꿈과 연금술에서 핵심을 이루는 것은 구원인데, 이 구원은 세상으로부터의 구원이 아니라 세상 속에서의 구원이다. 즉 육체(Körper)57적인 것으로부터 영이 해방되고, 그에 뒤이어서 이 해방

56　Mysten은 비교숭배에 입문한 자를 의미한다. 여기서는 '입문자'로 번역했다. 저자는 'Eingeweihte'라는 용어도 함께 사용하는데, 이 말은 '선택받은 자'로 번역했다.

57　Körper는 물체, 육체, 고체로 번역할 수 있는데, 이 책에서는 셋 중에서 문맥에

되고 정화된 영의 새로운 육화로서의 구원인 것이다.

이 구원 파토스를 지니고 있다는 것 때문에, 조시모스의 연금술 꿈들은 특정한 정신의 산물이라는 것이 드러난다. 물론 이 정신은 자신이 살았던 시대의 지적 기후 속에서 호흡한다. 그러므로 우리가 연금술의 의도를 더 잘 파악하기 위해서는 이 기후에 대해서 알아야만 한다.

따라 적절한 것을 선택했다. 그런데 연금술에서는 금속도 살아 있는 것으로 보았기 때문에 물질적인 것에 대해 육체라는 용어를 사용해도 무방하고, 오히려 그것이 더 적절하다고 할 수 있다.

15. 비교숭배

'기후'(Klima)라는 단어는 고심해서 고른 것이다. 날씨 상황은 항상 아주 복합적인 전체로서 인간과 그 주변에 영향을 미치지만, 반면에 인간은 스스로 날씨의 모든 요소들과 이 요소들이 미치는 영향을 정밀하게 분석할 능력을 가지고 있지 않다. 잘 알려져 있듯이, 우리는 주어진 것으로부터 미래의 날씨 상황을 장기적으로 예측할 수조차 없는데, 이로부터 카오스 연구 같은 것이 발생하게 되었다. 그러나 기상학적 기후가 인간의 정신 상태에 영향을 미치는 것과 똑같이, 고대 후기의 지적 기후도 연금술의 이론과 실제 속에 숨겨져 있는 암묵적 이데올로기에 영향을 주었다.

간단히 말하면, 연금술이 발생한 그 시대의 정신적 기후는 비교숭배(秘敎崇拜, Mysterienkult)에 의해서 상당히 크게 규정되었던 것이다. 이 숭배에 대해서 우리는 아는 바가 아주 적다. 그러나 이 적은 지식이 우리에게 분명하게 말해 주는 바는, 헬레니즘적 인간이 성스러운 존재와 만날 때 깊은 내면으로부터 기대한 것은 고전기 그리스와 고대 이집트의 인간이 기대한 것과는 좀 달랐다는 것이다.

고전기 그리스인의 경우 올림포스의 신들은, 이집트의 높은 신들이 세계 보존의 보증자였던 것과 마찬가지로, 잘 정돈된 것, 즉 코스모스의 보증자였다. 그렇기 때문에 작은 폴리스국가의 그리스인을 둘러싼 세계는 쉽게 이해될 수 있는 것이기도 했다. 그것은 사고를 통해서 전체를 조망하거나 몸으로 충분히 느껴 보는 것이 가능한 세계였다. 고전기 그리스인은 그곳에서 안온한 느낌을 가질 수 있었다. 이는 물론 바로 고전기 그리스인들이 비극적 멸망에 대한 감각을 가지고 있지 않았다거나 신화 속 성자들의 불가해한 체험을 알지 못했다는 것을 말해 주지는 않는다. 그러나 엘레우시스(Eleusis) 비교(秘敎) 같은 가장 비밀스러운 비교조차도 코스모스와 연결되어 있었고, 그럼으로써 사회적인 코스모스인 폴리스와 연결되어 있었다는 것은 특기할 만하다. 엘레우시스 비교숭배는 일 년의 특정한 날에만 행해졌고, 그것도 폴리스 전체의 축제로서 행해졌다. 고대 이집트인도 마찬가지로 본질적으로는 국가숭배만 알고 있었다. 그러나 이 국가숭배는 한 번도 엘레우시스 비교숭배 같은 형식을 취한 적이 없다.

헬레니즘 시대의 종교적 풍경은 정말 크게 달랐다. 여기서 비교는 높이 솟아오른 지점에 속했지만, 그것들은 고전기의 비교와는 달랐다. 그것들은 다르게 이해되었고, 거기에 참여했던 사람들도 달랐다. 그리스 폴리스에서 남성 거주민 한 사람 한 사람은, 그 자신이 자유인인 경우, 전체적 조망이 가능하고 스스로 영향을 미칠 수도 있는 전체의 일부라는 느낌을 가질 수 있었다. 그러나 알렉산드로스 제국의 거대한 잔해 속에서 자신의 삶을 꾸려 가야 했던 그리스인들의 상황은 근본적으로 다른 것이었다. 그들은 전체 거주민 중에서 아주 소수에 속했고, 처음에는 이해가 잘 안 되었고 아주 불안정한 상태에 놓여 있던 문화와 맞닥뜨린 상태였다.

게다가 '알렉산드로스 이후' 시기의 그리스인들이 곧 알게 된 사실은, 새로 형성된 폴리스에서는 그들이 겉으로는 아주 자유로운 것처럼 보이지만 공간적으로 훨씬 큰 차원에서 이루어지는 국가 사안에 대해서는 아무런 영향력도 행사하지 못한다는 것이었다. 그들은 운명의 부침에 내던져진 것처럼 느꼈고, 그 자신이 바로 그 운명이었다. 게다가 디아도코이 왕들의 정권은 내적 안정을 보장하지도 못했고, 거듭되는 전쟁을 포기하지도 못했다. 예를 들어서 레바논은 당시에도 격렬한 전쟁에 휩싸였다.

새로운 제국에서는 **팍스 로마나**(*Pax Romana*)가 통용되었지만, 사정은 본질적으로 다르지 않았다. 세계 그리스어인 코이네(Koine)[58]는 계속해서 세계어로 사용되었고, 옛 신화와 철학은 그전과 마찬가지로 널리 퍼져 있었다. 그러나 이제는 여러 곳에서 왕의 보호를 받으며 보존되었던 폴리스 헌법의 그림자도 사라져 버렸고, 외국인이 외국인을 지배한 곳에서는 이제 국가 — 평온 이외의 아무것도 보장해 주지 않았던 — 에 대한 책임 상실의 감정이 영원히 둥지를 틀고 들어앉았다.(60)

그리스어를 사용하는 제국 동쪽의 시민들은 불안한 상황에 처해 있었는데, 이들은 로마 점령자들 사이에서 옴짝달싹 못 하는 상태였고, 이들에게 이용당한다고 느꼈다. 또한 이들은 로마의 명령에 따라서 이들을 이용했던 이집트 원주민에 의해서도 이용당한다는 감정을 갖게 되었다. 지식 중산층, 즉 그리스인들과 그리스화된 이집트인들은 그들 자신의 것이라고 생각되지 않는 사회 속에서 살았다.

더구나 전체적으로 파악이 되지 않고 불안정한 대중에 의해서 움직

---

58 헬레니즘 시대부터 로마 황제시대(기원전 300~600년 무렵)까지 공용어로 사용된 그리스어를 말한다.

이는 이 사회는, 그들을 적어도 정치적으로는 익명성 속으로 몰아넣어 버렸다. 불안전함, 보호받지 못함, 사적인 것으로 내몰림, 이런 상황은 그 시대의 소설 문헌 — 당시에 이미 해피엔딩이 의무적이었음에도 불구하고 — 에서 충분히 읽어 낼 수 있다. 그렇지만 바로 이 익명성 속에서 인간은 원했든 원치 않았든 자기 자신을 발견했고, 다른 한편 자신의 내적 혼란과도 혼자서 대면하게 되었다. 사적인 것으로의 후퇴와 결합된 불안정화와 개별화의 정서, 게다가 — 이것도 덧붙여야 하는데 — 그런 존재 상태로부터 구원받기를 원하는 매우 비(非)그리스적이고 비(非)이집트적인 갈구와 결합된 이 정서는, 정복자 로마의 지배 아래에서 점점 더 강화되었고, 무엇보다 구원종교의 확산에 유리한 조건을 만들어 냈다. 그런데 이 종교는 종종, 원칙적으로 사악한 세계에 대한 거부와 함께 등장했다. 즉, 그노시스와 함께 등장한 것이다.

이와 동시에, 다른 조건이 동일하다면(ceteris paribus) 그리스도 탄생 직전과 직후의 수세기에 살던 헬레니즘 세계의 그리스인들은 오늘날의 정신적 소시민 — 이기주의적 몰이해, 사회적 편견, 그리고 단순한 '입증된' 미신으로 이루어진 단단한 등껍질을 등뼈 대신 뒤집어쓴 — 과 똑같은 저속한 물질주의적 속물이었다. 그런데 이 말은 앞의 이야기와 반대되는 것이 결코 아니다. 우리가 헬레니즘의 종교관에 가까이 다가가려고 한다면, 우리는 무엇보다 나일강 계곡을 가득 채웠던 온갖 미신들을 잊어서는 안 된다.

문화비평적 접근을 꾀하는 우리가 사물을 대하는 시각에서 보면,

헬레니즘 세계와 로마-그리스 세계의 가장 중요한 신은 여신 티케 내지 포르투나이다. 알렉산드리아에서는 이 여신을 위해서 아주 중요한 신전을 건축했다. 티케는 원래 — 헤르메스와 마찬가지로 — 개별 도시와 직업 계층의 수호여신이었지만, 고대 말기에는 점점 더 맹목적인 우연의 신 — 사람들이 냉혹한 운명으로 체험하는 — 으로 변화했다.

그래서 티케는 아난케[Ananke, 필연성(必然性)] 또는 헤이마르메네(Heimarmene, 냉혹한 운명)의 모습으로 등장하기도 한다. 그러나 이러한 추상적 개념들에도 불구하고, 인격화된 티케는 내가 보기에 창백한 법 같은 것은 아니었다. 그것은 무색의 원인-결과 메커니즘보다는 더 복합적이고, 더 기분에 좌우되고, 또한 더 시적으로 나타나며, 그럼으로써 어떤 의미에서는 더 두렵게 나타나기도 하는 것이다. 운명이란 것도 당시에는 오늘날보다 더 어떤 식으로든 살아 움직이는 것이었다.

티케에 대한 가슴 졸이는 신앙, 그리고 신적인 것과 개인적으로 내밀하게 함께하는 것에 대한 갈망은 아주 다양한 결과를 가져올 수 있었다. 사람들은 운명을 신의 섭리(pronoia)로 해석하고 스토아적으로 차분하게 견딜 수 있었지만, 또 한편 사람들은 운명을 어떤 식으로든 회피하려는 시도를 할 수도 있었다. 가장 널리 퍼졌던 경향은 운명으로부터 도망치는 것이었고, 이는 아주 단순한 미신에서부터 아주 깊은 종교적 정성에 이르기까지 다양한 뉘앙스를 지니고 나타난다.

많은 헬레니즘적 인간들은 운명 저편의 구원에 대한 약속을 좇았는데, 여기서 구원은 폴리스의 구원이 아니라 개별 인간의 개인적 구원을 의미한다. 그래서 그들의 정성은 아주 특정한 유형의 신으로 향했다. 나는 이 신들을 '투쟁하는 신', 즉 운명으로 고통받고 끊임없이 운명을 극복하는 유형의 신이라고 부르고 싶다. 이 신들만이 인간이 처한 상황을 이해한다. 사람들은 이들만을 따름으로써, 이들만을 모방함으로써만 구원(救援)을 발견할 수 있다. 간단히 말해서, 이 모든 신들에 대한 숭배는 입문숭배 — 구원숭배로서의 — 였던 것이다.

여기서 우리는 처음으로, 모방과 구원이 그 중심개념의 일부를 이루는 연금술 과정이 이 입문 과정의 특징적 모습을 보여 준다는 것을 검토 없이 받아들여야 한다. 그러나 이와 똑같이 우리가 감수해야 하고 잊지 말아야 할 것은, 연금술이 어떤 특정한 철학, 어떤 독단적 신앙의 탈에 의해서 완전히 점령된 적이 한 번도 없었던 것과 마찬가지로, 그것이 입문 과정 속으로 완전히 녹아들어 가지도 않았다는 사실이다. 중국 연금술과 인도 연금술이 존재했다는 사실은 그에 대한 증거가 될 수 있다. 덧붙여서 나는, 이집트로 다시 돌아가서 이야기하면, 연금술은 원초적 사건(sui generis)이라는 증명서를 부여해 주는 그 출생신화가 무엇보다 신의 예술의 독자성도 강화해 준다고 생각한다.

비교숭배와 입문의식은 인류의 시초로 거슬러 올라간다. 그렇기 때문에 그런 종류의 제의와 결합된 신들도 아주 오래된 신이다. 그러나 개별 인간이 그의 신과 인격적이고 내면화된 관계로 발전하는 것은 전적으로 나중에 나타난 현상이다. 그럼에도 불구하고 이 현상은 태곳적인 것과 잘 연결될 수 있었다. 그리고 우리와 우리 안의 신의 관계는 인간성의 가장 원초적이고 가장 오랜 부분을 건드린다. 게다가 헬레니즘은 아주 일반적으로 태고로 향하는 경향을 보였다. 그러나 태곳적인 것이나 태곳적이라고 상상된 것을 향한 방향전환은 헬레니즘 문화와 오리엔트 문화가 공통의 뿌리를 지님을 보여줌으로써, 본래 폭력적 결과를 낳을 수밖에 없었을지도 모르는 두 문화적 흐름의 결합을 지켜 주는 작용도 할 수 있었다. 그러므로 모든 헬레니즘적 입문숭배가, 석기도구의 사용과 같은 태곳적-신화적 요소들을 포함하고 있었고, 연금술과 똑같이 아주 오래전에 시작되었다고 주장한 것은 놀라운 일이 아니다.

입문의식이 비교(秘敎)로서 체험되었다는 것에 대해서도 놀랄 필요는 없다. 특히 '비밀에 싸인'이라는 개념은, 그것이 종교적 의미를 바탕에 깔고 있을 때에는 항상 말없음 속으로 빠져들어 감을 의미하고, 완전히 말할 수 있음이 아니라 오직 체험만 할 수 있음을 의미한다. 그런데 이는 연금술에서도 그렇다. 분명한 언명(言明), 비밀로 가득 찬 과정의 외양에 관한 날카로운 언명은 비밀의 어두움을 빛 속으로 들여와서 비틀어 놓고 그럼으로써 죽이고 만다. 달리 말하면, **구원은 어두움 속에서 일어나야만 하는 것이다.**

구원이 연금술 과정의 본래 목표라는 것은 이미 아주 오래된 텍스트에서 여러 차례 이야기되고 있다. 그러나 그 말이 무엇을 의미하는지는 계속해서 수정되었고, 그럼으로써 그 의미는 구원 과정과 똑같이 어둠 속에 놓여 있다. 시네시오스(Synesios) 같은 연금술사가 형용모순에도 아랑곳 않고, 연금술 대가는 "빈곤, 이 치유 불가능한 악"을 치유할 수 있다[Berth. (2) Ⅲ, 63, 226]고 선언하는 것을 들을 때에는 주의가 필요하다. 우리는 이와 같은 주장을, 모든 겉보기의 사태는 비교

(祕敎)적 시각에서 이해해야 한다는, 이따금 주문처럼 들리기도 하는 아주 자주 반복된 언급에 비추어서 살펴봐야 한다. 조시모스는, 사원에 새겨진 글자가 입문자에게 다음과 같은 충고를 한다고 주장한다.

"네가 우리 보물을 발견하게 되면, 금은 자기 자신을 파멸시키려는 사람들에게 넘겨 주거라. 네가 이 일에 대해서 설명하는 글(상형문자)을 발견하게 되면, 너는 짧은 시간 안에 이 모든 보물을 모으게 될 것이다. 그러나 네가 이 부요(富饒)를 너 자신만의 것으로 만들려고 한다면, 너는 지배자인 왕들과 모든 사람들의 질투로 인해 스스로 파멸에 이르게 될 것이다."[Berth. (2) Ⅲ, 233f]

그렇다면 사람들이 손을 더럽게 만들고 머리를 무겁게 만들 필요가 어디 있겠는가? 답은, 비록 그것이 순환적 동어반복처럼 보인다고 할지라도, 단 하나밖에 없다. 즉, 구원을 위해서, 헬레니즘의 비교숭배의 핵심을 이루는 구원과 비슷한 구원을 위해서인 것이다. 그런데 이 구원은 항상 신의 계시와 함께 오는 것처럼 보였다.

그런데 분명치 않은 것은, 우리가 눈여겨보아야 할 신들의 숭배에 있어서 포도주 — 우리 신들 중 하나인 디오니소스가 특별히 선호했던 — 는 일단 제쳐 놓더라도 약물을 사용했는가 하는 점이다. 약물의 사용은, 연금술사들이 이 관습을 넘겨받았다는 것이 증명될 수 있을 때에만 흥밋거리가 될 수 있을 것이다. 그런데 모든 진정한 연금술 대가들은 토마스 드 퀸시[59]가 《어느 영국인 아편 중독자의 고백》(1822

---

59 Thomas de Quincey(1785~1859), 영국 작가. *Confessions of an English Opium-Eater*

/56)에서 말한 바와 같이, 진짜 가축상인은 가장 기분 좋은 아편 중독에 빠져 있을 때에도 소만 꿈꾼다고 하는, 그런 종류의 지혜에 사로잡혀 있었던 것처럼 보인다.

우리는 비교숭배의 대상이었던 신들의 이른바 공식적 운명에 대해서는 숭배행위와 약물사용 여부보다는 조금 더 알고 있다. 그런데 여기서 운명이란 시간의 흐름에 따라서 전개되는 역사가 아니라, 모순적 동시성 속에서 펼쳐지는 역사를 의미한다. 이 말은, 우리가 조토(Giotto)의 경탄스러운 그림들을 생각한다면, 아주 낯선 것으로 다가오지는 않을 것이다.

우리는 연금술에서 아주 유명한 남매인 이시스(Isis)와 오시리스(Osiris)의 신화, 그리고 미트라스(Mithras)[60]의 신화를 대략적으로 안다.[61] 그것들도 충분히 흥미롭지만 여기서는 '디오니소스'라는 단 하나의 신을 모범 사례로 놓고 고찰해 보자. 이집트에서 인기가 아주 높았던 이 신은, 연금술사들 사이에서는 — 아마 그의 숭배에 수반되는 광적 방탕으로 인해서 새로운 도덕의 사도들이 그를 특히 좋아하지 않았기 때문에 — 별로 언급되지 않았다. 그러나 그의 신화에는 투쟁하는 신들의 모든 운명이 가지고 있는 중요한 구조적 특징이 나오고, 이를 통해 그들의 비교(秘敎)의 구조적 특징이 분명히 드러난다.[62]

디오니소스 신화는 그의 두 번에 걸친 탄생 이야기를 통해서 시작부터 벌써 이 신의 극적이고 열광으로 가득한 특성을 드러낸다. 세멜

(1821)의 작가로 유명하다.
60 페르시아의 태양신.

레(Semele) 공주⁶¹가 제우스에 의해서 임신하게 되자, 그녀는 제우스의 부인 헤라의 꼬드김을 받아 신에게 진짜 모습을 보여 달라고 간청한다. 그런데 이는 그녀의 죽음을 의미한다. 신을 보자마자 그녀는 그의 힘의 징표인 벼락을 맞고 죽어 가면서 자신의 아기, 즉 디오니소스에게 미리 생명을 준다. 그러자 제우스는 아기를 자신의 다리에 꿰어 매달고, 몇 달 후에 그에게 다시 생명을 부여한다. 그런데 그에게 주어진 생명은 신의 것이었고, 이로써 디오니소스는 죽을 운명의 인간을 어머니로 둔 유일한 그리스 신이 된다. 디오니소스는 리시오스(Lysios), 즉 인간을 구원하는 해결자(Löser)이다. 인간은 신적 감동으로 가득 차서, 자신의 일상적 존재양식으로부터 뛰쳐나와, 일종의 자기고양을 통해 인간적인 것의 경계를 뛰어넘는다 — 운명 자체를 모방하는 소름 끼치도록 맹목적인 행동에 이르기까지 말이다.

성스러운 광란(狂亂) 중의 인간은 신과 같다. 그는, 연금술사들이 다른 형식으로 다른 무아지경(Ekstase) 속에서 찾는 비밀의 보유자이다. 그는 알려고 하지 않으면서도 모든 것을 알고 있다. 그가 모든 것 속에 있기 때문이다. 그리고 그는 자신의 짧은 황홀경의 순간 동안 영원한 삶을 얻는다. 제자들에게 자기포기(Selbstentäußerung)로 가는 길을 보여 주는 신은 그 스스로 죽음이면서 동시에 삶이어야 한다. 그래서 헬레니즘 비교에서는 조금도 신적이 아닌 것처럼 보이는 디오니소스 자신의 죽음이 숭배의 중심으로 밀고 들어온 것이다.

신의 죽음에 관한 신화는 다음과 같은 이야기를 들려준다. 헤라의

---

61 그리스 신화에 나오는 테베의 왕 카드모스의 딸.

증오에 의해서 박해받은 신은, 아기의 모습을 지니고 있을 때 티탄62에 의해 장난감으로 유혹당해 살해당하고, 잘게 조각나고, 용광로 속에 던져지고, — 꽤 연금술적으로 — 삶아진다. 제우스가 이 범죄에 대해서 알게 되자 그는 티탄에게 벼락을 던진 후, 디오니소스의 신체 조각들을 모아 맞춰 그를 다시 살려 낸다. 그러므로 모든 그리스 신들 중에서 디오니소스만이 인간처럼 죽음으로 고통받고, 신처럼 그것을 극복한다. 그리고 그럼으로써 그는 완전히 대립되는 삶과 죽음의 숨겨져 있는 단일성을 계시한다.

그런데 디오니소스 자신 또한 자기 스스로의 힘으로 죽음 속으로 들어가고 또 죽음으로부터 나오는 생명의 모순을 반복한다. 이 또한 그리스 종교에서는 유일한 것이다. 신은 자기 어머니 세멜레를 소생시켜 신들의 하늘로 받아들임으로써 죽음과 부활을 되풀이한다. 그런데 이와 똑같은 일이 두 번이나 일어난다. 신화의 어떤 변형본에서는 디오니소스가 테세우스 전설63을 통해서 우리에게 잘 알려진 아리아드네를 저승으로부터 소생시켜 그녀와 결혼하는 이야기가 나오기 때문이다. 그런데 이는, 그녀의 관점에서는 성스러운 결혼식을 통해서 신과 하나가 된 것을 의미한다. 여기서 아리아드네는 신과의 합일을 통해서 구원을 받는 인간의 영혼을 의미할 뿐이다.

---

62 그리스 신화에 나오는 거인족. 신들과 싸웠지만 정복당했다.
63 그리스 신화에서 테세우스는 미노타우로스를 죽인 후 아리아드네가 준 실을 이용해서 라비린토스를 빠져나왔다.

조시모스의 꿈과 관련해서도 잘게 조각내고 다시 붙인다는 주제에 대해 두 개의 짧은 여담을 덧붙이는 것이 적절할 것 같다. 똑같은 운명으로 고통받는 오시리스의 경우와 같이, 신이 조각나고, 분할되고, 접합되는 것은 식물의 신이라는 그의 본래 형상을 암시한다. 비밀로 가득한 채로 죽는 식물은 나일강의 범람 후 온 나라에서 부활을 체험하는 것이다. 그러나 종교적 차원에서는, 잘게 조각냄이라는 시원적(始原的)인 드라마는 다양성 속의 단일성이라는 오래된 철학적 문제를 야기한다. 말하자면, 코스모스의 생성은 신성의 자기희생, 즉 하나의 존재가 다양한 것 속으로 퍼뜨려지는 것으로 이해되고, 그다음에 일어나는 재합일, 부활, 재통합은 다양함이 본래의 단일성 속으로 모여들어 가는 것으로 이해되는 것이다.

우리가 ─ 모든 신화적 이야기에서 그러하듯이 ─ '그다음'이라는 말을 시간적인 것으로 보지 않고 상호구속적 조건으로 파악한다면, 다시 말해서 첫 번째 것은 두 번째 것의 조건이고, 두 번째 것은 첫 번째 것의 조건이라는 식으로 파악한다면, 우리는 어째서 잘게 조각냄과 합일이라는 주제가 연금술에서도 의미가 있는지 알 수 있게 된다. 신화의 배후에는 범신론적 세계상, 즉 신이 도처에 있다는 세계상이 존재한다. 그런데 이는, 그 시대 인간의 감각적-물질적 사고방식으로 볼 때 질료가 신에 의해서 충만해지는 것을 의미한다. 한편 신은, 모든 것을 가득 채우는 빛이 그런 것처럼, 모여들어서 하나의 초점으로 응집될 수 있다. 그러면 이 초점에서 그의 ─ 글자 그대로의 ─ 현현(顯現, *Epiphanie*)이 일어난다. 실제로 비교숭배는, 입문의식이라는 집광렌즈 속에 신적인 것을 모으는 역할을 한다. 또한 입문의식과 비교숭배의 관계는, 피올레 속에서 일어나는 변환과정과 연금술의 관계와 같다.

두 번째 여담은, 역사적으로나 정신적으로 볼 때 헬레니즘의 모든 비밀숭배보다 더 깊이 뻗어 있는 연금술의 원천과 관련된 것이다. 여기서 내가 말하고자 하는 것은, 멀리 문자 없는 문화까지 거슬러 올라가는 샤머니즘이다. 샤머니즘의 중심에도 마찬가지로 남자 샤먼이나 여자 샤먼의 입문의식이 있다. 혼이 황천으로 건너가도록 하는 일을 맡은, 샤먼이라는 이 전문인들의 내적 소명은 항상 하강, 특히 제의적 고립과 고독, 그리고 죽음의 체험과 결부되어 있는 혼의 고통으로부터 시작된다.

샤머니즘적인 꿈과 무아경의 내용은 일반적으로 다음 주제들 가운데 하나 또는 여러 개와 관련된 것인데, 육체의 조각냄, 그다음의 육체 속 기관과 내장의 재생, 마지막으로 천상세계와 저승으로의 이동 및 신들, 악마들, 그리고 죽은 자들의 영과의 협의가 그 주제들이다.

여기서 덧붙여야 할 말은, 특히 고대 이집트인들의 경우 혼이 육체로부터 분리되어서 이리저리 방황한다면, 잘게 조각냄이란 바로 죽음을 의미한다는 것이다. 그렇기 때문에 이집트의 사자(死者)숭배에서는 미라 만들기를 통해서 재통합의 가능성을 열어 두기 위해 모든 수단을 다 동원하였던 것이다. 디오니소스 신화에서 조각내는 일을 벌이는 주체는 아주 오래된 태곳적 신 티탄인데, 이들의 조각냄은 정신적 죽음, 정신적 분리과정을 가리키기도 한다. 이는 거꾸로 제우스에 의해서 사지가 다시 접합되는 것이 혼의 재통합을 암시하는 것과 같다.

그러므로 결국 핵심 문제는 항상 구원(救援), 성스러운 것과의 만남을 통한 구원이다. 따라서 입문의식을 통해서는 인간의 새로운 존재 상태를 불러내야 했고, 새로운 인간을 만들어야 했다. 그런데 이 존재 상태는 오직 단계적 과정을 통해서만 성취될 수 있었다. 이 과정은 항상 적어도 두 개의 연속적 단계를 포함한다. 첫 번째 단계 또는 단계들은 어떤 깊은 지점으로 끌고 가는 것이었다. 이 지점에서 입문자는 옛 자신을 포기해야 했고, 이는 자기를 희생하는 의식이나 고통스러운 의례를 통해서, 또는 아예 상징적인 죽음을 통해서 이루어졌다.

그러므로 입문자들의 정신적 움직임은 처음에는 항상 밑으로 내려가는 것이었는데, 그 이유는 그다음에 몇 개의 단계를 거쳐서 출발지점의 수준에 도달하기 위해서였다. 미트라스 비교(Mithras-mysterien)의 입문의식에서는, 일곱 개의 입문등급을 거쳐서 새로운 인간으로 단계적으로 발전해 가는 과정이 일곱 종류의 금속 — 여러 행성 및 신성과 결부된 — 의 단으로 이루어진 사다리로 상징된다. 이 단은 아래에서 위의 방향으로 납, 주석, 청동(구리로 볼 수 있는), 철, 합금[엘렉트론(elektron)일 듯한], 은, 그리고 금으로 되어 있었던 것 같다.

여기서 우리의 흥미를 끄는 모든 비교 입문의 최고지점은, 동시에 더 높은 앎의 지점, 비밀스러운 계시의 지점 — 입문자를 어떤 식으로든 그의 신과 하나로 만드는 — 이라는 것이다. 이는, 이 입문이 연속적 과정 속에서 도달되었든 수년에 걸친 발달과정 속에서 도달되었든 어느 경우나 상관없다. 그런데 이는, 입문자가 이제 다른 새롭고 성스러운 텍스트나 문장을 전보다 더 많이 알게 되었음을 반드시 의미하는 것은 아니다. 오히려 그가 전에 알고 있던 것이 그의 새로운 체험 속에서 신의 극(劇)의 실제 의미를 계시하는 것으로 나타났을 가능성이 아주 높다. 입문의 지적 열매를 보여 주는 것이 불가능한 이유는 바로 그 때문이다. 말할 것이 아무것도 없었던 것이다. 루트비히 비트겐슈타인은 이렇게 말한다.

"물론 이야기될 수 없는 것이 있다. 그것이 비교적인 것이다." 그리고 또 "이야기할 수 없는 것에 대해서는 침묵해야 한다."[(문장 6.522, 문장 7) Wittg. 189][64]

체념 상태에서? 또는 희망에 가득 차서?

---

64 Wittg.는 Wittgenstein의 약어이다.

16. 창조의 신: 프타

이 침묵 때문에 이제 우리가 연금술을 둘러싼 종교적 환경으로부터 떠나야 하는 것은 아니다. 우리는 조시모스의 텍스트에서 언급되는 두 신들에게도 주의를 기울여야 한다. 바로 프타(Ptah)와 헤르메스이다. 프타의 신전은 금을 만드는 예술의 중심으로 기록되었고, 헤르메스는 말할 것도 없이 헤르메스 트리스메기스토스(Hermes Trismegistos)라는 연금술사의 수호신이 되었다.

프타는 독특한 신이다. 그는 인간의 모습을 하고 등장하는데, 이는 우리가 제국의 옛 수도 멤피스를 방문하면 확신할 수 있다. 이 점에서 그는 다른 많은 이집트 신들과 구별된다. 그러나 그의 형상은 죽은 자의 육체처럼 미라 붕대로 감겨 있다. 다른 변형본에서 프타는 아이 형상에 수염을 기른 흉측한 난쟁이로 나타난다. 나는 그의 아이 육체가 아직 다 자라지 않은 것, 완성되지 않은 것 속에 들어 있는 창조능력을 인격화한 것이라고 추측한다. 이는, 죽음 속에서 제대로 그리고 적절하게 완성된 것이 아닌 생명을 추구하는 그의 미라 육신이 아직 완성되지 않은 것, 새로운 시작을 나타내는 것과 똑같다. 프타의 성스러운 동물은 아피스(apis, 황소)인데, 이 황소는 또한 그의 전령(傳令)이다. 이 황소는 창조적 다산성의 상징으로서 새로운 이집트-그리스의 제국신인 세라피스와도 밀접하게 연결되어 있다. 성서의 신과 같이 **창조의 언어와 손의 작업**을 통해서 세계를 탄생시키는 세계 건설자인 창조신 프타는 또한 수공업 기술의 신, 즉 문명 전달자이기도 하다. 내가 보기에, 완성되지 않은 또는 죽어서 굳어 버린 육체를 지닌 프타는, 그리스 신들 중에서 그와 유사한 불구의 헤파이스토스(Hephaistos)와 아주 똑같이, 문명 전달자의 의심스러운 면, 즉 겉보기에 조화롭지 않은 면 — 이에 대해서는 자연이 상당 부분을 보충해 준다 — 을 지녔다. 게다가 또 우리의 평화로운 수공업자 신은 사자 머리를 한 야성적이고 위험한 자연신 사크메트(Sachmet)[65]와 꽤 흥미로운 결혼생활을 한다. 문명을 망치는 일을 거듭해서 일으키는 그녀는, 프타에게 그의 작업의 비극적 불안정성을 분명하게 깨닫도록 해 주었다.(63)

그리스인들은 그들의 프타인 헤파이스토스신, 불과 대장장이와 숙련기술의 신을 비슷한 시각에서 바라보았다. 이는 단지 그의 장애, 그리고 그의 아내인 아프로디테 속에 육화되어 있는 **자연스럽고** 천진한 미에 대한 그의 불행한 관계만 생각해도 잘 알 수 있다. 그런데 아프로디테는 잘 알려져 있듯이 다른 신도 아닌 전쟁의 신 아레스와 바람을 피운다.

이집트적 프타나 그리스적 프타가 아주 흥미롭다고 하더라도, 우리는 주로 그것 때문에 그의 신전을 방문하는 것은 아니다. 오히려 그를 위해서 일하는 야금(冶金)쟁이, 금속 용융(鎔融)쟁이, 대장장이, 그리고 금은세공사 때문에 방문하는 것인데, 이들의 작업장은 석공이 일하는 많은 작업장 옆에 있다.

신전 마당 중 한 곳에서 우리는 작은 도가니와 화로 앞에 쪼그리고 앉아 있는 장정들을 발견한다. 이들은 은과 금을 만드는 전문인이다.

---

[65] 이집트 신화에 나오는 사자 형상을 한 여신. Sakhmet, Sechmet, Sekhmet로도 표기한다.

그런데 이는, 이들이 천연의 은과 천연의 금에 첨가물을 넣거나 넣지 않은 채로 녹여서 정화하는 작업을 한다는 것을 의미할 뿐만 아니라, 처음에는 은이나 금으로 보이지 않던 금속이나 금속혼합물을 귀금속으로 변환시킨다는 것도 의미한다. 그들은 카드미아(*Kadmia*, 아연광석)로 희게 함으로써 은을 얻었고, 노랗게 만들기에 의한 금 생산을 위해 연금술에서 대단히 중요한 진사(*Zinnober*), 즉 붉은 황화 제이수은(HgS)을 사용했다.

옆의 마당에서 우리는 용융쟁이와 마주치는데, 이들은 고관절 정도 높이의 봉우리 앞에 무릎을 꿇고 앉아 있다. 이들 봉우리는 알려져 있듯이 목탄과 광석과 용제가 우리가 모르는 비율로 채워져 있다. 우리는 그들의 활동의 산물, 즉 우리가 이집트로부터 알게 된 여러 가지 금속과 합금으로부터 다음 사실을 알아낼 수 있다. 즉, 이들 야금쟁이가 높은 기술적 능력을 지니고 있었고, 산화용융과 환원용융을 수행할 수 있었으며, 특정한 성질을 지닌 금속과 금속혼합물을 의도한 대로 만들어 낼 수 있었다는 것이다.

이들 용융쟁이가 프타의 신전에서 얼마나 침착하고 능숙하게 화로를 다루는지를 보면, 우리는 이 사람들이 본래는 우리와 똑같지만, 단지 훨씬 무지하고 따라서 어딘지 모르게 단순할 뿐인데, 그렇지만 약간이 '개발원조'를 해 주면 그것이 극복될 수 있다고 믿고 싶은 유혹에 빠진다. 그런데 이보다 더 틀린 생각은 없을 것이다.

태고의 사람들은 우리보다 생각을 덜 했거나 단순하게 생각하지 않았다. 그들은 다르게 생각했을 뿐이다.(64) 그리고 이는, 자기들이 신 — 역사 저편의 시대(*in illo tempore*)에 그들의 선조에게 모든 기술적 지식을 시범을 통해서 전달해 준 — 의 작업에 참여하는 공동 작업자라는 자기이해의 경우에만 해당되는 것이 아니라, 일반적으로 태곳적 인간의 환경과의 관계에도 해당된다.

그런데 거칠게 말하면, 나(Ich)라는 인간이 환경 또는 환경의 일부에 대해서 갖는 이상형적인 기본 태도는 세 가지로 정리해 볼 수 있다. 우리는 이것을 나라는 인칭대명사가 다른 인칭대명사들에 대해서 갖는 관계 속에서 아주 분명하게 드러낼 수 있다. 현대적 지성에게 현상들의 세계는 그것(Es)이다. 그러므로 그들은 세계를 3인칭으로 본다. 이와 반대로 태곳적 인간에게 세계는 너(Du)이다.

이것 말고 또 세 번째 태도가 있는데, 이것은 근본적으로 나에 대한 나의 관계이다.(65) 이 관계는 직관적이고, 언어로 파악하기 어려우며, 그렇기 때문에 시인의 영역으로 간주된다. 우리가 사랑하는 존재와 함께 감정을 나눈다면, 우리는 어느 정도는 그 존재가 된다.(66) 엄밀하게 따지면, 우리가 그 존재 속으로 옮겨 갔다고 말할 수도 없다. 옮겨 간다는 것은 우리가 실제로는 전혀 일으킬 수도 없고, 그러려고 하지도 않는 의지적 행동을 가정하는 것이기 때문일 것이다. 실제로는 우리가 우리의 감정에 **압도되는** 것이다.

반면에 그것(Es)에 대한 우리 태도의 경우, 우리는 능동적이다. 우리는 대상화하고, 우리는 고립시키고, 우리는 우리 앞의 대상을 대상이라고 판정한다. 우리는 이 대상을 냉정하게, 다시 말하면 순전히 사고력을 통해서 가능한 한 어떤 감정의 개입도 없이 다른 대상들과의 관계 속에 집어넣으려고 시도한다.

우리가 취하는 세 번째 행동방식은 결국 우리가 너와 마주하는 방식으로부터 나오는 것이다. 이것은 수동성과 능동성 사이의 중간지점으로부터 나온다. 즉, 우리는 감정적인 '누르고-들어옴'(Ein-Druck)에 압도되기는 하지만,[66] 이 인상(Eindruck)은 우리를 판단과 행동으로 이끈다. 여기서 우리에게는 그게 아주 낯설게 보일 수도 있겠지만, 실제로는 그렇게 낯선 것이 아니다. 왜냐하면 나-너 관계 속에서 일어나는 일은, 생명체를 상대로 우리가 취하는 정상적인 행동에 부합하는 것이기 때문이다.(67)

그런데 만일 우리가, 태곳적 인간의 사고와 감정이 대체로 나-너 관계 속에서 움직였다고 가정한다면, 우리는 그의 세계에서는 모든 것이 살아 있었다는 점을 자명한 것으로 받아들여야 할 것이다. 신, 동물, 식물도 살아 있었지만, 또한 그를 비틀거리게 만든 돌부리도 살아 있었다. 우리가 오늘날 컴퓨터가 어부의 아내 '데 일제빌'(de Ilsebill)[67]처럼 "내가 하자는 대로" 하지 않으려고 할 때 불평하는 것과 마찬가지로 태고 시대 인간이 불평해 댄 그 돌도 살아 있었던 것이다. 여기서 살아 있음은 의지와 행동할 가능성을 지니고 있음을 의미한다. 그러므로 태고의 인간을 비틀거리게 만든 이 돌부리는 인상과 행동, 감정과 오성(悟性)의 극적인 상호작용 — 우리가 정말 글자 그대로의 의미에서 체험(Er-leb-nis)[68]이라고 부를 수 있는 — 속에서 자기

---

66 독일어 'Eindruck'은 대체로 '인상'으로 번역된다. 그러나 이 단어는 'Ein'(들어옴)과 'Druck'(누름)의 조합으로 되어 있고, 둘의 의미를 강조하기 위해 저자는 둘을 의도적으로 떼어 놓았다.
67 그림 형제의 동화집에 실려 있는 〈어부와 아내〉에 나오는 어부의 아내.

배역을 하는 것이다. 그런데 체험은 엄밀하게 말하면 단 한 번 있는 것이고, 공간과 시간 속에서 반복이 불가능하다. 물론 우리가 많은 체험을 일종의 반복되는 것으로 만들 수 있고, 그럼으로써 체험으로부터 시간성을 빼앗을 수는 있다. 이러한 일은 태고의 축제제의에서도 일어났고, 글로 고정된 말, 외워진 말, 기록된 말에서도 일어나며, 과학 실험에서도 일어난다.

또 하나 덧붙일 것은, 이 체험의 강도는 객관적 여건이 아니라 감정 — 이것을 가지고 우리가 여건에 대해 반응하는 — 에 의해서 규정된다는 것이다. 이는 사랑을 하지 않는 사람에게는 사랑이 객관적으로 진부한 것이라는 점만 생각해 보면 알 수 있고, 또한 우리가 아무것도 느끼지 않으면 아무것도 계시해 주지 않는 비교의 계시에 대해서 생각해 보아도 잘 알 수 있다.

태고의 모든 수공업 행위와 마찬가지로 옛 야금쟁이의 활동도 체험적 특징을 지니고 있었기 때문에, 그들의 활동도 말할 것 없이 살아 있는 것, 성스러운 것, 그리고 동시에 구체적인 것의 세계에서 벌어졌다. 그런데 그것은 또한 연금술사의 세계이고, 그렇기 때문에 태고 시대 야금쟁이의 문제는 연금술의 문제 속에 반영되어 나타나는 경향을 보인다. 이 문제는 특별히 기술적인 것은 아니었다. 그것은 구체적으로 영적인 성질의 것이었다. 여기서 구체적이란, 그 문제들이 정말 생명을 위협하는 현실성을 지녔음을 의미한다. 이는 태고 세계의 광산

---

68 독일어에서 'leben'은 생명을 가지고 산다는 의미를 지니고 있다. 저자는 여기서 살아 있음을 강조하기 위해 음절을 떼어 놓았다.

쟁이와 야금쟁이 모두에게 해당되는 것이었고, 이때 그들이 이집트인이거나 메소포타미아인이라는 것은 아무 상관이 없었다. 물론 우리는 나일강 변 야금쟁이의 정화의식보다 그들의 메소포타미아 동료의 정화의식에 대해서 더 잘 알고 있고, 당연히 그들의 생각에 대해서도 더 잘 알고 있다.

메소포타미아의 광부가 광석을 캐냈다면, 그는 글자 그대로의 의미에서 지구 속으로 간섭해 들어간 것이고, 그럼으로써 인간에게 속하지 않은 생명 영역인 지하 세계를 간섭한 것이다. 그는 초월적인 것 속으로 침입한 것이다. 그런데 이때, 야금쟁이들이 처음에는 광석을 금속을 내놓는 광물로 보았다가 그다음에는 부가적으로 그리고 나중에 가서야 이 광석들을 그들의 종교적 세계이해의 요소들과 연결시키려고 한 것은 아니다. 야금쟁이들은 처음부터 광석을 신의 육신의 일부 또는 신의 몸의 열매로 보았고, 또 동시에 광물로 보았다. 광물이 지닌 모든 고귀한 의미는 그냥 감지하는 행위를 통해 인지되었다. 그 의미를 인식하기 위해서 의식적, 부차적 사고과정을 거쳐야 할 필요가 없었던 것이다. 그러므로 현실유비는 다소 느슨한 상응관계에 기초하는 것이 아니라, 이것과 저것 속에 들어 있는 정체성에 기초한다.

말하자면 신전의 신과 용광로의 신은 동일한 것이다. 지구의 어두운 품 — 그 속으로부터 광부가 광석을 땅 위로 캐 올리는 — 은 신적인 어머니 지구의 품을 의미했을 뿐만 아니라 바로 그 품이었으며, 그녀 품속의 광석들은 그녀의 태어나지 않은 자식들이었다. 우리 시대에 이르기까지도, 광부들은 광석과 광물이 산속에서 양적으로는 물론이고 질적으로도 성장한다고 믿었다. 우리 산업사회의 나쁜 공기 속에서 석고 결정이 어떻게 몇 주 안에 사암으로 자라나는지 한 번이라도 관찰해 본 사람이라면, 광부들이 광석을 광산 속에서 증식하고 성숙시키기 위해서 광산을 때때로 폐쇄했다는 사실을 터무니없는 짓으로 보지는 않을 것이다. 우리 가운데에는 널리 알려진 광부의 노래에 나오는 다음 구절을 기억하는 사람도 있을 것이다.

"전나무를 푸르게 하고, / 광석이 자라게 하소서 / 하나님 우리 모두에게 / 유쾌한 마음을 주소서."

그러나 이 모든 유쾌함에도 불구하고 태고의 야금쟁이는, 그가 자기 행위를 통해서 위대한 여신으로부터 그녀의 아이들을 빼앗음으로써 성스러운 자연의 숨겨진 성장과정을 폭력적으로 중단시켰다는 것을 알고 있었다. 그렇지만 그는 이 무서운 불경에 대해서 변론할 수 있었다. 즉, 그는 아주 특정한 종교적 이해 안에서 행동함으로써 여신과 자기 자신에게 자기의 정당함을 보일 수 있었던 것이다.

이 이해에 따르면 그의 용광로는 흙으로 만들어진 벌통 비슷한 구조물이었을 뿐만 아니라 자궁이기도 했다. 배아는 이 자궁 속에서 성장으로 나아가도록 자극받거나 아예 처음으로 잉태되었고, 그다음에 성숙에 도달했다. 어떤 설형문자 텍스트들에서는 광석을 터놓고 배아라고 표현하기까지 한다. 또한 남성으로 여겨졌던 광석이나 금속과 여성으로 여겨졌던 광석이나 금속들은 서로 혼합되기도 했다. 그래서 야금쟁이는 이 용융 과정을 금속들의 결혼식이라고 표현하기도 했다. 예를 들어서 철은 남성이었는데, 그 이유는 하늘의 신이 지구를 임신시키기 위해서 뇌우(雷雨)가 광포하게 날뛰는 가운데 그것을 유성의 형태로 만들어서 지구로 내던졌기 때문이다. 금도 물론 마찬가지로 남성이었다. 왜냐하면 금은 그 속에 태양, 즉 태양신을 가지고 있었기 때문이다. 은과 납은 반대로 여성이었다.

이제 야금쟁이가 결혼식을 완수하면, 그다음에 그가 배아를 용광로의 자궁 속에서 성장하도록 하면, 그리고 마지막으로 금속을 용광로부터 꺼내면, 그는 자연의 공동작업자로서 행동한 것이다. 그는 간섭을 통해 금속들의 성숙을 촉진함으로써 지구여신의 분만이 촉진되도록 도와준 산파(産婆)였던 것이다. 이로써 그는 세계창조자의 작업을 모방했고, 동시에 자연을 상대로 구원자의 역할을 넘겨받았다. 그 작업은 구원자 역할 이외의 다른 것이 될 수도 없었고, 그렇게 되어서도 안 되었다.

야금쟁이는 여신이 그의 도움을 원했다고 전제할 수 있어야만 했다. 그리고 그는, 여신의 임신을 단축시킨 그의 행위가 적어도 여신의 마음에 들었다고 전제할 수 있어야만 했다. 여신은, 야금쟁이가 그녀를 상대로 시간의 역할을 넘겨받는 것을 허락해야 했다.

간단히 말하면, 태고의 야금쟁이가 보기에 질료는 **구원받을 필요가 있는** 것이다. 그리고 그, 인간인 그는 그것의 **구원자**이다. 그러나 그는, 오직 그가 신들의 작업을 따라 하고, 그것을 **모방하기** 때문에 구원자일 수 있다. 그는 자연이 하는 일 이외의 일은 전혀 하지 않는다. 자연의 목표가 그의 목표다. 자연은 그를 필요로 한다. 그의 도움으로 자연은 자기가 추구하는 것에 도달할 수 있기 때문이다. 물론 이는 '자연과의 조화' 같은 신낭만주의적 알랑거림과는 눈곱만큼도 공통적인 것이 없다. 그러므로 야금학적 과정은 근본적으로 목표지향적인 것이고, 더 나은, 살아 있는 더 나은 것이라는 목표를 향한 것이다.

생성과 자연의 창조를 모방하는 자는 길을 갈 때 절대 되돌아가서도 안 되고, 어떤 단계의 화학 반응을 틀린 방향을 향해서 수행해서도 절대 안 된다. 이로 인한 모독은 어쩌면 신에 대한 모독보다 조금도 덜하지 않을 것이다. 연금술과 관련해서 우리가 유의해야 할 점은, 태고의 야금술에서 모방이란 최종산물의 모방만을 의미하지 않았고, 최종산물로 이끌어가는 과정의 모방도 의미했다는 것이다.

방금 이야기한 것은 메소포타미아의 야금쟁이에게만 해당되는 것이 아니다. 그것은 이집트의 야금쟁이에게도 해당된다. 물론 고대 이집트의 많은 천문학 중 어느 천문학에서는 하늘(Nut)이 여성으로, 그리고 지구(Geb)는 — 아마 나일강이 정자를 가득 실어 나르기 때문일 터인데 — 남성으로 여겨졌다. 그러나 광석을 품은 산들은 특정한 남신과 여신에게 속해 있는데, 이 신들은 광석이 그곳에서 온전히 생물학적인 방식으로 성장하게 해 준다. 그런데 이때 광석은 가끔 신의 체액으로 여겨지기도 했다. 이 모든 것은, 우리가 '자연'을 여성적인 것으로 보는 방향으로 기울 때 조심해야 한다고 경고한다. 연금술사들이 보기에도 지구여신이 존재할 수는 있다. 하지만 '어머니 자연'은 없다. 이들의 자연을 이루는 것 중에는 대우주와 소우주의 상호작용 속에 들어 있는 하늘도 있었다. 그리고 또 자연 — '만들어 내어놓는 것'으로서의 — 에는 모든 남성적인 것과 모든 여성적인 것이 상보적 방식으로 함께 존재했다.

연금술의 시각에서 볼 때는 동일한 광물이 어떤 때는 남성이고 어떤 때는 여성일 수도 있었다. 그렇지만, 자연이 남신이든 여신이든 이에 상관없이, 이집트의 광부도 그가 숨겨진 성장과정을 중지시켰을 때 자신이 신성모독을 저질렀다는 사실을 알고 있었고, 그 또한 자기가 자연의 신적인 작업의 조력자라는 주장을 폄으로써 자신을 보호했다.

그런데 자연과정의 최종산물은 무엇일까? 여신은 무엇을 하고 싶어 하는 걸까? 그녀는 검은 광석을 가지고 반짝이는 금속을 만들고자 한다. 그리고 마지막에는 모든 금속으로 금을 만들어 내려고 한다. 다른 모든 금속은 지구의 육신 속에서 종국에는 금이 될 미완의 금이다. 왜냐하면 오직 금만이 어머니의 육신 같은 육신이기 때문이다. 다시 말하면, 신과 같고 불사(不死)이기 때문이다. 세속의 모든 것 중에서 오직 금만 녹슮과 죽음과 부패에 의해서 공격당하지 않는다. 그것은 시간과 시간성(Zeitlichkeit)으로부터 해방되어 있다. 지구의 모든 자식들 중에서 금만이 불사이다.

이것이 바로 금의 신왕(神王)인 엘 도라도(El Dorado)[69] 신화의 배경이고, 이것이 또한 포트 녹스(Fort Knox)[70]나 스위스 금고에서 어른거리며 흘러나오는 금 준비금(Golddeckung) 신화의 배경으로 존재한다.

태고의 야금쟁이들은 금속이 금으로 계속 성숙해 가는 것을 촉진하려는 시도는 하지 않았던 것 같다. 아마 그들도 각각의 금속을 '탄생시키는 것'이 발달의 종점이라고 생각했기 때문일 것이고, 그렇게 생가

---

69 16세기 무렵에 라틴아메리카(콜롬비아)에서 만들어진 신화에 나오는 금의 도시를 말한다.
70 일반적으로 미국정부 보유의 금이 저장되어 있는 곳을 가리킨다.

한 이유는 또한 금속들을 '더 좋게 만들려'는 상당히 많은 노력에도 불구하고 기술적 가능성이 제한되어 있었기 때문일 것이다. 이곳은 분명히 느낌, 의지, 능력의 회색지대이다. 반면에 연금술사의 경우 우리가 아주 확실하게 알 수 있는 것은, 그들이 이 금속에서 저 금속으로 계속 올라가서 고귀한 금속에 도달하려고 했고, 이때에도 여신의 작업을 모방하려고 했다는 것이다.

그렇지만 왜 금에서 멈추지 않았을까? 왜 연금술사는 금을 넘어가려고 했을까?

이에 대한 조심스러운 답은 아마 다음과 같을 것이다.

어느 누가 언젠가 역사의 어둠 속에서 금의 비밀에 대해서 명상하던 가운데, 고대 야금쟁이의 사고를 뛰어넘는, 전혀 비이성적이지 않은 발걸음을 내디딘 것이다. 금은 수동적인 것이고, 잠자는 존재 같은 것이고, 잠에서 깨지 않은 신과 같은 것이다. 그러므로 지구와 태양의 본래의 아들은 금보다 더 나은 것이어야 한다. **그는** 진정으로 신적인 것, 진정으로 성스러운 것을 대표해야만 하는 것이다. 그는 살아 있어야 하고, 게다가 **능동적으로** 살아 있어야 한다. 그리고 동시에 그는 시간의 제한을 받지 않아야 하고, 죽지 않아야 하며, 지구가 만들어 내놓을 수 있었던 최고의 것, 가장 완전한 것으로서 완성되어야 한다. 그러므로 구원받은 상태인 그는, 다른 질료를 구원할 수 있을 것이 분명하다. 연금술사들이 계속해서 그들 활동의 근거로 제시한 것은, 암묵적으로 태고의 지혜(*Prisca sapientia*)의 중심을 형성하고 있는 바로 이 '현자의 돌'에 관한 착상이다.

그러나 광석들을 생물체로 여기는 태고 시대 야금술의 비교(秘敎)가, 고대 후기, 그러니까 플라톤의 〈대화편〉들, 아리스토텔레스의 저작들, 에우클레이데스의 《수학 원론》, 클라우디오스 프톨레마이오스의 천문학과 지리학에 관한 위대한 저작들이 기본 학습교재였던 시기에 와서야 생성된 연금술에 대해 의미 있는 것이 될 수 있을까? 연금술 자신은 어떤 신과 그 신의 아주 오래된 지혜의 가르침을 끌어 옴으로써 그렇다고 대답한다.

17. 세 제국에 있는 신: 헤르메스

연금술(鍊金術)에서 자신들의 신이라고 주장하는 신은 헤르메스 트리스메기스토스, 즉 세 배로 위대한 헤르메스이다. 우리는 아마 헤르메스를 단지 신들의 심부름꾼으로만, 아니면 가축 무리, 은밀히 사랑에 빠진 자들, 도둑들 그리고 또한 상인들의 — 얼마나 교활한 심리술인가 — 수호자로만 알고 있을 것이다. 그러나 그는 한편으로는 주목할 만한 수준의 연금술 대가이기도 했다.

조시모스는, 분명히 하나의 역사적 인물이었고 그 밖에 많은 연금술 대가들 중 하나였을 뿐인 연금술사 헤르메스를, 금속의 변환에 관한 광범위한 저작들을 저술한 성스러운 예술[71]의 명인으로 표현한다.(68) 연금술 문헌에는 그가 말했다고 하는 지혜의 잠언과 실질적 조언이 여기저기 흩어져 있다. 그는 은과 금의 기초물질이 이미 철학자의 알 속에 들어 있다고 주장했는데, 여기서 알이라는 말은 테트라소미에(Tetrasomie), 즉 제일질료의 의미로 사용되었다. 반면, 나중에 작성된 시리아 필기본에서 그는 제일질료를 수은(Mercurius)으로 이해해야 한다고 암시했는데, 이는 수은의 변환능력 때문이다.

우리 연금술사의 이름은 메르쿠르(Merkur) 신과 그의 행성들 사이의 대우주-소우주 관계뿐만 아니라, 신과 그의 금속 사이의 대우주-소우주 관계를 상징적으로 나타낸다. 불안정하고, 변화가 심한 행성인 수성(Merkur)과 결합된 수은은 다른 금속과 아말감을 형성하여 그

---

71 여기서 성스러운 예술은 연금술을 가리킨다.

것들을 변환시키는 놀라운 성질을 지닌다. 그뿐 아니라 아주 다양한 비금속성 질료 속에 — 우리라면 '수은화합물 속에'라고 말할 텐데 — 숨어 있고, 그들 사이에서 옮겨 다닐 수 있다.

그런데 연금술사 헤르메스는 **모든** 금속을 새로운 금속 생명으로 소생시키기 위해 그것을 비금속적인 것으로 만들라고 요구했다. "왜냐하면 네가 고체로부터 고체적 성질을 벗겨 내지 않으면 [다시 말하면 그것들로부터 소마(*Soma*)의 특성을 빼앗지 않으면], 그리고 네가 비고체적 물질들에게 고체적 성질을 부여하지 않으면, 네가 기대하는 어떤 일도 일어나지 않을 것이기 때문이다."[Berth. (2) III, 124]

연금술의 전통에서는 헤르메스가 그의 저작을 판에 써 놓았다고 주장한다. 이 판 중에서 두 개가 시간을 이겨 내고 살아남았는데, 하나는《멤피스 판》이고, 또 하나는 유명한《에메랄드 판》(*Tabula Smaragdina*)이다. 도시 근처의 어떤 바위에서 발견되었다고 하는《멤피스 판》에는 이런 글이 새겨져 있다.

"하늘 위, 하늘 아래; 별들 위, 별들 아래; 모든 것은 위이고, 모든 것이 아래이다; 이것을 그대로 받아들여라, 이것이 너에게 행운을 가져온다."(Lipp. I, 57)[72]

이 금언이 실제로 행운을 가져왔는지에 대해서는 상관하지 말자. 어찌되었건 그것은 연금술 과정에서 증류(蒸溜)가 지닌 대단히 큰 의미를 언급한 것처럼 보인다.

헤르메스가 남겼다고 하는 두 번째 판에 새겨진 글은 〈멤피스 판〉

---

[72] Lipp.는 Lippmann의 약어이다.

이 본래 의미하는 것을 짤막하게 표현한 것으로 읽힐 수도 있지만, 또한 신앙고백으로도 읽힐 수 있다. 그렇지만 신앙고백을 다루기 전에 우리가 먼저 해야 할 일이 있다. 바로 연금술사가 아니라, 이 고백이 바쳐진 신에 대해서 더 많이 알아보는 것이다.

다양한 종교와 철학이 뒤섞여 있던 이집트 후기에 흔히 그랬듯이, 우리 앞의 헤르메스 속에는 이중의 신(神)이 들어 있다. 나라 한가운데 있는 우리는, 우리 신의 도시 헤르모폴리스(Hermopolis)[73]의 주신전에서 우리에게 낯익은 헤르메스, 즉 날개 달린 샌들을 신고, 머리에는 투구나 여행 모자를 쓰고, 손에는 서로 감겨 있는 뱀 형상이 달린 지팡이 카두케우스(Caduceus)를 지니고 있고, 그것으로 건드리는 모든 것을 금으로 변환하고, 또 그것으로 인간의 꿈을 다스리고, 게다가 — 자칼 머리를 한 죽은 자의 신 아누비스(Anubis)[74]처럼 — 죽은 자들의 혼이 저승으로 가고 있을 때 마법을 걸어 그들을 불러내는, 소년 같은 신 헤르메스를 거의 보지 못할 것이다.(69) 우리는 이비스의 머리를 지닌, 또는 비비원숭이 형상을 한 이집트인의 신 토트(Thot)를 떠올릴 준비가 되어 있어야 하는데, 이 신은 거의 언제나 새 머리 내지 원숭이 형상을 하고 있다는 특징 외에도 그 손에 서판과 서필을 지니고 있는 것으로 묘사되고 있다.

토트는 원래 달의 신이었다. 이는 그가 항상 머리장식으로 달고 다

---

73 고대 이집트에 존재했던 도시. 그리스어로 '토트의 도시'를 뜻한다.
74 이집트 신화에 나오는, 죽은 자를 위한 의식을 행하는 신.

니는 달 모양의 원판이 보여 준다. 그러나 그는 무엇보다도 언어와 기록의 신으로 여겨졌다. 왜냐하면 그는 성스러운 기호인 상형문자를 발명했기 때문이다.(70) 게다가 그는, 사회적 질서 — 이집트에서는 서기(書記)로부터 기인한 — 의 창설자인데, 이는 분명히 그의 발명 재능과 밀접하게 연결되어 있다. 그 밖에 그는 공포스러운 마법사이기도 했는데, 이는 문자가 가진 마법적 기능에 기인하는 것이다. 또 한 가지 빠뜨릴 수 없는 것은, 그가 신들 사이에서 가장 중요한 조언자였다는 점이다.(71)

외형상으로 어떻게 소개되었는지와는 상관없이, 토트-헤르메스는 우주의 세 영역, 즉 신들의 하늘, 인간세계, 그리고 죽은 자의 나라를 모두 돌아다니는 신이다. 그는 규정이 불가능한 존재이고, 도처에서 움직여 다니고, 지구의 빛 속에서뿐만 아니라 꿈과 죽음의 어두운 나라에서, '발자국 소리도 없이' 이번에는 여기에 그리고 다음에는 저기에 나타나는 존재이다. 그는 어느 곳에든지 들어가고, 모든 것을 통과한다. 옛날부터 그리스의 집과 교차로 앞에 헤르메스를 나타내는 남근으로 장식된 기둥이 서 있었던 것은 우연의 산물이 아니다.

쉬지 않고 돌아다닌다는 측면에서 그는 모든 행성 중에서 가장 빠른 그의 별 수성과 같고, 이 행성의 지구 쪽 짝인 수은 — 당시에 알려진 모든 금속 중에서 가장 운동성이 강하고 결합하기 좋아하는 — 과도 같다. 그리고 그 자신도 영과 질료 사이의 중재자, 질료를 도깨비처럼 운동하게 만들 수 있는 술책가이다.

계략으로 가득한 헤르메스는 또한 금속의 주인이고, 그렇기 때문에 절반은 화학자이다. 그뿐 아니라 그는 실질적, 기술적 이해력도 뛰어나다. 그는 마찰로 불을 지피는 기술과 칠현금(Leier)을 발명했다. 그런데 이 칠현금을 통해서 그의 술수 — 기술(techne)도 술수로 불리는데 — 는 모든 예술 중에서 가장 신비로운 음악, 모든 거리를 극복하며 방랑하는 음악과 만난다. 그러나 그는 또한 어둠의 지혜도 가지고 있다. 왜냐하면 그에게는 예언자의 능력이 있기 때문이다.

그래서 그가 한쪽에서는 술수와 이해력에서 탁월한 능력을 보인다면, 다른 한쪽에서는 비밀의 지식과 마법에서도 탁월한 것이다. 숨겨진 학문, 어두운 학문, 비의적 학문의 주인, 아니 모든 지혜의 주인인 그, 영원히 그토록 인간적인 사람들의 친구인 그, 사람들이 어두움 속에서 헤맬 때 그들을 자기 품에 넣어서 보호해 주는 그, 이런 그는 인간세계와 초월 영역 사이의 다리를 끊임없이 건너다니는 신이다.

이 모든 것이, '도대체 무엇 때문에 헤르메스가 연금술사, 아니 연금술의 신비스러운 아버지이자 원(元) 스승(Ur-lehrer) — 연금술 대가들의 눈에 그렇게 여겨졌던 — 이 된 것일까'라는 물음에 대해 이미 절반의 답을 준다. 이는 그의 발명에 대한 깊은 경탄 때문만이 아니라, 탁월한 심리능력자, 혼의 안내자인 이 헤르메스를 통해서 거의 밝혀낼 수 없는 비밀 속으로 들어가게 되리라는 희망 때문인 것이 분명하다. 그런데 이 비밀은 '현자의 돌' — 저 모순에 찬 변환물질, 그 속에서는 질료가 질료이기를 그만두지 않고도 자기 자신을 뛰어넘는 — 로 어느 정도 물질화되어 있는 것이다.

헤르메스는, 인간이 하늘과 지옥과 땅에서 유래한 — 그렇기 때문에 우주적인 — 복잡한 비밀의 혼돈 속을 통과해 가는 중에, 이 비밀을 파괴하지 않으면서 극복하도록 하기 위해, 길 — 연금술 대가가 방랑하며 다니는 — 안내를 한다.

그리스도교[75]도 헤르메스가 연금술에서 차지하는 탁월한 위치를 조금도 바꾸어 놓지 못했다. 연금술 대가들은 근대에 이르기까지도 헤르메스적 수은의 매혹적 능력에 대해서 이야기했을 뿐만 아니라, 헤르메스의 지혜 자체에 대해서도 언급했다. 그들은 이러한 일을 아무런 위험부담 없이 할 수 있었다. 그 이유는, 헤르메스가 신이 아니라 문화권력으로서 유일신주의의 정복의 손을 벗어났기 때문이다. 아마 무엇보다도, 그에게 어떤 고정된 윤곽도 부여하지 못하게 하는 그의 혼란스러운 특성들이 그를 파악 불가능한 존재로 만들었을 것이고, 그가 새로운 종교에 의해서 사정없이 제거당하는 것을 막았을 것이다.

이와 동시에 또 — 특정한 종교적 신조와 전혀 상관없이 — 정의하기가 거의 불가능한 어떤 특정한 사고방식과 느낌의 방식이 이 옛 신 속에서 구체화되었던 것처럼 보인다. 그런데 이는, 그런 식으로 암호화되어 있기는 하지만, 또한 '신이던 헤르메스가 초세속적 비밀 지식을 추구하는 모든 인간들의 스승이 되었다'(72)는 말이 어떻게든 감각적으로 경험 가능하게 표현될 수 있도록 하기 위해서였다.

---

75 여기서는 독일어의 'Christentum'을 대체로 기독교가 아니라 그리스도교로 번역했다. 한국에서 기독교라는 말은 개신교를 연상시키기 때문이다. 그러나 형용사형에서는 기독교라는 말이 더 적당할 경우에는 기독교라고 번역하기도 했다.

이제 그는 무아의 경험을 하는 가운데 '불사(不死)의 육신' 속으로 들어가는 데 성공하는 아는 자(Wissender)가 된 것이다. 그는 서방교회의 락탄티우스(Lactantius)와 동방교회의 키릴로스(Kyrillos) 같은 몇몇 교부에 의해서 이용당하기도 했다. 그들은 자기의 목적을 위해서 헤르메스를 인간과 가장 가까운 신 — 그런데 그는 본래 그랬다 — 으로, 그리고 그리스도를 예감한 자, 암시한 자로 만든 것이다. 이들은 그리스도까지도 때때로 '신의 헤르메스'라고 표현했다. 그러나 이로써 우리는 연금술사 헤르메스와 올림포스의 신 헤르메스 다음의 세 번째 헤르메스, 즉 《헤르메스 전서》의 지혜로운 스승, 유명한 《코르푸스 헤르메티쿰》(Corpus hermeticum)[76]의 헤르메스를 만나게 된다.

근대까지도 《코르푸스 헤르메티쿰》은 아주 오래된 것, 영적으로는 그리스도교적이지만 생성된 시기는 그리스도 이전의 것으로 여겨졌다. 그리고 이 텍스트들 중 적어도 몇 개의 텍스트는 우리도 매혹시키는데, 이는 그것들이 시대를 초월한 인간 상황의 문제들을 다루는 고풍스럽고 독특한 방식에 기인한다. 실제로 이 문헌의 대부분은 연금술이 시작될 때와 대략 같은 시기에 작성되었다. 다시 말하면 기원후 처음 수백 년 동안 작성된 것인데, 이 시기는 실존적 불안이 온 나라에 퍼져 가던 시기이다. 이 불안은 새로운 신앙의 설교자, 특히 그리스도교 설교자의 조용한 발걸음에 의해서, 로마 관헌이 처음에는 거의 인지하지 못한 이 발걸음에 의해서 더 멀리 퍼져 나갔다.

---

[76] 저자가 Corpus Hermeticum을 독일어로 번역한 경우에는 《헤르메스 전서》로 번역했고, 번역하지 않고 그냥 둔 경우에는 《코르푸스 헤르메티쿰》으로 표기했다.

이 불안은, 수천 년에 걸쳐 피라미드의 눈총이나 세리의 눈총을 모두 침착하게 감수하는 데 익숙해져 있던 농민(Fellache)[77]의 가슴까지도 파먹어 갔다. 불안은 그들에게 자신의 존귀함을 깨닫고 비천함으로부터 구원받기를 희구하라고 가르쳤다. "신이시여, 당신 안에서 쉬게 될 때까지 우리 마음은 불안합니다!"라는 성 아우구스티누스의 목소리가 여기서 벌써 들리는 것 같다.

그런데《헤르메스 전서》또한 깊은 문화적 불안의 표현이다. 물론 우리가 이 문헌을 뒤적여 보면, 우리는 많은 경탄을 자아낸 이 전서의 기록이 모두 철학적 깊이를 지닌 것은 결코 아니라는 사실을 발견하고 놀라게 된다. 우리 눈앞에 있는 것은, 서로 아주 다른 텍스트들로서 그중에서 몇 개만 진짜 철학적-신학적 문제를 다루고 있다. 문헌의 더 큰 그룹 — 문헌학에서는 이것들이 3세기에서 4세기 사이에 출현했다고 이야기한다 — 은 신비적인 것, 점성술적인 것 그리고 비밀학문의 일반 내용을 상당히 대중적 형태로 제공하고 있다.

이 민속 지혜를 담은 텍스트의 개별 언명에 대해서 우리가 흥미를 가질 필요는 없다. 단지 그것이, 운명의 힘에 의해서 사람들이 공포 속으로 빠져 들어간 시대에, 자연의 비밀을 찾는 자에게 이 비밀을 드러내 주는 역할을 했다는 것을 아는 것만으로 충분하다. 그런데 여기서 자연의 비밀이란 여러 다른 우주적 존재 층위 사이의 유비와 공감 관계를 의미한다.

이러한 앎을 이용해서 연금술 대가는 우주적 존재들 속에 숨겨져

---

[77] Fellache는 이집트와 아라비아 농민을 의미한다.

있는 비밀스러운 힘을 이용할 수 있다. 핵심이 되는 것은 이 앎이다. 그런데 이 앎은 대단히 복합적인 공감·반감 관계의 그물망에 관한 지식이기 때문에, 신만이 이 앎을 가능하게 해줄 수 있다. 그렇기 때문에 텍스트들은 기도와 간구, 마술적 방법을 이용해서 자연의 힘을 끄집어내려는 시도로 가득 차 있다. 그런데 자연과 운명을 복종시키지는 못하더라도 영향을 미칠 수 있다는 바로 그 생각 속에서 대중적 헤르메스주의의 근원적 낙관주의가 드러난다. 게다가 헤르메스주의는 유일신적-범신론적이다. 다시 말하면, 모든 자연 현상 속에 유일신이 편재한다고 믿는 것이다. 우주는 신으로 편재해 있기 때문에 아름답고, 아름답기 때문에 선한 것이다.

이와 반대로 헤르메스 문헌의 두 번째 그룹은 — 개별 텍스트들 사이의 커다란 차이는 있지만 — 아주 다른 삶의 태도를 보여 준다. 이 그룹의 대화 또는 독백 속에는 헤르메스가 그의 제자인 타트(Tat — Thot? —)를 세계의 비밀 속으로 들여보내는 이야기가 나오는데, 이 이야기는 비관주의적이다. 거기에서는 일반적으로 세계를 그 뿌리부터 나쁜 것으로 여긴다.

"그것은 신의 작업물이 아니다. 어쨌든 첫 번째 신의 작업물은 아니다. 왜냐하면 이 첫 번째 신은 질료 저편, 아주 멀리 떨어진 곳에 있기 때문이다. 그는 그의 존재의 비밀 속에 숨겨져 있다."[Elia. (2) Ⅱ, 255][78]

---

[78] Elia.는 Eliade의 약어이다.

그러므로 사람들은 세계로부터 도망침으로써만 신에게 도달할 수 있다. 여기 아래[79]에서 사람들은 '외부인'처럼 행동해야 한다. 이 아래에 소속된《코르푸스 헤르메티쿰》의 문헌이라는 거울을 통해서 드러나는 것은 무엇보다도 세계에 대한 불안과 경멸이고, 세계로부터의 도주 가능성이다. 그런데 거기에서는, 하나의 신 또는 하나의 초인적 존재에 의해서 계시되고 비밀의 기호 형태로 전해진 원-학문(*Ur-Wissenschaft*)의 치유적 의미에 대한 언급이 거듭 등장한다.

---

79 지상세계를 말한다.

18. 그리스도교와 그노시스

《헤르메스 전서》가 연금술의 방법론, 이론, 실천에 직접 영향을 미쳤는지, 그리고 어떻게 영향을 미쳤는지에 대해서는 상관하지 말자. 그렇지만《헤르메스 전서》의 정신이 연금술에 깊이 각인되었다는 것은, 3배로 위대한 헤르메스가 연금술의 창시자로 여겨졌다는 사실에서 이미 드러난다. 이 정신, 적어도 세계비관주의적인《헤르메스 전서》 속의 정신은 그노시스(Gnosis)의 정신인데, 따라서 우리는 연금술사들이 그노시스주의자였는가 하는 물음을 피해 갈 수 없다.

여기서 그노시스란 종교적 가르침을 말하는데, 변형된 기독교의 모습을 지닌 이 가르침은 조시모스의 시대에 정통 기독교에 대한 중요한 반대운동으로 등장했다. 그노시스는 나중에 억압당했고, 4세기까지 간헐적으로 국가의 박해를 받기도 했다.(73) 모든 그노시스에 물든 문헌 — 비기독교적 문헌까지 포함해서 — 속에서 우리는 다음과 같은 기본 사상을 발견할 수 있다.

즉, 모든 엄격한 그노시스주의자들은 도덕적으로 평가받아야 할 이원론 — 신은 선하고 동시에 아주 멀리 떨어져 있으며, 세계는 어떤 식으로든 질서 잡힌 질료(Hyle)로서 현세적이거나 악하거나 적어도 구원 불가능한 것이면서도 동시에 슬프게도 너무 가까이 있다는 — 을 믿었던 것이다. 이로써 그노시스주의자들은 스토아주의나 신플라톤주의와 반대되는 입장을 취했는데, 신플라톤주의는 질료의 세계를 관념의 세계의 반대 축으로 보기는 했지만 그것이 원칙적으로 악하다고 보지는 않았다. 전형적 그노시스 종파들은 그들이 전제로 하는 세계의 악함이라는 문제를 선한 신에 대항하는 데미우르고스(Demiurgos)[80]를 내세움으로써 해결했다. 이들의 데미우르고스는 그 자신은 결코 악마가 아니지만, 자기 위치를 깨닫지 못했거나 오만했기 때문에 우주를 창조한 하위(下位)의 신이다. 그러나 거의 완벽하게 악한, 운명의 폭압하에 놓여 있는 세계 속에도 그것을 뒤흔드는 요소가 존재하는데, 이것은 바로 영, 인간의 프네우마(Pneuma)이다. 이 영은 항상 선한 신의 영역으로부터 분리된 것 또는 추락한 것으로 묘사된다. 그것은 질료와 자기에게 소속된 혼 — 프시케(Psyche) — 의 포로인데, 이때 프시케는 프네우마와 동일한 것으로 취급되지 않는다. 이와 반대로 대부분의 그노시스주의자 눈에 프시케는 인간을 시간에 집착하게 만들고, 그럼으로써 생명에 집착하게 하고, 그리고 그럼으로써 또 질료에 집착하게 만드는 일종의 생명원리로 여겨진다.

물론 연금술사의 경우와 마찬가지로, 그노시스주의자의 경우에도 '영'과 '혼'이란 개념이 항상 깨끗하게 구분되는 것은 아니었다. 그런데 몇몇 소수의 선택받은 영적-인간은 **구원의 길에 관한 앎**을 통해서 집착과 포로 상태로부터 자신을 해방시킬 수 있다. 이 은총받은 사람들은 창조의 원시드라마에 관해서 알고 있는데, 이 창조과정에서는 '아이온'[81]이라고 불린 여러 존재 영역들이 가장 하위의 우주에 이르기까지 단계적으로 생성되었다. 그들은 또 어떻게 영이 자기 자신을 단계적으로 구원하는지 알고, 귀신과 혼령과 인격화된 개념에 의해서

---

80 플라톤이 세계의 창조자로 고안해 낸 신의 이름.
81 그리스어로는 *aion*, 라틴어로는 *aeon*이라고 표기한다.

점령당한 모든 아이온 저편에서 영이 어떻게 선한 신과 합일할 수 있는지 안다. 그러므로 중요한 것은 앎이다 — '그노시스'는 앎이다. 그런데 이 앎은 플라톤이 말한 존재하는 것(*Seiende*)에 관한 앎이 아니라, 비밀스러운 신비적 앎 — 우리의 담론적 인식으로부터 얻어지는 과학적 지식에 해당하는 노에시스(*Noesis*) 내지 에피스테메(*Episteme*)와 반대되는 — 이다. 그노시스적 앎의 틀 안에서는 인식이란 인식된 대상과 하나 되는 것(*Einswerden*)이다.

그리스도는 그리스도교-그노시스 종파를 위해서 이 인식을 선사한다. 이때 그리스도는 그의 선한 것과 악한 것에 관한 소식을 공개적으로 알리지도 않았고, 알릴 수도 없었다. 그는 그 가르침을, 데미우르고스를 제쳐 놓고 긴밀한 스승-제자 관계 속에서 비밀 학문으로서 전수한다. 그런데, 그리스도는 오직 선만을 나타내기 때문에, 일관적으로 사고하는 그노시스주의자의 눈으로 볼 때 그는 또한 물질적 육신, 그러니까 악한 육신을 가져서는 안 된다. 그의 육신은 허상이고, 그의 십자가에 못 박힘도 허상이고, 그 자신도 — 세상으로부터 볼 때 — 허상이다. 그런데 이는, 마찬가지로 교회 역사를 관통하는 모든 논란 속에서 '온전한 인간이면서 온전한 신인 그리스도'라는 모순을 고수한 정통 기독교도에게는 너무 과한 것이었다. 그렇지만 왜 '**온전한 신**'과 '**온전한 인간**' 사이에서 보호망도 펼쳐 놓지 않고 줄타기를 한 정통파가 최종적으로 승리했을까? 그들의 주장이 명료했기 때문일까?

나는, 모든 진정한 종교는 그 신자들에게 어떤 현상들 — 우리에게 낯익은 모든 현상이 그런 것처럼 그 현상 자체와 동일한 것, 다시 말하면 동일한 장소와 동일한 시간에 나타나는 것이지만, 우리 사고 속에서는 결코 그것 자체와 동일한 것으로 생각될 수 없고 그럼으로써 우리 언어에서도 결코 그렇게 될 수 없는 — 이 존재한다는 느낌을 전달해 준다고 믿는다. 우리 사고에서는 어떤 자기동일적 현상도 이것이면서 동시에 저것일 수 없다. 그러나 적어도 정통 기독교에서는 바로 이런 사고, 즉 상보적 사고를 우리에게 요구한다. 마찬가지로 죽음을 생명으로, 그리고 동시에 아주 다른 생명으로 파악하라는 것도 하나의 무리한 요구이다. 왜냐하면 부활의 생명은 죽음의 확신이 없는 생명이고, 죽음 없는 생명이기 때문이다.

  예수는 반복 불가능하고, 역사적이고, 그렇기 때문에 인간적인 상황 속에 처한 온전한 인간이다. 그의 고통, 그의 두려움, 그의 **죽음에 대한 공포는** 한 인간의 고통이고, 한 인간의 두려움이고, 한 인간의 **죽음에 대한 공포**이다. 그러므로 그는 고대 신들 중 어느 누구보다도 그의 신자들에게 더 가까이 있다. 그러나 예수는 또한 온전한 신이다. 그는 오직 신일 뿐인 신, '죽음을 모르는' 신이고, 그가 모든 고대 신들의 신성을 뛰어넘는 위엄 속에 머문다고 하더라도 신자들은 나-너 관계 또는 아예 나-나 관계 속에서 사랑을 하는 신, 인간적인 신으로 느낄 수 있는 신인 것이다. 그의 시간초월성, 전지성, 그리고 전능성은 깨닫는 것이 불가능하다. 요컨대 그는 사람들이 생각하고 느낄 수 있는 신 관념의 최고 형태라는 위엄을 지닌 존재인 것이다.

  가능한 최고의 신 관념에 대한 이런 식의 표명은 다른 어떤 비교에서도 나올 수 없었는데, 그 이유는 이들 종교에서는 신 자신이 입문자가 모방하려던 드라마에 개입되어 있었기 때문이다.[74]

그런데 '신은 우리뿐만 아니라 무한성 속에 깊이 숨어 있다'는 견해는 그노시스주의자들의 근본확신, 아니 원래의 핵심 체험이기도 하다 — 그들이 이와 결합된 문제를 푸는 해답을 세계에 대한 급진적 거부에서 찾기는 했지만 말이다.

그리스도와 그의 가르침이 이 악하고 급진적으로 거부해야 할 주변세계 속에 숨겨져 있다고 하는 믿음은 그노시스주의자의 비밀주의에도 반영되어 나타난다. 또한 서로 아주 다른 문헌들 속에 숨겨져 있고 암호화된 암시들을 찾아내고, 이 암시들을 서로 조화시키고, 동시에 시적 풍성함으로 가득한 은유적 이야기 속에 첨가하는 그들의 성향에도 반영되어 나타난다. 그런데 이 이야기의 주제는 항상 원시드라마였고, 유일자와의 합일을 향해서 나아가는 혼의 모험적 행로 — 정화라고도 생각된 — 였다.

그노시스주의자들은 '아는 자'로서, 그리고 '진리를 소유한 은총받은 자'로서 알지 못하는 자 위에 군림하려는 성향을 자주 억제하지 못했다. 선한 자와 악한 자, **우리와 그들로** 나누는 바로 이것이 그노시스의 못된 점이다.

그런데 여기서 '선한 자'는 '아는 자'에 의해서 인도된다. 초월을 향한 갈구만이 문제라면, 그리고 '아는 자들'이 이 갈구 중에 서로 만난다면, '앎'은 낯섦, 비현실성, 놀람의 감정에 의해서 완화될 수 있을 것이다. 왜냐하면 이 감정들은 '선'과 '악'과 '진리의 소유'로 이루어진 삼각 구도 속에 둥지 틀기를 아주 좋아하는 이데올로기적 광신을 위한 장소를 제공하지 않기 때문이다. 그러나 나중 시기 — 초월과의 관계를 모두 잃어버리고, 그럼으로써 초월적 희망을 상대화하는 시(Poesie)도 상실한 우리 시대도 포함된 — 의 이데올로기들 속에서도, 그노시스는 철두철미하게 역병이 된다. 왜냐하면 그노시스에서는 세계의 불행에 대해 책임이 있는 존재는 신에 대항하는 악이 아니라, 악한 자들, 즉 다른 자들이 되기 때문이다 — 아는 자들(Wissender)은 사람들을 현혹해서 이렇게 믿게 만드는데, 이는 증명된 것이다.

불행이란 그것이 전염병의 형태로 오든, 국가의 패배의 형태로 오든, 실업과 가난에 처하는 형태로 오든, '그냥 객관적인', 주로 나-그것 영역 속에 자리 잡은 원인들 때문일 수는 없다. 불행은 나-너 영역에 속하는 것으로, 불행의 타격을 입은 나와 내 주변 환경 모두 탓할 수 없는 개인적인 형벌처럼 느껴진다. 그렇기 때문에 불행은 **그** 다른 자들, **그들** 속에 육화된 상태로 있어야만 한다.

창백하고, 증오로 가득 차고, 음모의 냄새가 나는 이 박해망상은 곤경에 처한 사람들에게 결국 그렇게 속삭여 대는 것이다. 그래서 사람들은, 불행의 원인을 제거하기 위해서는 오직 '다른 자들'을 때려죽이기만 하면 되고, 순수한 자들의 영원한 왕국의 행복을 강제로 끌어오고 오만한 자들의 왕국을 불러내 굴복시키기 위해서는 '다른 자들'을 때려죽이기만 하면 되는 것이다. 그렇지만 이것이 연금술적일까?

연금술사들에게 직접, 그들이 그노시스적 관념에 매달려 있었는지 물어보자. 실제로 우리의 가장 중요한 증인인 조시모스는, 〈도구들과 화로들에 관하여. 오메가라는 글자에 관한 정통 주석들〉이라는 놀라운 제목의 텍스트에서 분명하게 대답하는 것처럼 보인다. 여기서 모든 연금술 대가의 선생은, 운명에 종속되어 있고 조시모스의 가르침을 들으려고 하지 않는 게으른 자들에 대해 경멸하듯이 이야기한다.

이때 그는 진정한 아는 자인 철학자만 운명으로부터 자유롭다고 말한다. 조시모스는 자신의 언급에 이어서 전형적으로 그노시스적인 신화를 덧붙이고, 이 신화가 진실이라는 것을 보이기 위해서 헤르메스, 조로아스터, 그리고 여러 다른 현자들을 증인으로 불러낸다. 여기서 조로아스터의 이름이 나온 것은 동방의 영향을 암시하는 것이라고 할 수 있다.

그러나 신화의 주인공은 제우스이다. 그런데 조시모스의 텍스트에서는 스토아철학자들에 의해서 우주의 이성(Logos)으로 찬양받은, 올림포스의 질서 수호자 제우스가 구역질나는 데미우르고스가 된다. 사랑의 최고신 밑에서 자기 존재를 과시하는 단순-창조자-신이 되어버리는 것이다. 인간의 영적인 부분은 원래 이 최고의 유일자에게 속해 있고, 그렇기 때문에 인간 자신도 그에게 속해 있다. 그런데 데미우르고스는, 행성 천구의 신인 그의 아르콘테들(Archonten)과 함께 죄 없는 최초의 인간을 유혹하여 운명에 항복하게 만들고, 또한 운명과 결혼하게 만든다. 가엾은 이브, 그녀는 여러 교부들이 그랬던 것과 같이 조시모스에 의해 불길한 여인인 판도라와 동일시된다.(75)

세계의 고통에 희생된 아담의 구원을 위한 싸움은 그리스도에 의해서 수행된다. 그런데 그리스도는—아마 악한 세계를 속이기 위해서—온전한 인간으로 나타나지만, 모든 고통으로부터 자유롭다. 왜냐하면 그는 지독한 실패작인 우주를 넘어 저 높은 곳에 있기 때문이다. 그래서 그리스도는 신의 비밀의 말을 사람들에게 가져다줄 수 있고, 그래서 우주 속에 속박되지 않은 그는 죽음도 극복한다. 그렇지만

이 죽음의 극복은 그의 본래의 비밀이고, 이 비밀은 '깨달음을 얻은 사람들'(Pneumatikoi)에게 비밀의 가르침으로 전달된다. 이 구세주에 대항해서 우리에게 이미 잘 알려진 안티미모스(Antimimos)가 인간을 다시 우주에 맹목적으로 복종시키고, 다시 운명에 종속시키기 위해 적그리스도로 등장한다. 그러나 깨달음을 얻은 자들은 이 유혹으로부터 벗어난다.

조시모스는 갑자기 화제를 바꾸어서 이 깨달음을 얻은 자들은 또한, 왜 어떤 자들은 연금술 작업에 성공하고 다른 자들은 성공하지 못하는지 알고 있다고 언급한다. 그러면 이 이야기가, 연금술사들이 정말 그노시스주의자였다는 것을 의미하는 걸까?

이제 우리는 말할 수 있다. 즉 당신들이 연금술사들의 메타포에서 그노시스주의를 알아채야 한다는 것이고, 그들이 그노시스적이라는 것이다. 그렇지만 우리가 연금술사들을 그노시스주의자라고 부르려 한다면, 그들이 아주 특별한 종류의 그노시스주의자라는 점에 유의해야 한다. 나는 연금술이 《코르푸스 헤르메티쿰》의 두 영, 즉 비관주의적 영과 낙관주의적 영 **사이에** 자리 잡았다고 생각하는데, 연금술 대가들이 보기에 세계, 즉 질료는 구원을 받아야 하는 상태이면서 동시에 구원의 능력이 있는 것이었다 — **질료로서** 말이다. 그러므로 이런 의미에서 볼 때 연금술사들에게 중요한 것은 세계로부터의 도피와 이 세계의 구원이 아니라, 바로 이 세계 **속에서의** 구원이다. 그리고 그들의 이 목표로 인해, 비록 몇몇 연금술사들이 그노시스 신화들을 받아들이기는 했지만, 연금술은 아주 독자적 기획이 되었다. 그런데 계속해서 강조되어야 할 점은, 연금술을 어떤 철학 사조나 종교적 흐름의 깊이 없는 부속물로 보아서는 안 된다는 것이다.

연금술사가 철학자(*Philosophoi*)였다면, 그들은 아주 독자적인 색채의 철학자였지 엄격한 형이상학자는 결코 아니었다. 그렇기는 해도 그들은 그노시스에 가까웠고, 그들 중 이런저런 이들은 그노시스 종파에 소속되기도 했던 것처럼 보인다. 그리고 또 그들은 그들 자신의 방식으로 헤르메스주의자였다. 그러므로 우리는, 연금술 대가들이 헤르메스를 모든 어두운 지혜의 원부(元父, *Urvater*)로 끌어대는 것을 선택받은 자들만 얻을 수 있는 앎에 대한 자기확증적 언급으로 이해해야 한다.

연금술사들이 이렇게 헤르메스와의 연결에 — 그것을 의식할 필요도 없이 — 무리 없이 성공할 수 있었던 이유는, 연금술과 헤르메스주의가 **구원의 도구로서의** 앎에 기반한 것이었기 때문이다. 그런데 이 앎은 특별한 앎, 즉 **책을 통한 앎**(*Buchwissen*)이었고, 구두로 이루어지는 가르침과 동등한 것으로 취급되었다. 그노시스주의자들은 영의 자유를 위한 진정한 입문에 대해서 알고 있고, 이와 마찬가지로 연금술 대가들은 질료의 자유를 위한 — 그럼으로써 또한 영의 자유를 위한 — 진정한 입문에 관해서 알고 있다. 헤르메스주의뿐만 아니라 연금술에서는 구원 비교와 계시 비교의 입문도식을 모방했지만, 이 모방은 제식과 의식이 아니라 그것을 '지적으로 활용함으로써' 이루어졌다.

그런데 이때 연금술의 경우에는 명확한 신학 — 그리스도론 같은 영역에서의 — 이 결여되었다는 것이 두드러지게 드러난다. 이러한 결여는 연금술사들이 이단운동으로 나아가는 것과 연금술 자체에 대한 이단운동도 막아 주었는데, 그 이유는 그들이 이단운동이 무엇인지 꿰뚫어 보지 못했기 때문이다. 이는 종교적 의식을 위해 유보된 문제에 대한 궁극적으로 지적이고 사적인 접근 방식과 결합하여, 연금술이 전통의 결여, 문화의 한계, 그리고 더 나아가서는 그 자신의 쇠락의 시기까지도 뛰어넘을 수 있었던 능력을 제공했음이 분명하다.

반면에 고대 후기의 모든 이방적 비교숭배는 솟아오르는 그리스도교에 의해서 억압당했고, 나중에 그리스도교에 내부 다툼의 시기가 왔을 때에도 이미 한 번 단절된 전통을 다시 이어갈 힘을 상실하고 말았다.

19. 이집트의 연금술사들

연금술이 발달하고 널리 퍼질 수 있었던 분위기가 로마 제국의 세계로부터 그노시스적으로 도피하는 경향에 의해서 형성되었다는 것은 의심의 여지가 없다. 이 분위기의 영향을, 적어도 연금술에 관한 그리스 텍스트들 여기저기에서 감지할 수 있으리라는 희망을 품고 이제 몇몇 초기 연금술사들에게 관심을 돌려 보자. 물론 이를 위해서 우리는 알렉산드리아를 떠나야만 한다. 왜냐하면 연금술적 내용이 담긴 가장 중요한 '원문서들'이 이집트에서 멀리 떨어진 유럽의 도서관들, 특히 베네치아의 마르차나(Marciana)도서관과 파리 국립도서관에 보관되어 있기 때문이다.[76]

이 텍스트들 중에서 가장 오래된 것은 대체로 10세기에 작성된 것일 텐데, 몇몇 단편들(*Fragmente*)은 한두 세기 더 오래되었을 수도 있다. 그러므로 연금술 논문들의 마지막 원고와 그것의 초고 사이에는 수백 년의 세월이 놓여 있다. 이 세월 동안, 연금술의 사고 내용에 대해서 종종 거의 아는 바 없고 실험실 작업에 대해서는 더더욱 잘 모르는 수 세대에 걸친 기록자들은 필사본의 필사본의 필사본을 베끼기만 한 것이 아니라 종종 자의적으로 가필해 넣기도 했다. 간단히 말해서 우리는 우리 앞에 놓인 모든 텍스트들이 훼손되어 있다는 사실을 감수해야 하는 것이다.

연금술 문헌 속에서 여기저기 출몰하는 연금술사 ─ 대부분 몇 개의 글귀가 적힌 얇은 셔츠를 입은 ─ 는 십수 명이나 된다. 그들의 업적을 놓고 중요하다거나 중요하지 않다거나 하는 역사적 평가를 내리기는 거의 불가능하다. 그렇지만 우리의 '연금술이란 무엇인가?'(*Quid est alchymia?*)라는 물음은 연구보다는 배우고 가르치는 일에 더 무게를 두기 때문에, 우리는 헬레니즘 연금술의 몇몇 기본사상을 분명하게 밖으로 드러내는 텍스트를 적당한 사례로 택할 수도 있다.

이때 이집트 연금술의 문헌을 읽는 어느 누구도 원래의 '원텍스트', 즉 신의 예술의 독자적이고 체계적 교과서라는 의미에서의 포괄적 '기본텍스트'는 발견하지 못한다. 한편, 우리가 접근할 수 있는 텍스트는 ― 그러한 텍스트로 분명히 제시될 수 없는 주석 같은 것도 포함해서 ― 모두, 결코 존재하지 않았던 것처럼 보이는 기본 교과서를 만들어 내는 데 일조한다. 이 이상적인 책은 거듭해서 반복되는 많은 인용문과 구절 속에 반영되어서 다시 나타난다. 그런데 이런 인용문의 수많은 면면과 횡적 연결관계는 어느 **하나의** 책을 대상으로 하는 표시인지, 아니면 프톨레마이오스의 도서관 속에 숨겨져 있었다고 하는 **수많은** 책들을 대상으로 하는 표시인지 읽는 사람이 결코 알 수 없도록 하는 방식으로 이루어진다.

어쨌든 ― 모든 내적, 외적 모순에도 불구하고 ― 모든 전승된 문헌들이 지닌 어느 정도 형식상의 유사성은, 우리가 그리스 연금술 전서 (*Corpus der griechischen Alchemie*)에 대해서 이야기하는 것을 정당화한다. 즉, 이 텍스트 속의 모든 주장들은, 특정한 기본원리와 지식 ― 그 외의 모든 서술이 뻗어가는 고정된 점들로 작용하는 ― 주위에 몰려 있는 것이다.

그래서 우리는 종종 연금술 작업이 모든 것(*pan*) 또는 하나(*hen*)로부터 출발하고, 더 높은 층위에서 그곳으로 되돌아간다는 언급을 발견한다. 또 자연이 자연을 이긴다는, 자연에 관한 데모크리토스의 유명한 문장도 약간 변형된 상태로 계속해서 인용된다. 그리고 이와 관련해서, 같은 것이 같은 것을, 그리고 같은 것이 다른 것을 압도하거나, 같은 것이 같은 것과, 그리고 같은 것이 다른 것과 비슷해진다는 주장도 나온다. 여기서 같은 것과 다른 것은 통상적으로 남성적인 것과 여성적인 것으로 이해되는데, 따라서 많은 물질은 남성적 형태와 여성적 형태 두 종류로 나타난다.

그 밖에도 텍스트는 종종 씨앗이나 물질로서의 발효종에 대해서 이야기하는데, 이것은 연금술적 행위에 특정한 방향을 제시하거나 영향을 준다. 또한 고체적인 것을 비고체적인 것으로 만들고, 그럼으로써 수용능력을 갖도록 만들라는 요구가 거듭해서 제기되는데, 이는 그 후 고체를 더 나은 고체성 쪽으로 이끌어가기 위해서이다. 이는 일반적으로 프네우마타와의 합일을 통해서 이루어진다. 즉, "비고체적 물질들이 예술의 작용으로 고체성을 갖게 되었다면, 이러한 변화는 실제로 '물질변환'이라고 불린다."[Berth. (2) Ⅲ, 191]

때때로, 중요한 것은 물질의 내적 — 숨어 있는 — 본체를 밖을 향하도록 돌리고, 그럼으로써 "그것의 본성을 변화시키는 것"이라고 주장하기도 한다. 그리고 물론 적당한 기회에, 중심 문제는 어떤 화학적 반응이 아니라 특별한 것, 즉 멜라노시스(*Melanosis*), 레우코시스(*Leukosis*), 크산토시스(*Xanthosis*)라는 것도 강조한다. 또 잊지 말아야 할 것은, 거기에서는 선택받은 자들만이 알아볼 수 있는 신비한 일이 다루어지고 있다는 말이 거듭 반복된다는 것이다. 또한 올바른 장소, 올바른 시점, 연금술 작업의 올바른 지속시간의 선택과 관련된 조언도 나온다.

옮긴이 해제

1. 화학자와 연금술의 역사

화학을 연구하는 화학자가 물질의 합성이나 분석 같은 '기능적' 활동에만 머물지 않고, 그 기원에 대해 궁금증을 품은 채 시대를 거슬러 올라가다 보면, 18세기 라부아지에의 산소이론과 17세기 후반의 플로기스톤 이론을 거쳐 필연적으로 헬레니즘 시대, 그리고 어쩌면 그 전 고대 그리스-이집트 시대의 연금술과 만나게 된다. 그런데 연금술과 만난다고 해도 이들의 주된 관심은 연금술이 화학과 어떤 연관이 있는지, 다시 말해 그 속에 어떤 화학적인 것이 담겨 있었는지, 그리고 그것이 화학의 형성에 어떤 기여를 했는지 같은 주제를 벗어나기 어렵다.

이와 달리 화학을 공부했지만 어떤 힘에 의해 역사 연구로 끌려들어 간 연구자라면 연금술에 대해 여러 갈래의 의문을 품게 될 수 있다. "연금술이란 무엇인가?", "연금술과 근대 화학은 어떤 관계인가?", "왜 연금술은 많은 사람들 사이에서 '사기에 가까운 기술'로 여겨지게 되었는가?", "왜 연금술은 기독교 교리에 부합하지 않는 이론적 바탕을 가지고 있었음에도 기독교가 지배하던 중세와 근대 초기에 박해를 받지 않았는가?", "연금술이 서구와 아랍뿐만 아니라 인도와 중국을 비롯한 거의 모든 문화권에 존재했던 이유가 무엇인가?", "근대 물리학 탄생의 주역인 아이작 뉴턴은 왜 연금술을 연구했는가?", "고대부터 근대까지 끈질기게 이어졌던 연금술은 왜 결국 사라지게 되었는가?" 같은 많은 질문이 던져질 수 있을 것이다.

《현자의 돌을 찾아서》는 화학을 공부했지만 역사 연구로 끌려들어가 결국 역사학자가 된 화학자가 연금술이라는 현상에 대해 다양한 의문을 품고 역사적으로 접근해 간 연구의 산물이다.

저자 한스 베르너 쉬트(Hans-Werner Schütt)는 1937년 독일 베를린에서 태어났다. 김나지움을 마친 후 독일 북부의 킬대학에서 화학 공부를 시작해 1966년 물리화학 분야의 박사학위를 받았다. 그 후 파리의 파스퇴르 연구소와 유니레버에서 수년간 화학 연구를 했으나, 역사에 강한 관심을 갖고 함부르크대학 과학사학과로 옮겨 과학사(科學史), 특히 화학사(化學史) 연구를 시작했다. 그 결과 1972년에 독일의 19세기 화학자 에밀 볼빌(Emil Wohlwill)의 전기를 내놓았고, 1975년에는 교수자격을 취득했다. 1979년에는 베를린공과대학의 과학기술사학과 교수로 취임하여 연구와 교수 활동을 하며 2004년 정년 퇴임할 때까지 재직하였다. 이 시기 저자의 주요 연구 주제는 연금술이었는데, 그 결과가 《현자의 돌을 찾아서》라는 책의 형태로 나왔다고 할 수 있다.

이 책의 목표는 연금술과 관련한 새로운 역사적 사실을 밝혀내는 것도, 연금술의 역사를 포괄적으로 기술하는 것도 아니다. 목표는 저자가 후기에서 밝히고 있듯이 연금술이 본래 어떤 것인지 사람들이 좀 더 쉽게 이해할 수 있도록 하는 것이었고, 인간이 어떤 마음으로 연금술을 수행했는지 밝혀내려는 것이었다. 그러므로 이 책은 본격적인 연금술 연구서는 아니지만, 그렇다고 가볍게 읽히는 대중서도 아니다.

연금술은 대단히 복합적인 현상이며, 연금술 문헌은 해독하기 어려운 말과 이야기로 가득하기 때문에 연금술을 쉽게 이해할 수 있도록 설명하는 것은 거의 불가능한 일이다. 그래도 저자는 헬레니즘 시대부터 근대에 걸쳐 전개된 연금술 그리고 연금술사들을 살피면서 연금술이 어떤 활동이었는지, 연금술사들은 어떤 생각으로 그 시대의 소용돌이 속에서 연금술을 수행했는지 그리고 그들이 연금술 작업에 임할 때 가졌던 심리는 어떠했을지에 대해 탐구한다.

이 책은 4부로 나뉜다. 1부 〈피라미드의 그림자 속에서〉는 연금술이 어디에서, 어떤 문화적 분위기 속에서 나타나고 발전했는지, 연금술의 수공업적 작업이 어떤 내용을 가지고 있었으며, 연금술 이론을 뒷받침하는 자연철학이 어디에서 왔는지 탐구한다. 그리고 헬레니즘 시대의 여러 초기 연금술사들을 소개하며, 연금술에서 현자의 돌을 향해 가는 작업 과정, 즉 표준제법이라고 불리는 과정을 정리한다.

2부 〈낯선 세계에서〉에서는 이슬람 문화권에서 받아들인 헬레니즘 연금술이 어떻게 변형되고 발달했는지 탐구하고 마지막 부분에서 중국과 인도의 연금술을 소개한다.

3부 〈수도원 그리고 그 밖의 다른 곳에서〉는 중세 유럽에 연금술이 어떻게 유입되었고, 그 후 어떤 인물들이 어떤 내용으로 연금술의 발달에 기여했는지, 그리고 기독교와 연금술이 어떤 관계였는지에 대해서 탐구한다.

4부 〈유럽의 새로운 세계에서〉에서는 근대로 접어드는 시기와 근대의 유럽 연금술에 대해 탐구한다. 당시의 화학 이론, 비밀결사 운동, 파라셀수스와 판 헬몬트 같은 화학자의 물질과 연금술에 대한 견해, 괴테와 뉴턴의 연금술 연구 등에 대해 파고들며, 구스타프 융의 심리학 이론에 기대어 연금술사의 의식과 무의식에 대해 탐구한다. 그리고 낭만주의와 연금술의 관계에 대해 살펴보며, 마지막으로 우리는 여전히 "연금술이란 무엇인가에 대한 답을 갖고 있지 않다"라는 말로 책을 마무리한다.

저자가 다루는 내용은 양이 대단히 많을 뿐 아니라 화학에서 문학과 심리학에 이르기까지 넓은 영역에 걸쳐 있다. 이에 더해 책 곳곳에는 저자의 연금술과 현대 과학기술에 대한 독자적 해석과 생각이 담겨 있다. 그렇기 때문에 짧은 분량으로 책 내용을 소개하고 해설하는 일은 무리에 가깝다. 그럼에도 해제를 쓰는 이유는 그것이 피할 수 없는 일이기 때문이기도 하다. 그러나 또 한편으로는 이를 통해 독자가 책 속으로 진입하는 데 작은 도움을 얻을 수 있지 않을까 하는 마음 때문이다.

2. 연금술이 시작된 곳

저자는 "연금술이란 무엇인가?"라는 물음으로 이 책을 시작한다. 물론 처음부터 답을 하는 것은 불가능하다. 아니 나중이라 해도 명확하게 답하는 것 자체가 가능하지 않을 것이다. 연금술은 본래 "경계 없는 것"이어서 정의하는 것도 불가능하기 때문이다. 그럼에도 저자는 이 물음을 던지는데, 그것이 답을 찾아가기 위한 첫걸음을 내딛는 데 도움을 준다고 보기 때문이다.

먼저 저자는 우리가 연금술에 대해 가지고 있는 느낌을 통해 연금술을 정의하자고 제안한다. 이는 연금술이란 '특정한 물질을 더 고귀한 존재로 만드는 예술(Kunst), 그리고 질료가 조작되는 동안 그 비밀을 가지고 씨름하는 사람도 고귀한 존재의 상태로 올라가게 하는 그런 예술'이라는 느낌이다.

이렇게 미리 정의하는 이유는, 전체 — 그러나 경계가 없는 — 에 대한 기존의 정의에 따라 연금술의 세세한 부분을 비추어보고 이 세부를 통해서 다시 전체를 이해하는 과정에서, 우리가 연금술에 대해 품는 많은 의문이 풀릴 수 있다고 보기 때문이다. 저자는 그래야만 "왜 명백하게 실패로 끝난 연금술 행위들이 서로 아주 다른 여러 문화권에서 끊임없이 반복되었는가, 왜 그토록 끈질겼는가, 그런데도 왜 결국은 사멸했는가, 왜 근대 화학은 마침내 연금술을 밀어냈는가" 같은 물음에 답할 수 있다고 본다.

이러한 정의를 가지고 저자가 처음 찾아가는 곳은 기원후 3세기 말경의 이집트 알렉산드리아이다. 이곳에는 초기 연금술의 작업장이 있었을 것으로 보인다. 물론 작업장이 다른 지역에도 위치했을 가능성 또한 있지만, 알렉산드리아는 로마, 그리스, 이집트 등의 다양한 문화가 섞이는 곳으로서 연금술 발생에 유리한 토대를 갖추고 있었다. 이 도시에서 그리스의 종교와 철학이 이집트의 종교와 사원의 수공예술과 만날 수 있었고, 이러한 바탕 위에서 자연철학과 수공업의 결합, 즉 연금술이 탄생할 수 있었던 것이다.

그러므로 연금술에서 작업장, 즉 실험실은 필수적이었다. 실험실에는 도서관이 딸려 있었고 유리와 점토(粘土)로 제작된 각종 기구들이 배치되어 있었다. 그중에서 눈에 띄는 것은 '피올레'이다. 피올레가 특별한 주목을 받아야 하는 이유는 그것이 우주를 상징하기 때문이다. 아니 그 존재 자체가 우주라고 할 수 있는데, 이는 매크로코스모스(대우주)에 상응하는 마이크로코스모스(소우주)이다. 저자는 피올레를 연금술적 사고와 행위를 보여 주는 기구로도 해석한다. 피올레의 긴 목을 막아 버리면 폐쇄된 소우주가 생기는데, 이것은 선택받지 못한 자는 접근할 수 없는 연금술과 연금술 실험실을 나타내기 때문이다.

또 하나 눈에 띄는 장치는 머리와 몸통이 붙어 있는 것 같은 형태의 '트리비코스'라는 증류 장치이다. 그러나 이것 역시 단순한 증류 장치가 아니라 위는 남성, 아래는 여성이 서로 붙어 있는 헤르마프로디토스(자웅동체) — 연금술에서 특별한 의미를 지닌 — 를 상징하기도 한다. 이 장치는 연금술의 시작과 그 후의 발달 과정에서 큰 역할을 했고, '연금술의 신'으로 불린 3세기의 조시모스가 남긴 문헌에도 등장한다.

조시모스 시대의 연금술사 실험실에서는 증류뿐만 아니라 승화도 수행되었고, 승화를 위한 도구 역시 존재했다. 그 시대에 증류, 승화, 기화가 수행되었다는 사실은 당시 연금술사들이 주도면밀하게 물질을 다룰 수 있었음을 보여 주며, 또한 장치 제작술과 화학적 성과가 긴밀하게 연관되어 있음을 보여 준다. 그런데 연금술사들의 증류나 기화는 현대 화학에서 수행되는 단순한 실험 과정 같은 것으로 취급되지 않았으며, 그것들은 수많은 이론이 뒷받침하는 행위, 즉 확고한 의미가 부여된 행위였다.

실험실에는 물론 절구, 병, 비커, 접시, 교반 막대, 깔때기, 필터용 삼 같은 보조 도구, 그리고 증류와 기화를 위해 반드시 필요한 중탕 장치와 화로가 갖추어져 있었다. 이는 연금술사 실험실이 기본 도구 면에서는 현대 화학실험실과 크게 다르지 않았음을 보여 준다. 화로는 온도 조절이 되지 않았기 때문에 여러 종류가 존재했으며, 열원으로는 가축의 똥의 발효열, 태양빛, 기름, 목탄, 왁스 등이 사용되었다.

연금술사 실험실에서 가장 중요한 것은 물질이었다. 그리스-이집트 연금술사들은 모든 물질을 소마타(고체들), 아소마타(비고체들), 프네우마타(영들)로 나누었다. 소마타에 속한 금속 중 연금술에서 항상 언급된 것은 7가지였다. 반드시 7이어야 했는데, 이는 고대 천문학의 7개 행성 ― 수성, 금성, 달, 화성, 목성, 토성, 태양 ― 과 연결되기 때문이다. 여기에도 대우주와 소우주의 상응이 있는 것이다.

7개의 금속은 납, 주석, 구리, 수은, 철, 은, 금 그리고 청동과 호박금 중에서 선별되었다. 이 중에서 청동은 구리와 주석, 호박금은 은과 금의 합금인데, 연금술사들은 합금을 독자적 금속으로 보기도 했고,

첨가제에 의해 변형된 것으로 보기도 했다.

그리스어로 '프네우마'는 영(靈), 기운, 숨, 혼(魂) 등을 의미하는데, 성긴 질료(희박한 물질)와 연관된 것으로 연금술에서는 수은과 황, 두 가지만을 프네우마타로 보았다. 프네우마타의 특징은 승화, 더 정확히는 증류될 수 있는 성질을 가지고 있다는 것이다. 수은과 황은 증류 내지 승화될 수 있는 물질이기 때문에 프네우마타로 여겨졌다. 두 물질의 또 다른 중요한 특성은 다른 물질 속으로 스며들어 가서 색으로 물들일 수 있다는 점, 즉 색을 가진 화합물을 만들 수 있다는 점이다. 세 번째 종류인 아소마타에는 나머지 모든 물질, 즉 소금, 토양류, 광석류, 유기물이 속한다.

고대 연금술의 실제 작업을 뒷받침한 많은 지식은 이집트 사원의 작업장에서 유래했다. 사원의 작업장에서는 그 안의 생활에서 필요한 거의 모든 것이 생산됐는데, 그중 연금술 작업과 관련된 것으로는 유리, 보석 모조품, 향, 화장품, 의약품, 염색용 천, 미라용 붕대 등이 있었다. 이런 것들의 생산이 발달한 이유는 이집트 상류층의 묘지 장식과 연관된다. 연금술은 이렇게 수준 높은 이집트 수공업과 그리스의 자연철학이 만날 수 있었던 알렉산드리아에서 발전할 수 있었다.

3. 연금술의 표준제법

고대 연금술의 실험실 작업과 연관되는 화학적 제법들이 담긴 문헌으로는 〈스톡홀름 파피루스〉와 〈레이던 파피루스〉가 있다. 이 제법들은 그 자체로는 연금술적 색채를 조금도 띠지 않은 화학 반응에 관한 것이다. 그런데 반응의 목적은 특정 물질을 모조를 통해서 대치하려는 데 있었다. 예를 들면 토가를 물들이는 보라색 염료에 쓰이는 보라색 달팽이나 조개를 대신할 수 있는 물질을 만들어 내는 제법 또는 인공 보석을 얻는 제법도 있었는데, 여기서 색은 모조의 성공을 결정짓는 가장 중요한 요소였다. 고대 후기 사람들에게 색은 질료의 모든 외형의 본질적 속성으로 여겨졌기 때문이다. 동일한 색을 가지도록 만드는 것, 이것은 연금술에서도 금속 모조의 중요한 기준이 되었다. 연금술에서 동일한 색을 갖도록 하는 기술은 표면 채색 기술과 합금이었다.

연금술사들이 초기에 수행했던 화학적 처리 방식과 순서는 특정한 통일성을 보인다. 특히 하나의 방향성이 눈에 띄는데, 이는 그들의 모든 노력이 일종의 표준제법으로 정리될 수 있으리라는 것을 시사한다. 7개의 금속 중에서 은, 금, 수은을 뺀 납, 주석, 구리, 철 4개의 금속을 도가니에 넣고 녹이면 검은색 가루가 얻어진다. 고대 연금술사들은 이 가루를 테트라소마(4고체)라고 불렀고, 이것을 얻기 위해 쓰이는 방법에 멜라노시스(검은색으로 만들기), 라틴어로는 니그레도라는 이름을 붙였다. 이것이 표준제법의 첫 번째 단계이다.

연금술사들은 4고체를 아무런 특성도 갖지 않은 것, 그러므로 매우 가치 있는 것으로 보았다. 왜냐하면 4고체의 검정은 아무 색도 없는 색의 부재 상태로 여겨졌기 때문이다. 검정으로의 이행은 색의 부재를 의미하기 때문에, 질료를 실제의 질료이게끔 해 주는 바로 그 특성의 상실을 의미했다. 그런데 검정은 색의 부재와 동시에, 반대로 거의 모든 색이 그 안에 존재함 — 잠재적 상태로 — 을 의미하기도 했다.

표준제법의 두 번째 단계는 테트라소마에 씨앗으로 작용할 약간의 은가루를 첨가한 후, 그 생성물을 수은이나 수은 증기 속에 담가 두는 것이다. 이 단계에서는 흰색을 띤 은(銀) 모조물이 생성된다. 검은색의 테트라소마가 흰색으로 착색되는 것이다. 〈레이던 파피루스〉에서는 이것을 레우코시스(흰색으로 만들기)라고 부르는데, 이 개념은 그리스 연금술로부터 전해진 것이다. 라틴 연금술에서는 알베도라고 부른다. 연금술 은을 향해 가는 레우코시스는 종착점이 아니라, 모든 천한 것들을 진정한 구원으로 이끌어 가는 도정 가운데 한 단계를 의미했다.

레우코시스는 두 단계를 더 거치는데, 그중 하나는 여성적 은을 남성적 금으로 만드는 것이다. 그리스에서는 이것을 크산토시스(노란색으로 물들이기)라고 불렀고, 라틴어권에서는 키트리니타스라고 했다. 표준제법에서 금으로 나아가는 방법은 연금술사의 은을 취해서 여기에 금 같은 것, 즉 금의 씨앗을 첨가한 다음 그 전체를 테이온 히도르(*Theion hydor*, 황의 물, 신의 물)라고 하는 물에 담그는 것이었다. 테이온 히도르의 제법은 〈레이던 파피루스〉에 나오는데, 결과물은 다황화물 용액이다. 이 용액은 구리를 금빛으로 물들일 수 있었다. 조시모스는 달걀을 증류하고 그 생성물에 다양한 처리를 해서 이것을 얻었다.

테이온 히도르는 단순한 액체로 여겨지지 않았다. 이것은 종교의식의 침례에서 입수식과 내적 연관을 가지고 있었다. 침례를 통해 한 인간이 정화되어 새로운 존재로 태어나듯이, 테이온 히도르에 담겼다 나온 금속 역시 새로운 색이 부여된 금속으로 다시 태어나는 것이다.

표준제법에서 만들어진 금은 더 높은 것으로 나아가기 위한 것이기 때문에, 크산토시스가 최종 단계는 아니다. 마지막 단계는 라틴어로는 루베도, 그리스어로는 붉은색 염색을 의미하는 에리트로시스 — 또는 이오시스라고도 불린다. 마지막 단계가 금을 만들어 내는 크산토시스가 아닌 이유는 연금술사들의 최종 목표가 철학자의 돌이었기 때문이다. 이오시스의 산물은 바로 붉은색 내지 자색(紫色)을 띤 '현자의 돌', 자색 '황금 산호'였다. 이것은 일종의 슈퍼금 같은 것으로, 그 가루를 천한 금속에 뿌리면 금으로의 변환이 이루어진다.

고대 연금술사들은 붉은색이나 보라색을 농축된 황색, 과잉의 황색으로 보았다. '산호'의 색이 노란색 또는 금색이 아니라 붉은색이나 보라색이어야 했던 이유가 바로 여기에 있다. 그러므로 과잉 황금색을 가진 '산호'는 검은색의 납과 같은 질료에 작용하여 변환을 일으킬 수 있었다. 붉은색이나 보라색이었던 또 한 가지 이유는 이 색이 피와 생명이라는 특별한 가치를 상징했기 때문이다.

그런데 고대 연금술사들이 이 '산호'로써 검은색 납을 금으로 변환했는지는 알 수 없다. 이 산호가 어떤 것이었는지도 알 수 없다. 저자는 그들이 말하는 납이 오늘날 우리가 알고 있는 납과 동일한 것이 아닐 가능성이 높으며, 그러므로 산호의 작용 과정에서 금이 나왔을 가능성도 배제해서는 안 된다고 말한다. 어쩌면 황금색을 띤 특이한 합금이 생성되었을 수도, 또는 '산호'나 변환이 성공의 문턱까지만 다가갔을 수도 있다. 즉 거의-성공이었을지 모르는 것이다.

저자는 연금술의 생명력이란 바로 완전한 성공이 아니라 이러한 거의-성공을 기반으로 한다고 말한다. 끝없이 희망을 갖게 만듦으로써 연금술이 끈질기게 이어질 수 있도록 한다는 것이다.

연금술의 표준제법에 대해 조시모스는 이렇게 말한다. "철학을 네 부분으로 나누면 첫째는 검게 하기, 둘째는 희게 하기, 셋째는 노랗게 하기, 넷째는 자색으로 만들기"라고.

물론 그 밖에 무르게 하기, 세척하기, 분쇄하기와 같이 네 단계 외의 것들, 표준제법과는 다른 경로를 통해서 금을 만드는 방식들도 존재한다. 하지만 저자는 표준제법이 가장 단순하며, 분명한 사례를 통해 연금술의 범주 안에서 수행된 모든 위대한 화학 과정들이 지닌 전형적 특성들을 드러내기 때문에, 연금술의 이해에서 표준제법이 특히 중요하다고 말한다. 아랍이나 라틴 중세 또는 근대 초기에 걸쳐 거의 모든 연금술사들은 현자의 돌 제조에 착수할 때 표준제법의 첫 단계, 즉 검은 물질에서 시작했던 것이다.

4. 연금술의 철학적 기초

천한 금속이 고귀한 질료에 도달한다는 생각에서 전제되는 것은 물질변환 가능성이다. 연금술사들은 물질변환을 자명한 것으로 여겼다. 고대 그리스의 거장 아리스토텔레스가 물질이론에서 그 근거를 제공했기 때문이다.

저자는 물론 연금술 역사 연구자들은 연금술사들의 자연철학이 아리스토텔레스의 물질이론으로부터 유래했다고 본다. 스토아학파가 그것을 일부 변형하기는 했지만, 그 철학의 토대는 성질의 물리학에 대한 아리스토텔레스의 개념에 있었다. 그의 물질이론은 질료형상론으로 불린다. 대상은 각각 성질을 가지고 있는데, 이 성질은 어떤 기초적인 것 위에 얹힌 상태이고, 그 기초적인 것(Hyle)은 대상이 변하더라도 변하지 않는다.

우리가 감각적으로 파악 가능한 모든 사물은 속성의 총체인 모르페(형상)와 그것의 담지자인 힐레(질료)로 이루어져 있다. 속성은 변화할 수 있다. 다시 말해 가능성으로 존재하는 속성, 즉 가능태가 현실로 나타나는 변화가 일어날 수 있고, 그 반대도 가능하다. 아리스토텔레스에 따르면 모든 물질은 흙, 물, 공기, 불 4원소로 구성되고, 4원소는 각각 촉각에 의해 감지되는 4성질(뜨거움, 차가움, 축축함, 건조함) 중 두 개의 성질로 이루어져 있다. 이 성질들은 변할 수 있는데, 이러한 변화를 거치면 물질변환이 일어난다.

연금술사들은 또한 자연에서 일어나는 변신이 텔로스(목적인)를 찾아가는 것이라는 아리스토텔레스의 텔로스 개념을 질료의 텔로스가 있고 그것이 '현자의 돌'이라는 생각에 도입했다. 연금술의 표준제법에서 제일질료는 속성이 완전히 제거된 질료이고, 여기에 정보를 붙여 가는 것이 표준제법의 과정이다. 속성이 제거된 질료는 이론적으로 아리스토텔레스의 물질이론에서 도출되는 것이다. 그러나 저자는 아리스토텔레스의 물질이론에서 이러한 질료는 상상이나 논리 속에서만 가능할 뿐이지, 실재하지는 않는다고 말한다. 이에 반해 연금술에서의 제일질료는 실제로 존재해야 한다. 표준제법 과정에서 정보, 즉 형상이 부착되는 대상이 되어야 하기 때문이다.

형상이 완전히 제거된 질료인 제일질료, 그것은 정체성이 상실되었기 때문에 아무것도 아닌 '죽은' 것이다. 죽은 것은 움직이지도 못하고 어떤 변화로도 나아가지 못한다. 하지만 연금술의 제일질료는 정보를 부여받아 변화할 수 있는 것이어야 한다. 죽었다가 다시 살아나야 하는 것이다. 여기에서, 제일질료가 살아날 수 있도록 아리스토텔레스의 철학을 변형한 스토아철학이 동원된다.

스토아철학에서는 감각을 통해 인지하는 모든 성질뿐만 아니라 우리의 느낌이나 상상까지 모두 물질적이라고 보았다. 이러한 성질은 프네우마 — 물질적인 — 가 힐레로 침투해 들어옴으로써 생겨나는데, 힐레는 제일질료이고 프네우마는 숨 같은 것 또는 영(靈)이라고 할 수 있는 것이다. 스토아철학에서는 존재하는 모든 것은 원초적인 '거친 질료'에 프네우마가 완전히 섞여 들어감으로써 감각적으로 파악 가능한 것이 된다고 말한다. 스토아철학자들과 연금술사들은 연금술에서 매우 중요하게 여기는 색도 프네우마의 일종으로, 즉 물질적인 것으로 보았다. 또 하나 다른 점은 스토아철학에서는 아리스토텔레스가 근접 불가능하다고 여겼던 천구(天球) 바깥의 '부동의 원동자'인 신(神)도 질료와 동일한 선상에 놓음으로써, 신을 세상 속으로 끌어들였다는 것이다. 신성은 프네우마이고 세계의 모든 사물 속에서 등장한다. 저자는 여기에서 돌의 편재성, 즉 현자의 돌이 어디에나 있다는 연금술사들의 '믿음'과의 연결 지점이 발견된다고 말한다.

스토아철학에서는 프네우마의 창조적 활동이 종자(씨앗) 로고스 속에서 발현된다고 보는데, 여기에서도 연금술 표준제법(레우코시스)에 나오는 금속 씨앗과의 연결 지점이 보인다. 스토아철학자들은 또한 대우주-소우주 학설을 발전시켰는데, 이 학설은 그 후 유럽의 사고에 막대한 영향을 미쳤다. 대우주-소우주 학설의 주된 내용은 별들로 구성된 우주에서 무언가가 일어나거나 존재한다면 지상에서도 그에 상응하는 것이 일어나거나 존재하고, 그 반대도 성립한다는 것이다. 그리고 인간에게도, 그리고 더 작은 것들에도 상응하는 것이 있다는 것이다.

연금술에서 대우주에 상응하는 것은 레토르트 속에 들어 있는 소우주이다. 태양을 비롯한 각 행성은 금속들과 상응한다. 태양은 금, 화성은 철에 상응한다. 연금술사들은 대우주-소우주 상응을 인식할 수 있었고, 레토르트 속의 물질과 자신이 내적 관계를 맺고 있음을 인식할 수 있었다. 여기에서 내적 관계란 공감의 관계로, 스토아철학에서는 닫힌 우주인 코스모스가 공감과 반감의 그물망으로 채워져 있다고 본다. 상응이란 실재유비(*Realanalogie*, 이 책에서는 현실유비로 번역)인데, 연금술사들은 이 실재유비에 개입함으로써 상호작용하는 관계들의 촘촘한 그물망 속에 자신들을 집어넣은 것이다.

대우주-소우주 유비관계와 헬레니즘 연금술의 거의 모든 이론은 조시모스가 여동생 테오세베이아에게 보낸 편지의 한 구절 ─ "구리가 프네우마에 의해서 존귀해지며, 정화되어 황금색을 띠게 되어 지상의 태양, 지구의 여왕으로 귀환한다" ─ 에서 잘 나타난다. 프네우마가 질료에 작용한다는 것, 그리고 대우주 태양과 소우주 금의 유비관계가 담겨 있는 것이다. 조시모스는 편지에서 자신의 꿈 이야기도 언급하는데 내용은 연금술의 핵심, 즉 구원에 관한 것이다. 이 구원은, 영이 육체적(물체적)인 것으로부터 해방되고 이 영이 다시 새롭게 육화되는 것으로서의 구원이다.

이러한 조시모스의 구원 파토스는 어떤 정신적 분위기의 영향으로부터 나온 것이다. 이 분위기는 연금술의 폐쇄성, 즉 입문을 거쳐 선택받은 자만이 들어갈 수 있고 그 비밀이 외부인에게는 절대 허용될 수 없다는 것과 연결된다. 헬레니즘 시대에 성행했던 비교숭배(秘敎崇拜, Mysterienkult, 비의 종교)에서는 이러한 폐쇄성과 비밀 그리고 선택받은 자만이 얻을 수 있는 구원을 발견할 수 있는데, 연금술도 그 영향을 받은 것이다. 연금술은 비천한 질료를 고귀하게 만들어 구원받게 만드는 것이 목표이지만, 이를 통해 그에 참여하는 사람도 구원을 얻는다. 저자는 샤머니즘도 구원 파토스에 영향을 미친 또 하나의 정신적 분위기로 본다. 샤머니즘 또한 핵심은 구원, 성스러운 것과의 만남을 통한 구원이기 때문이라는 것이다.

연금술이 자연을 대하는 방식은 태고 야금(冶金)쟁이들의 야금에 대한 태도와도 유사하다. 저자는 이 이야기를 조시모스의 텍스트에서 언급되는 창조의 신 프타에 대한 묘사로 시작한다. 이집트의 프타 신전에는 그를 위해서 일하는 야금쟁이, 금속 용융(鎔融)쟁이, 대장장이들이 있었다. 그런데 이들이 금속과 그것을 품고 있는 지구를 대하는 자세는 현대인과 달랐다. 저자는 야금쟁이들은 그것들을 단순히 하나의 대상으로서가 아니라 '나-너 관계' 속에서 바라본다고 말한다. 이러한 관계 속에서 모든 사물을 대하는 것은 그 모두를 살아 있다고 보는 것이다. 그러므로 고대 야금쟁이의 활동은 살아 있는 것, 성스러운 것, 구체적인 것의 세계에서 벌어졌는데, 그것은 연금술사의 세계이기도 했다. 그런데 이때 생명에 위협이 될 수 있는 영적인 문제가 발생할 수 있었다.

야금쟁이들은 광석(鑛石)을 지구 신의 육신의 일부 또는 몸의 열매로 보았다. 그런데 이 광석은 광부가 인간에게 속하지 않은 생명 영역인 지하세계로 들어가서 가져온 것이다. 광석이 있었던 지구의 품은 신적인 어머니 지구의 품이었으며, 그녀 품속의 광석들은 그녀의 태어나지 않은 자식들이었다. 야금쟁이는 자신이 다루는 광물이 지구 여신 품으로부터 탈취된, 그럼으로써 성장이 강제로 중단되어 버린 여신의 아이라는 것을 자각하고 있었다. 그런데 그는 광석을 자신의 용광로, 즉 지구 여신의 품 대신 새로운 자궁 역할을 할 용광로 속에서 성장시켜 성숙에 도달하게 함으로써 여신에 대한 일종의 불경을 상쇄한다고 생각했다. 자신을 광석의 성숙을 촉진시키는 자연의 공동작업자로 생각하고 행동했다는 것이다.

야금쟁이는 자신의 행동이 여신의 허락을 받은 것이라고 전제했다.

연금술사들도 유사한 생각을 가지고 금속을 다루었다. 그러나 야금쟁이들의 목표가 광물에서 각각의 금속을 탄생시키는 것이었다면, 연금술사들은 금속의 최종 목표를 금으로 보았다. 금은 세속의 모든 것 중에서 유일하게 녹슮과 죽음과 부패에 의해서 공격당하지 않고, 시간과 시간성으로부터 해방되어 있으며, 지구의 모든 자식들 중에서 유일하게 불사(不死)이기 때문이다. 그런데도 연금술사들은 금을 넘어가려 했다. 금은 수동적인 것, 잠자고 있는 신 같은 것인데, 연금술사들은 능동적인 것, 살아 있는 성스러운 것, 구원받은 상태로서 다른 질료를 구원할 수 있는 것, 즉 현자의 돌을 얻으려 했던 것이다.

저자는 광석을 생물체로 보는 태고 야금술의 비교(Mysterienkult)가 헬레니즘 시대 연금술에서 되살아난 것이 어떤 의미가 있는지 묻는다. 연금술의 이론적 배경인 아리스토텔레스의 자연철학에서도 광석은 살아 있는 것이 아니었다. 그 실마리는 연금술사들이 그들이 신으로 모신 헤르메스 트리스메기스토스(세 배로 위대한 헤르메스), 그리고 그의 저작에서 찾을 수 있다.

헤르메스는 연금술사이기도 했으며, 그가 연금술에 관해서 남긴 말은 멤피스판과 에메랄드판에 전해진다. 멤피스판에는 "하늘 위, 하늘 아래; 별들 위, 별들 아래; 모든 것은 위이고, 보는 것이 아래이다"라는 구절이 적혀 있는데, 이 말은 연금술의 증류를 가리킬 것이다. 헤르메스는 한편으로 이집트의 신이었다. 이 헤르메스는, 인간이 하늘과 지옥과 땅에서 유래한 복잡한 비밀의 혼돈 속을 통과해 가는 중에 이 비밀을 파괴하지 않으면서 극복해 가도록 하기 위해, 연금술 대가가 방랑하며 다니는 길을 안내하는 신이다.

연금술사 헤르메스와 이집트 신 헤르메스 외에《코르푸스 헤르메티쿰》(《헤르메스 전서》)을 저술한 또 다른 헤르메스가 있다. 그는 성경의 모세와 동시대 또는 그 이전 사람이고, 따라서 이 저술도 아주 오래전에 작성된 것으로 여겨졌다.《헤르메스 전서》에는 대우주-소우주 유비관계와 공감-반감관계의 내용이 들어 있다. 이것은 헤르메스주의로 지칭되는 신비 사상의 핵심이다. 연금술사들은 이러한 관계에 대한 앎을 이용해서 우주 속 비밀의 힘을 이용할 수 있다. 그런데 오직 신만이 이 앎을 가능하게 해 준다.

헤르메스주의는 또한 유일신적-범신론이다. 모든 자연 현상 속에 유일신이 편재한다고 믿으며, 우주는 신이 편재해 있기 때문에 아름답고, 아름답기 때문에 선한 것으로 본다. 이에 비추어 보면 광석을 생물체로 여기는 태고 야금술과 연금술의 생각도 자연스러운 것이다. 그런데 이러한 가르침과 반대로《헤르메스 전서》에는 이 세계가 뿌리부터 사악한 것이며, 이러한 세계로부터 도주해야 신에 도달할 수 있다는 세계비관주의적 내용도 들어 있다. 서로 모순되는 것처럼 보이는데, 이는 연금술의 철학적 내용이 여러 사상과 가르침이 뒤섞여 있는 혼합주의(syncretism)적 성격을 가지기 때문이다.

《헤르메스 전서》는 연금술의 정신에 깊은 영향을 미쳤다. 이는 연금술의 신이라고 불리는 헤르메스 트리스메기스토스가《헤르메스 전서》의 저자로 여겨졌다는 것에서도 드러난다. 그런데 이 전서의 세계비관주의는 그노시스의 정신과 맞닿아 있다. 그렇다면 연금술과 연금술사들은 그노시스와 어떤 연관이 있는가?

그노시스는 조시모스 시대에 정통 기독교에 대한 반대운동으로 등장한 기독교 분파이다. 그노시스주의자에게 신은 선하지만 너무 멀리 있으며, 질서 잡힌 질료로서의 세계는 우리 가까이 있으나 악하다. 그들은 이 질료에 인간의 영(프네우마)도 포획되어 있으며, 소수의 선택받은 사람만이 구원의 길에 관한 앎을 통해서 자기 자신을 포획으로부터 해방시킬 수 있다고 믿었다. 소수의 현자만이 자기 해방을 통해 악한 세계로부터 벗어나 선한 신에게 가까이 갈 수 있다고 보았던 것이다. 이는 바로 선택받은 자들만이 '현자의 돌'로 가까이 가는 비밀을 풀 수 있고, 그럼으로써 이들 자신도 구원받는다는 연금술의 핵심 사상과 다르지 않다. 저자는 그노시스의 이 점에 대해서 비판적이다. 타자와 약자를 무시하고 배제하는 태도가 그노시스의 '엘리트주의'와 연결된다고 보기 때문이다.

그노시스에서 그리스도는 선과 악에 관한 가르침을 스승-제자의 비밀스러운 관계 속에서 비밀 학문으로 전수한다. 그런데 그리스도는 오직 선만을 나타내기 때문에 질료적 육신, 즉 악한 육신을 가질 수 없다. 이 지점에서 그노시스는 그리스도가 온전한 인간이면서 동시에 온전한 신이라고 가르치는 정통 기독교와 충돌하며, 따라서 기독교에서 이단으로 판정받고 핍박받았다.

연금술에 대한 그노시스의 영향과 관련하여 저자는 연금술이 《헤르메스 전서》의 두 영(靈), 즉 비관주의적 영과 낙관주의적 영 사이에 자리 잡았다고 생각한다. 연금술 대가들이 보기에 세계, 즉 질료는 구원을 받아야 하는 상태임과 동시에 구원의 능력이 있다. 그러므로 연금술사들에게 중요한 것은 세계로부터 도피하고 해방되는 것이 아니라, 바로 이 세계 속에서의 구원이었다. 그리고 이 목표로 인해 연금술은 독자적 기획이 되었다.

연금술은 선택받은 자, 비밀, 앎, 구원이라는 면에서 그노시스와 공통점을 지녔지만, 그노시스와 달리 독자적인 신학을 갖추고 있지 않았기 때문에 이단 판정을 받지는 않았다. 연금술에서는 그리스도가 온전한 인간인지 영으로만 이루어진 존재인지는 중요하지 않았던 것이다. 이 점 역시 연금술이 끈질기게 살아남는 데 기여했다고 할 수 있다.

5. 조시모스 시대의 연금술사들과
   이들의 연금술 텍스트의 언어 패턴

이 책에서 저자는 조시모스 시대와 그 전후 시대에 활동한 여러 연금술사들 중 데모크리토스, 마리아, 클레오파트라, 이시스, 아가토다이몬, 시네시오스, 올림피오도로스를 소개한다. 데모크리토스는 《물리학과 신비학》(*Physika kai mystika*)의 저자로 알려졌는데, 그리스의 원자론자 압데라의 데모크리토스와 동일 인물로 여겨졌지만 실제로는 볼로스란 사람이었다. 유명한 인물의 이름을 빌려 책을 내는 것은 당시뿐 아니라 그 후에도 꽤 흔한 일이었다.

그의 책에는 연금술 역사에서 매우 중요하게 여겨진 경구가 등장한다. 이는 그의 죽은 스승 오스타네스의 명을 받아 신전에서 책을 찾던 도중에 기둥에서 발견한 "자연은 자연에 관해 기뻐하고, 자연은 자연에 대해 승리하고, 자연은 자연 위에서 다스린다"라는 문장이다. 이 문장은 연금술 역사가 흐르는 동안 수없이 많이 인용되고 해석됐다.

마리아는 유대 여성으로서 데모크리토스와 마찬가지로 오스타네스의 제자였으며, 증류 기구(암빅스, 트리비코스, 케로타키스)를 발명했다고 알려져 있다. 마리아가 유대인이라는 사실은 연금술이 이집트 문화뿐 아니라 유대 문화에도 그 원천을 두고 있음을 암시한다. 연금술에서 증류는 철학적 의미를 담고 있다. 증류 과정, 특히 환류증류에서 질료가 위와 아래를 오가는 것은 대우주와 소우주, 위 우주와 아래 우주를 돌아다니는 가운데 그 비밀을 흡수하는 것을 의미한다. 그리고 이 과정에서 증류물은 점점 더 프네우마적인 것이 된다. 마리아가 남긴 경구 중 "남성적인 것과 여성적인 것을 결합하라, 그러면 너는 네가 찾는 것을 발견할 것이다"라는 말은 자웅동체를 의미하는 헤르마프로디토스로 연결되는데, 헤르마프로디토스 상징은 유럽 연금술에 와서 많은 서사를 만들어 낸다.

여성 연금술사 클레오파트라는 여러 측면에서 마리아와 닮았다. 증류 기구를 발명했다고 하며, 남성적인 것과 여성적인 것에 관한 주제가 발견된다. 클레오파트라도 율리우스 카이사르의 애인, 이집트의 여왕이 아니지만, 연금술에서는 둘을 같은 인물로 본다. 이는 연금술 전통이 역사서술학적 문제는 전혀 고려하지 않았음을 보여 준다. 금 제조기술에 관한 《크리소포에이아》(Chrysopoeia)에서 클레오파트라는 연금술의 주된 목표가 풍성한 열매를 맺는 양성 간 결합이라고 말한다. 그녀의 저작에서 주목할 만한 점은, 연금술에서 가장 오래된 것으로 보이는 우로보로스를 형상화한 그림이 들어 있다는 것이다. 뱀의 형상으로 자기 꼬리를 물고 있는 우로보로스는 연금술에서의 질료와 위대한 작업의 순환, 따라서 죽음과 재탄생을 나타내기도 한다.

시네시오스는《데모크리토스에 관한 주석》을 집필한 연금술 역사 최초의 주석자로 등장한다. 그런데 그리스-이집트의 가장 위대한 연금술 주석자는 올림피오도로스다. 그는 5세기경 《올림피오도로스, 알렉산드리아의 철학자. 조시모스의 행위 및 헤르메스와 철학자들의 경구들에 관한 책에 관한 주석》을 썼다. 여기에서 그는 위대한 연금술사가 말한 모든 것은 비교(祕敎, 비의)적으로 이해해야 한다고 주장한다.

연금술에서 언어는 해독하기가 쉽지 않다. 연금술사들이 비밀에 대해 침묵하거나 종종 암호 같은 것으로 표현했기 때문이다. 저자는 연금술의 언어를 다섯 가지 패턴으로 분류한다. 첫 번째 패턴은 장미를 장미라고 부르는 것과 같은 일반적 언어 패턴이다. 금, 수은, 증류 같은 것으로 언어를 통해 분명하게 화학적 정보를 전해 준다.

두 번째 언어 패턴을 저자는 선장 패턴이라고 부르는데, 여기서는 수공업자 길드에서와 같이 전문언어, 비밀언어를 사용해서 정보를 보호하려 한다. 연금술의 스승-제자 관계에서 그들만의 언어를 사용해서 비밀을 전수하려 할 때 사용되는 언어 패턴이다.

세 번째 언어 패턴은 하피즈 패턴이라는 이름이 붙는다. 하피즈는 14세기 아랍의 시인으로, 장미에 관한 시를 쓴 인물이다. 저자에 따르면 연금술사들은 자신들이 속한 문화적 환경에서 비롯된 언어적 연상이나 신화에 의존하기 때문에, 이러한 언어 패턴의 텍스트는 특정한 문화적 맥락 안에서만 제대로 이해될 수 있는데, 종종 그러한 문화적 맥락에 익숙하지 않은 후대의 연금술사들에게 전해져 혼란과 오해를 초래했다.

네 번째의 헤르메스 언어 패턴은 연금술의 대단히 난해하고 모순적인 텍스트의 언어에 적용되는 패턴이다. 이 패턴은 라피스(돌)라는 단 하나의 단어에 의해 대표되기도 한다. 이는 난해하고도 모순적인 조시모스의 다음 말이 보여 준다. "이 돌은 돌이 아닌 돌, 아주 고귀한 비천한 것, 신에 의해 수어셨을 뿐만 아니라 주어지지 않은 것이다."

마지막 다섯 번째 언어 패턴은 움베르토 에코의 소설 이름이 붙을 수 있는 장미의 이름 패턴이다. 이는 연금술이 근본적으로 서적 전통 속에 있으며, 모든 고전 텍스트가 진리를 담고 있지만, 어떤 것도 완전히 이해할 수 있는 방식으로 진리를 전달하지는 않음을 말해 준다.

6. 아랍의 연금술, 이븐 하이얀 자비르

이슬람 지배하에서도 그리스-이집트 연금술은 사라지거나 억압받지 않았다. 이슬람은 정복한 지역의 문화를 억누르지도 않았고 종교를 억압하거나 개종을 강요하지도 않았다. 그리스의 철학과 과학은 대부분 번역을 통해 수입되었고, 아바스 왕조 후기인 10세기 말 이슬람 신학이 도그마화되기 전까지 활발하게 연구됐다. 이슬람 지배 지역으로 편입된 곳에는 동로마제국의 정통 기독교에 의해 이단으로 낙인찍히고 핍박받은 여러 기독교 종파(단성론파, 네스토리우스파 등)가 있었는데, 이들 종파에서는 동로마제국에 대한 반감 때문에 이슬람 세력의 승리를 은연중에 환영하는 분위기도 있었다. 기독교는 아니었지만 이교도로 박해받았던 사비교도(sabians)들은 후기 연금술의 마술적이고 점성술적인 요소에 상당한 영향을 미쳤다.

사비교도가 창시자와 예언자로 숭배한 인물 중에는 헤르메스와 아가토다이몬도 들어 있는데, 이는 사비교가 얼마나 혼합주의적이고 연금술로 채색되어 있었는지 보여 준다. 사비교도가 남긴 저작들은 7세기 시리아 필사본들로 남아 있고, 영국 국립박물관 도서관에 보관되어 있다. 이 저작들 중에는 화학적-기술적, 의학적-약학적 내용이 들어 있는 것도 상당수이다.

아랍 세계의 연금술이 어디까지 나아갔는지를 보여 주는 저술 중 하나는 11세기의 《카우사 카우사룸》(진리의 깨달음의 서)이다. 이 책은 황-수은 이론을 뒷받침하는 자연철학적 논거를 제시하는데, 저자는 이 이론을 일관성 있는 학설로 정립한 것이 아랍 학자들의 가장 독자적인 기여라고 평가한다. 연금술에서 황-수은 이론은 매우 중요한 위치를 차지한다. 그리스-이집트 연금술사들에게도 황과 수은은 신비로운 것이었다. 황은 단단하면서도 승화를 통해 다른 물질로 스며드는 프네우마적 물질이며, 불을 만들고, 불과 같이 운동성이 강하다. 수은은 비밀로 차 있고 액체이면서도 무겁고, 그러면서 영(靈)이며, 다른 물질로 침투해 들어가고 어디에나 거처할 수 있다. 그러나 이집트인들은 자연철학적 이론화에 대해 반감을 가졌기 때문에 황과 수은의 질료이론으로 나아가지는 못했다.

《카우사 카우사룸》에 따르면 태초에 형태도 형상도 없는 원질(Ur-materie), 즉 프로테 힐레(Prote hyle)가 존재했다. 이에 신은 4성질, 즉 뜨거움, 차가움, 습함, 건조함을 부여했고, 이로써 4원소가 나왔다. 황과 수은은 이 원소들로부터 형성된 최초의 기본적 '진짜 물질'이다. 광물, 광석, 금속은 나머지 '진짜 물질'에 속한다. 그런데 이 나머지 물질들은, 모두 일종의 증류 과정 속에서 생성된 황과 수은을 거쳐서 형성된다. 황과 수은의 중요 성질은 서로 결합할 수 있는데, 결합은 행성들의 빛과 태양의 비등시키는 힘의 영향을 받아 일어난다. 이때 두 물질의 순도와 양의 비율에 따라서, 그리고 장소, 기후, 공기 혼합, 열의 세기와 지속 시간에 따라서 모든 금속과 모든 염이 속한 물질이 생성된다.

아랍 연금술의 시리석 중심은 바그다드였으며, 대표적 연금술사는 자비르 이븐 하이얀이었다. 자비르는 대단히 많은 저작을 남겼는데, 따라서 그가 개인인지 그를 중심으로 하는 하나의 학파인지는 분명하지 않다. 자비르는 이슬람의 한 종파인 이스마일파와 관계를 맺고 있었는데, 이 종파는 선택받은 자들만 지혜를 얻고 전달할 수 있다는 그노시스적 노선을 취하고 있었다.

 자비르에 있어 질료는 속성이 부착되어 있는 물질적인 것이다. 그런데 그는 4가지 성질 중 두 개가 아닌 하나만 붙어도 구체적 물질이 성립한다고 보았다. 그가 보기에 금속은 본질적으로 김의 형태로 수은을 향해 솟아오른 광물적 황과 결합해서 단단해진 수은이다. 금은 수은이 황들 중에서 가장 섬세하고 가장 순수하며 가장 균형 잡힌 황과 완전하고 균형 잡힌 방식으로 결합하여 단단해짐으로써 생성된다. 그렇기에 금이 '유일성'을 획득하는 것이다. 자비르는 또한 자연의 3계, 즉 동물계, 식물계, 광물계의 모든 사물이 영과 혼을 지닌다고 보았다.

 그런데 금의 생성에서 나타났듯이, 자비르가 말하는 황과 수은은 하나의 황, 하나의 수은이 아니다. 금속 속에는 황과 수은이 다양한 비율로 결합해 있는데, 이것들이 모두 자기 성질을 동일하게 가지고 있는 것이 아니다. 즉 순수한 황, 순수한 수은뿐만 아니라 덜 순수한 황, 덜 순수한 수은이 존재한다는 것이다.

 이는 원소에도 적용된다. 예컨대 물이라는 원소는 차갑고 습한 성질을 가지고 있는데, 이때도 차가움과 습함이 다양한 비율로 존재할 수 있다. 그런데 물에는 건조함과 따뜻함 또한 감추어진 상태로, 잠재적으로 들어 있다. 물의 흙으로의 변환은 건조함이 지속적으로 더해져서 이 성질이 완전히 밖으로 드러나고, 습함은 속으로 숨어들어 감으로써 이루어진다. 성질의 많거나 적음은 색채에도 적용될 수 있고, 지구상의 사물의 엄청난 다양성을 설명해 준다.

 은이 금으로 변환되는 것에 대해 자비르는 이렇게 설명한다. 은은 무거움과 색채 두 가지 점에서만 금과 구분된다. 그러므로 은이 무거움이라는 성질을 흡수하는 힘을 갖게 되면 금의 본체로 넘어갈 수 있다. 그리고 노란색을 흡수하는 힘이 부여되면, 결국 금의 색으로 등장하게 된다. 성질의 구성비가 변화되면 변환이 이루어진다는 것이다.

그렇다면 어떻게 사물의 진짜 구성비를 알아내고 이를 통해 그것들을 마음대로 변환할 수 있는가? 자비르는 물질을 분석하는 것이 아니라 그 이름을 분석해야 구성비를 알아낼 수 있다고 말한다. 이 이름 분석은 대단히 복잡한 규칙을 따르는데, 그는 이 규칙에 피타고라스식의 숫자사변까지 덧붙여서 더 복잡하게 만든다. 이런 식의 이론에 실질적 지식이 더해지고, 마지막으로 실험실 작업을 통해서 변환이 이루어지는 것인데, 이때 중요한 작용을 하는 것이 중간생성물(중간물질)이다. 이것은 변환의 초기물질과 최종물질의 중간에서 초기물질의 성질을 정확하게 보완하여 변환을 완수하는 역할을 한다. 자비르에 있어 중간물질은 엘릭시에르이다. 그런데 다양한 치료약이 존재하듯 다양한 엘릭시에르가 존재한다.

자비르의 연금술에서 수은은 매우 중요한 위치를 차지한다. 수은은 엘릭시에르는 아니지만 모든 물질의 기본 구성물이다. 연금술 작업의 기초는 이리저리 움직이는 이 수은을 고정하는 것이다. 그는 수은이 휘발된 상태에서 영을 부여받으며, 이 상태에서 4원소가 최적의 비율로 합쳐진 어떤 물길과 결합해 엘릭시에르들의 엘릭시에르, 위대한 엘릭시에르가 된다고 했다. 자비르는 위대한 엘릭시에르를 '이맘'이라 불렀다.

자비르는 엘릭시에르가 변환될 대상에 작용할(들어갈) 수 있으려면 그 대상이 정화되어 있어야 한다고 말한다. 그러나 이것으로 끝난 것이 아니다. 금으로 변환될 구리나 납 같은 물질이 정화된 후에도 엘릭시에르가 흘러들어갈 수 있도록 하기 위한 또 한 번의 조정이 필요한데, 이 조정 작용을 하는 것이 '금의 씨앗'이다. 자비르는 위대한 엘릭시에르는 천하거나 병든 금속만을 치유하는 것이 아니라 병든 인간도 구원해 준다고 했다.

저자는 자비르가 피타고라스식 숫자사변과 음악적 화성 속에서 성질들의 양적 비율을 찾아내려 한 것에 대해 자신의 생각을 덧붙인다. 그는 음악에서 화성(和聲, harmony)은 하나의 기적, 하나의 비밀이지만, 우리는 질소와 산소 등이 돌아다니는 텅 빈 공간에서 일어나는 진동이 영혼을 뒤흔드는 경험을 함으로써 이 비밀을 접할 수 있다고 말한다. 그런데 저자는 자비르의 음악의 화성에 우주의 조화를 연결시키면서, 자비르가 요하네스 케플러를 연상시킨다고 말한다. 케플러는 천체 연구를 하는 가운데 행성들의 운동에 깃들어 있는 신비로움이나 조화를 경험했으며, 특히 그의 《우주의 조화》라는 책에서는 행성들의 운동이 음악적 화성을 만들어 낸다고 주장했다.

자비르는 언어분석을 통해서 자연의 본성을 알 수 있다고 보았다. 현대인은 전혀 동의할 수 없는 언명이지만, 저자는 현대인의 그와 같은 태도에 비판적으로 접근한다. 우리가 언어분석으로 자연의 본성을 밝혀낼 가능성을 인정하지 않는 이유는 우리에게는 '자연의 본성'에 관한 앎으로 가는 길이 근본적으로 막혀 있기에, 그것을 알 수 없다고 생각하기 때문이라는 것이다. 현대인도 자연을 언어로 표현하고 연관관계를 통해서 자연에 대해 후속 인식을 하지만, 저자는 그러한 인식을 통한 지식이 옳다는 것은 그것을 이용해서 자연이 기술적으로 조작

될 수 있음이 보여짐으로써 증명된다고 말한다. 현대인의 자연 인식을 통해서는 원자 속에서 전자가 움직이는 모습을 그려낼 수는 있어도, 감각적으로 파악 가능한 현상의 본성(본질)을 이해하지는 못한다. 이것이 현대과학을 보는 저자의 비판적 시각이다.

그러나 자비르는 반대로 접근한다. 그는 언어(아랍어)는 알라신이 내려주었기에 자연 자체에 대해 진짜 언명을 하는 것이고, 그렇기에 이 언어를 가지고 자연의 본성에 대해 말할 수 있다고 믿는다. 반면에 현대인은 더 이상 자연의 본성에 대해 말하지 않는데, 저자는 이 점에서 우리가 자비르보다 좀 더 '겸손'하다고 말하지만, 한편 원자폭탄 같은 기술적 성공에 의해 뒷받침되는 전혀 다른 종류의 불손함을 보인다고 한다. 그러므로 현대인에게 '자연으로 돌아가라'고 하는 루소의 말은 공허한 요구인 것이다.

그런데 저자는 자비르가 과연 정통 연금술사인가, 말하자면 조시모스와 같은 계열의 연금술 대가들에게 속하는가라는 물음을 던진다. 그에게서는 제일질료, 검은색의 비밀, 표준제법도 찾아볼 수 없다. 단지 자연철학적으로 뒷받침되는 물질이론이 있을 뿐이다. 그래도 저자는 최종적으로 자비르를 연금술 대가의 반열에 넣을 수 있다고 판단한다. 그 이유는 선택받은 자들에게만 비밀의 문을 열어 준다는 연금술적 지시전달 방식, 연금술의 스승-제자 관계, 연금술사는 구원을 주는 지혜를 추구해야 한다는 그노시스적 노선, 범신론 등 연금술 대가들의 핵심 태도와 관통하는 생각을 자비르에게서 발견할 수 있기 때문이다. 연금술사 여부를 판단할 때 연금술의 정신에 부합하는가를 보는 것이 더 중요하다는 말이다.

7. 아르-라지, 아랍 연금술의 물질변환 가능성 논쟁

자비르와 함께 아랍의 위대한 연금술사로 꼽히는 인물은 아르-라지(Abu Bakr Muhammad ibn Zakariya Ar-Razi)이다. 저자는 그를 연금술의 위대한 '냉철한 실천가', 위대한 '원형화학자'라고 부른다. 아르-라지는 자비르의 영향을 받았다.

그의 본업은 의사로, 바그다드에서 그 시대의 가장 현대적인 병원의 책임자로 일했다. 병원에는 각종 화학실험 기구가 갖추어진 실험실도 마련되어 있었는데, 그는 여기서 다양한 화학기술적 실험, 연금술 작업을 수행했다. 아르-라지는 자비르와 마찬가지로 실질적 지식을 강조했다.

아르-라지는 자신을 플라톤주의자라고 생각했지만, 저자는 그가 플라톤의 혼 개념과 4원소가 삼각형으로 구성된 기하학적 형상을 하고 있다는 가르침만 받아들인 특이한 플라톤주의자라고 말한다. 그런데 플라톤은 원소가 삼각형으로 분해되었다가 다시 결합하면 다른 원소로 변환될 수 있다고 보았지만, 아르-라지는 원소는 더 이상 쪼개지지 않는 원자(原子)라고 생각했다.

아르-라지의 실천적 자연철학은 자비르의 영향을 받았다. 그는 금속과 돌이 고귀한 것으로 변환될 수 있으며, 엘릭시에르가 물질변환의 힘을 가지고 있고 중간물질 역할을 한다는 것을 믿었다. 저자는 아르-라지를 원형화학자의 범주에 포함시킨다. 그 이유는 아르-라지가 복잡한 성분이 들어가는 제법에서 최종산물은 동일하지만 제조방법은 다양한 텍스트를 썼고, 이는 그가 고대 헤르메스적 연금술이 아니라 화학을 수행했음을 보여 주기 때문이다. 어떤 제법이 연금술 작업에서 흔히 있는 번거로운 중간단계를 벗어나 곧바로 목표를 향해 나아간다면, 그것은 원형화학을 수행한 것이다.

저자는 아랍에서 거의 최초로 연금술에 대한 의심과 이에 따른 논쟁이 발생했다고 말한다. 논쟁은 두 가지 측면에서 일어났다. 하나는 그것이 생활에 도움이 되는가에 관한 문제였고, 다른 하나는 금속의 변환이 가능한가에 관한 문제였다.

첫 번째 문제에 대해서는 도움이 안 된다는 결론이 실제 사례를 통해 쉽게 도출된다. 두 번째 문제는 아리스토텔레스의 자연철학 등을 배경으로 논쟁이 이루어졌다. 저자는 아리스토텔레스의 자연철학에서 그러하듯 연금술에서도 어떠한 (금속) 종(種)도 다른 (금속) 종으로 넘어갈 수 없다고 본다. 그다음에, 그렇다면 연금술에서 금속변환 가능성을 부정한다는 말이 되는데 틀린 언명이 아니냐는 물음을 던진다.

물론 연금술에서는 금속의 변환 가능성을 믿는다. 이때 금속의 색(광택)을 금속의 고유성을 나타내는 핵심 요소로 본다. 다시 말해, 색을 변화시키면 금속변환이 이루어진다는 것이나. 그렇다면 색이 본질적 속성인가 우연적 속성인가가 결정적인 문제가 된다. 본질적 속성이라면 아리스토텔레스 자연철학에 비추어 볼 때 변환이 불가능한 것이 되고, 우연적 속성이라면 변환이 가능하게 되기 때문이다.

저자는 이 책의 첫 부분에서 그리스-이집트 연금술사들이 색을 본질적 속성으로 보았다고 설명했는데, 여기서는 그들이 색을 본질적이면서도 우연적인 속성으로 보았을 것으로 추측한다. 즉 어떤 소마(soma)가 어떤 금속인지 결정하는 맥락에서는 색이 본질적 속성이었지만, 모든 금속을 상호 물질변환 가능한 종으로 파악할 때는 색이 우연적 속성이었다는 것이다. 모순적인 것처럼 보이지만, 연금술사들은 철학자도 아니었고 아리스토텔레스 전문 연구자도 아니었기 때문에 이러한 접근이 가능했으리라는 것이 저자의 견해이다.

연금술의 금속변환에 대해 분명하게 비판한 인물은 아랍 의사로 중세 유럽 의학에 큰 영향을 준 이븐 시나(아비센나)이다. 그는 금속의 색이란 우연적 속성일 뿐이며, 연금술사들이 금속의 색을 변화시키는 것은 변환이 아니라 단지 모조일 뿐이라고 비판했다.

여기서 저자는 조금 엉뚱한 것처럼 보이지만 어떤 논쟁 참여자들의 입에서도 흘러나오지 않은 '논거'를 언급한다. 이 논거는 물질변환 가능성과는 다른 종류의 것으로, 연금술의 다른 차원의 '유용성'과 관련된 것이다. 그는 이렇게 말한다.

"연금술이 오랜 기간에 걸쳐서 전통을 형성하는 작용을 할 만한 힘을 가졌을 뿐만 아니라, 그에 더해 서로 아주 다른 정신적 아비투스를 가진 아주 다른 문화들을 사로잡는 힘도 내놓았다면, 연금술에 무언가가 있었음에 틀림없다."

물론 이 말은 물질변환 가능성에 대한 증거는 될 수 없지만, 대신 '인간에 대한 경탄'이라는 감정을 불러일으킬 수 있다는 것이 저자의 생각이다. 저자도 연금술 역사를 연구하는 동안 이러한 경탄의 감정을 느꼈을 것이다.

저자는 중국이나 인도 같은 다른 문명에서도 연금술이 존재했음을 보여 준 후, 연금술이 왜 사회적으로 억압받지 않았는지 설명하고자 한다. 그는 연금술사들의 활동이 헤르메스주의적이든 원형화학적이든 사회의 주변 현상이었다고 본다. 다시 말하면 연금술사들은 자기들이 처한 주변 환경으로부터 벗어나고자, 즉 혁명적 의미에서 주변을 부수어 없애고자 시도하지 않았다는 것이다. 그들의 의도와 행위는 자기중심적이었으며, 그렇기에 대중 운동을 일으킬 만한 것은 아니었다. 국가는 위조된 금의 위험에 대해서는 반응했다. 그러나 정치적 집단으로서의 연금술사들에게 체제가 위협받는다고 느끼지는 않았다. 저자는 연금술 대가들의 갈망은 주변을 깨부수고 경계를 넘어서는 쪽을 향했지만, 이 경계는 그들 자신의 존재의 경계였을 뿐이었다고 보았다.

8. 유럽 중세의 연금술

연금술은 아랍을 거쳐 유럽으로 넘어오는데, 아랍에서 유럽으로 전달되기 위해서는 이슬람과 기독교 사이의 환승지, 즉 이베리아반도의 톨레도와 시칠리아섬의 팔레르모에서 이루어진 대규모 번역작업을 거쳐야 했다.

유럽의 중세 초기는 연금술에서도 거의 암흑기였다. 연금술에 관한 문헌과 실험실 활동은 중세 성기(盛期) 후반에 와서야 눈에 띄게 드러난다. 12세기경 아랍 학문이 본격적으로 번역되는 과정에서 연금술 문헌도 함께 번역되어 유럽 세계로 들어왔기 때문이다. 저자는 여기에서 묻는다. 그런데 그 전에는 왜 아랍 학문이 번역되지 않았는가, 중세 초기의 유럽은 왜 아랍 학문을 받아들이는 데 적극적이지 않았는가. 일반적인 답으로는 서로마 멸망 후 학문 전통의 단절, 기독교의 배타성 등이 제시되지만, 저자는 중세 초기 유럽이 문화 수용의 조건을 갖추지 못했기 때문이라는 색다른 답을 내놓는다.

저자는 아랍의 이슬람과 중세 유럽의 기독교를 예로 들며 다른 문화를 받아들이게 되는 조건에 대해 이야기한다. 그는 다른 문화에 대한 욕구는 종교 영역에서는 우월하다고 느끼지만 문화적으로는 뒤처지는 상황에서 불안을 느낄 때 생긴다고 본다. 그런데 이 불안감은 문화적 열등함을 인정하는 것이다. 그리고 열등함의 인정은 자신이 우월한 문화와 비교해서 권력적·정치적으로 우위에 있다고 느낄 때 가장 쉽게 이루어진다. 무슬림이 아프리카와 근동에서 군사적으로 승리한 후 정복한 지역의 문화를 받아들였듯이, 유럽 기독교인들도 무슬림들보다 군사적으로 우월하다고 느낄 수 있었을 때, 즉 재정복 후에야 무슬림의 지식을 체계적으로 전수받았다는 것이다.

12세기에 시작된 번역작업은 한 세기라는 긴 기간에 걸쳐서 이루어졌다. 저자는 번역을 통한 학문 전수작업이 단기간에 끝나지 않고 오랫동안 열광적으로 지속된 이유를 내적 완결성과 보편성을 지닌 아리스토텔레스 철학이 중세 학자들의 지적 욕구를 완벽하게 채워 줄 수 있었다는 점에서 찾는다. 아리스토텔레스 철학은 중세 학자들에게 현자의 돌 같은 느낌, 무지로부터의 해방과 구원의 느낌을 주었으리라는 것이다.

아리스토텔레스 원소이론과 물질이론의 외피(外皮)를 쓰고 있던 연금술도 학문 전수의 시기에 함께 유럽으로 들어왔다. 이때 번역된 연금술 문헌은 거의 아랍어본이었는데, 이 작업은 종종 상당히 복잡한 과정을 거쳤다. 아랍어와 라틴어에 모두 능통하면서 아리스토텔레스 철학과 연금술 지식까지 갖춘 번역자가 거의 없었기 때문이다. 그 결과 두 언어 사이에서 어떤 식으로든 매개자가 있어야 번역이 가능한 경우가 많았다. 스페인으로 한정할 때, 매개되는 언어를 사용한 사람들은 무데하르, 모즈아랍인, 유대인이었다. 무데하르는 재정복을 통해 이슬람에서 기독교로 돌아온 지역에서 이슬람을 유지하며 살았던 무슬림, 모즈아랍인은 이슬람 지배하의 기독교인을 말한다.

이들 중에서 아리스토텔레스와 연금술은 모르지만 아랍어와 스페인어를 모두 할 수 있는 사람을 찾기는 어렵지 않았다. 예를 들어 당시의 대표적 번역자 게라르도 다 크레모나는 모즈아랍인에게 아랍어

문헌을 스페인어로 번역하게 한 후 자신이 다시 라틴어로 번역했다. 이 과정에서 번역의 오류가 빈번하게 발생했음은 말할 것도 없다. 게라르도는 자비르, 아르-라지, 이븐 시나 등이 저술한 연금술 관련 문헌도 번역했다.

당시 번역은 닥치는 대로 이루어졌다고 할 수 있는데, 연금술에서도 번역자들의 손에 들어간 모든 서적이 번역되었다. 화학을 강조하는 아르-라지 스타일의 냉정한 저작들로부터 공상으로 들끓는 이야기들과 미신에 찬 주장들의 모음에 이르기까지 모든 종류의 연금술 서적이 번역된 것이다. 그런데 주목해야 할 점은 번역작업 중에 공상에 공상이 덧붙여지고 많은 아랍 저작들이 일그러진 라틴어 형식으로 전해졌다는 것이다.

아랍어 서적의 번역은 13세기에서 14세기로 넘어가는 때에 대체로 끝이 났다. 이 시기는 스콜라철학의 전성기로서 알베르투스 마그누스, 로저 베이컨, 토마스 아퀴나스, 라이문두스 룰루스 같은 스콜라철학의 대가들이 활동했다. 특이한 점은 이들 모두 연금술에 대해서 언급했으며 같은 이름을 가진 두 저자, 즉 진짜와 가짜가 존재했다는 것이다. 가짜 저자들은 모두 연금술에 관해 상당수의 저작을 남겼고, 이 저작들 속에서는 공상과 신비의 영역에 속하는 이야기들도 꽤 많이 발견된다.

진짜 중에서 로저 베이컨은 연금술에 대해 긍정적이었지만, 실천적·실용적 측면을 강조하는 경향을 보였다. 토마스 아퀴나스는 황-수은 이론에 대해 긍정적이었지만, 연금술에 관해서 본격적인 언급을 하지는 않았다.

반면에 가짜-토마스는 순수 수은 이론을 지지했다. 진짜 알베르투스는 천한 금속을 더 고귀한 금속으로 만드는 연금술의 시도가 불가능하다고 보았던 반면, 30편가량의 연금술 소논문을 쓴 가짜-알베르투스는 금속의 물질변환을 믿었다. 이렇게 스콜라철학의 대학자들이 연금술에 대해 언급하고 그들의 이름이 붙은 연금술 서적이 다수 출판되었다는 것은 연금술도 중세 학자들의 주요한 관심 영역에 포함되어 있었음을 의미한다.

9. 라틴 게베르, 플라멜, 기독교

1300년경에는 라틴 게베르가 등장하여 중세 연금술에 큰 영향을 미친다. 게베르는 자비르의 라틴 이름인데, 라틴 게베르는 아랍의 자비르와 동일 인물이 아닌 가짜-자비르다. 그는 《숨마》라는 책에서 금속의 본질은 수은이라는 순수 수은 이론을 제시한다. 이 이론에 따르면 수은을 많이 포함한 물질일수록 고귀하며, 따라서 연금술사의 작업은 수은이 더 많이 포함되게 하는 쪽으로 이루어져야 한다. 순수 수은 이론은 가짜 토마스 아퀴나스의 〈증식에 관하여〉에서 절정에 달하는데, 여기서는 황-수은 이론에서 수은의 파트너인 황이 전혀 등장하지 않는다.

수은은 그리스-이집트 연금술에서부터 논쟁적 물질이었다. 액체이면서 무겁고 그러면서 광택이 있는 이 물질은, 두드리면 늘어나는 금속의 중요한 성질, 즉 가단성이 없다. 따라서 수은이 금속인가 아닌가는 항상 논쟁거리였다. 하지만 이집트 연금술사들은 수은을 7개의 금속에 포함시켰다. 주된 이유는 가단성이 없더라도 7개의 행성에 대응하는 7개 금속에 수은이 들어가야 한다고 보았기 때문이다.

황-수은 이론에서는 모든 금속이 황과 수은으로 이루어져 있다고 주장한다. 그런데 이 이론에 의하면 수은을 금속으로 볼 경우 수은도 황을 포함해야 한다. 그렇다면 모든 금속의 기본은 금속이 아닌 황이라는 모순이 발생한다. 이는 받아들여질 수 없는 것이었고, 사람들은 오히려 모든 금속은 본질적으로 수은이라는 생각을 갖게 되었다. 고대의 연금술사 시네시오스는 수은을 제일질료를 위한 '우리의 납'이라고 했고, 중세에 와서는 금속의 본질이 수은이라는 순수 수은 이론이 연금술에서 꽤 널리 받아들여지게 된다. 연금술사 아르날두스 데 빌라노바는 수은을 금속의 본질로 보았으며, 15세기 연금술사 베르나르두스도 같은 주장을 했다. 물론 순수 수은 이론에서 수은은 물리적 물질이 아니라 수은의 독특한 속성을 모두 가진 이상적 수은인데, 로저 베이컨은 이것을 '철학적 수은'이라고 불렀다.

그렇다고 아랍 연금술에서 이론에 의해 뒷받침된 황-수은 이론이 사라진 것은 아니다. 여전히 추종자가 있었고, 15세기까지 두 이론 사이의 싸움이 전개되었다. 싸움은 결국 황-수은 이론의 승리로 끝났고, 15세기가 끝나 갈 무렵에는 파라셀수스가 황-수은 이론을 확장하여 황, 수은, 염 이론을 내놓기도 했다.

아르날두스 데 빌라노바는 신학자, 점성술사, 사회개혁자, 연금술사, 의사, 유럽 궁정의 외교관 등으로 다방면에서 활동한 인물이다. 그가 썼다고 하는 연금술 저작은 57권이 알려져 있었는데, 그중에서 진짜 아르날두스가 몇 권을 썼는지는 분명하지 않다. 그는 순수 수은 이론을 믿었고, 은과 금이 수은 하나만으로 만들어질 수 있다고 보았다. 스페인 동부 마요르카섬 출신의 라이문두스 룰루스는 연금술의 금속변환 가능성에 대해 아리스토텔레스의 종 개념을 근거로 비판했다. 반면에 가짜-룰루스는 수백 권이 넘는 연금술 책을 썼다.

요한네스 데 루페스키사는 일명 《제5원소에 관하여》라는 책에서 다섯 번째 원소의 속성과 역할에 대해 이야기한다. 제5원소는 4원소만 존재하는 연금술에 매우 생소하고 혼란을 가져오는 것이지만, 신플라톤주의자들은 그것이 혼과 육체 사이, 우주들 사이에서 중개자의 역할을 한다고 생각했다.

저자는 이런 중개자의 특성을 지닌 제5원소 개념이 살아남아 19세기 후반에 전자기파의 매질(媒質) 역할을 하는 가상의 물질인 에테르로 이어졌다는 말을 덧붙인다.

중세의 연금술사 실험실은 이집트나 아랍의 실험실과 크게 다르지 않았지만, 13세기 중엽에는 증류 장치의 개선을 통해 증류기술이 크게 진전되었고, 여러 새로운 물질이 실험실 작업을 통해 발견되었다. 이 물질들은 알코올, 황산, 질산, 왕수(王水) 등이었다. 금도 녹일 수 있는 왕수는 염산과 질산의 혼합물이지만, 무기산인 순수 염산의 발견은 르네상스 시대에 와서 이루어졌다.

중세에는 일반적 지식을 다루는 백과사전적 서적들이 전문 문헌으로 나왔는데, 이 문헌에는 연금술에 관한 내용도 포함되었다. 백과사전의 권위는 물질변환이라는 연금술적 관념에 대한 많은 비판에 맞서 물질변환의 가능성을 떠받쳐 주는 토대 역할을 했다. 또한 백과사전들에 나오는 묘사들은 황-수은 이론이 연금술사들의 비밀집단에서뿐만 아니라 일반적으로도 인정받는 금속에 관한 물질이론이 될 수 있도록 해 주었다.

그런데 중세에도 아랍에서 벌어졌던 금속의 물질변환 가능성에 대한 논쟁이 벌어졌고, 전문 문헌도 이 다툼을 다루었다. 또다시 아비센나의 주장이 중요하게 거론되었고, 연금술사가 어떤 금속을 다른 금속으로 물질변환하려 하는 것은 한 종을 다른 종으로 변환하려고 시도하는 것인가라는 낯익은 물음이 제기됐다. 아비센나는 종의 변환은 불가능하다는 아리스토텔레스의 이론을 옹호했고, 따라서 금속의 변환 가능성을 인정하지 않았다.

　이에 대한 반론으로 또다시 제시된 것은 연금술사들이 바꾼 것은 우연적 속성이고, 본래의 본질적 속성은 그들이 알 수 없다는 주장이었다. 이 논변을 통해 연금술사들이 주장한 것은 자기들의 임무는 제일질료 형태의 금속에서 모든 특수한 속성을 씻어 내는 일이라는 것이다. 논의의 핵심을 어떤 금속 종이 아니라 제일질료의 문제로 환원한 것이다.

　어떤 종이 다른 종으로 넘어갈 수 없다는 아리스토텔레스-아비센나의 이론은 제일질료의 문제와는 상관이 없다. 제일질료는 어떤 종도 아니고, 따라서 어떤 특수한 속성도 가지고 있지 않기 때문이다. 그리고 연금술사들은 금속들이 가진 개개의 특별한 속성들은 모두 우연적인 것일 뿐, 본질적인 것이 아니라고 했다. 그들이 보기에 모든 금속은 하나의 종에 속하는 것으로서 서로 변환될 수 있다.

　저자는 이 논쟁에서 우리가 알 수 있는 것은 14세기에 아리스토텔레스 철학에 정통한 신학자들의 연금술 대항 운동이 있었다는 것이라고 말한다. 연금술사들이 신학자들과의 논쟁에서 승리하기란 쉽지 않았고, 또한 연금술사들에게는 논쟁 자체가 크게 의미 있지 않았다. 따라서 이때부터 연금술사들은 자연철학적 근본원리에 관한 토론을 가능한 한 피하려 했다. 연금술은 본래 대학이나 아카데미 밖에 있었는데, 이러한 논쟁은 아카데미 안에서 이루어진 것과 유사했다. 따라서 연금술사들은 그들과 부딪히기보다 멀리 떨어지는 것을 택했다.

　연금술에서 최종 참조대상은 언제나 텍스트였다. 연금술사들은 연금술 책을 통해 실제를 인지했다. 이는 중세 기독교인들이 더 높고 진정한 실제를 성서라는 하나의 책, 비밀을 담고 있는 책을 통해 인지한 것과 같았다. 경건한 중세 기독교인에게는 모세, 이사야, 마태, 요한이 먼저였고, 인간 활동은 그다음에 오는 것이었다. 연금술사들에게도 조시모스, 마리아, 룰루스 등의 말이 우선이었고, 실험실에서의 체험은 그 뒤에 오는 것이었다. 그들에게 고전적-연금술 문헌은 어떤 것이나 올바른 것이었고, 읽고 또 읽고 깨달아야 하는 것이었다.

저자는 중세의 가장 위대한 연금술사로 게베르를 꼽는다. 게베르는 아랍 연금술사 자비르의 이름을 라틴어로 표기한 것이지만, 그가 쓴 것으로 알려진 책 중에서 가장 유명한 《숨마》(위대한 작업의 완성에 관한 책)의 실제 저자는 중세 유럽의 파울루스 데 타란토(이탈리아 이름 Paolo di Taranto)일 가능성이 높다. 한편 게베르가 쓴 것으로 알려진 나머지 책들의 저자는 타란토가 아니라 다른 사람일 것으로 추정된다.

게베르는 입자이론의 추종자였는데, 이는 현대 원자이론과는 전혀 다른 것이었다. 그는 자연적 최소량(Minima naturalia) 학설을 따른다. 이 학설의 주된 내용은 각각의 물질이 고유한, 말하자면 성질을 간직한 최소의 입자로 구성되어 있다는 것이다. 예를 들면 가능한 한 최소이면서 아직 금빛을 지닌 금 입자, 즉 금의 자연적 최소량이 존재한다. 그렇다고 해서 금이 많은 수은 입자와 황 입자가 올바른 비율로 혼합되어서 만들어진다는 점이 변하는 것은 아니다. 물론 게베르는 황 입자와 수은 입자에는 부드러운 것과 거친 것이 있다고 보았고, 부드러운 것들이 뭉쳐지면 금이 되지만, 거친 것이 합쳐지면 철 같은 금속이 된다고 했다. 그러므로 천한 금속을 고귀한 것으로 만들려면 그 속에 올바른 황 입자와 올바른 수은 입자를 집어넣어야 한다.

게베르에 따르면 금속은 이상적 구성비, 즉 이상적 상태가 존재한다. 불완전한 금속은 이 상태로부터 벗어나 있다. 이유는 그 속에 수은이 너무 적게 들어 있거나, 황과 수은의 입자들의 크기가 이상 상태에 부합하지 않기 때문이다. 또는 전체 덩어리의 비(非)균질성 때문일 수도 있다. 금만이 거의 올바른 크기의 입자로 이루어진 수은과 금에 색을 제공하는 적은 양의 '올바른' 황으로 구성되어 있다.

게베르는 불완전한 금속은 치유받아야 할 것으로 보는데, 그렇다면 치유약이 필요하고 그것의 제조방법도 뒤따를 것이다. 이 약의 제조방법에서는 그의 경험적·화학적 사고를 발견할 수 있다. 예를 들어 구리를 희게 만드는 과정(레우코시스)에 대해 그는 이렇게 말한다. 침전시킨 수은과 하소(煆燒)시킨 구리를 녹이고, 두 용액을 섞어서 응결시켜 의약제를 만든 후, 이것을 구리에 투사하면 구리가 희게 되고 정화된다. 이 의약제는 희게 만들어 주지만 그것이 오래 유지되도록 하지는 못한다. 따라서 1차 의약제다. '철학자의 돌'은 3차 의약제다.

14세기 프랑스에서는 플라멜이라는 연금술사가 등장했다. 플라멜이 연금술 역사 연구자들 사이에서 주목받는 이유는 그가 모르는 사람에게서 샀다고 하는 어떤 책 때문이다. 이 책은 유대인 아브라함이 썼다고 하는데, 텍스트는 거의 없고 그림들로 가득 차 있는 그림책이었다. 플라멜은 그의 자서전에서 이 책의 그림에 대해 상세하게 설명하지만, 책은 사본조차 전해지지 않는다. 1612년에는 플라멜이 저자로 표기된 《상형도해의 책》이 나오지만, 실제 저자는 다른 사람이다.

그림 역시 플라멜의 자서전에 나오는 설명에 따라 재구성된 것이다.

플라멜은 책에 나오는 그림들의 비밀을 알아내려고 노력하던 중 꿈에서 계시를 받고 선생을 만나 가르침을 얻었으며, 아내 페레넬과 함께 비밀 해독을 위해 온갖 시도를 한 끝에 25년 만에 엘릭시에르, 즉 돌을 발견했다고 한다. 그는 자신이 발견한 그것이 엘릭시에르임을 즉시 깨달았다. 그리고 그것을 1.5파운드의 수은에 투사했고, 그만한 양의 은을 얻었다. 그것은 광산의 은보다 더 품질 좋은 순은이었다. 그 자리에는 아내만 있었다. 그 후 플라멜은 붉은 돌, 즉 엘릭시에르를 거의 동일한 양의 수은에 투사했는데, 수은은 순금으로 변환되었다. 이 금의 품질은 보통 금보다 더 뛰어났다. 이때도 아내 페레넬은 그 자리에 있었다.

저자는 플라멜의 이야기가 '연금술 소설'이라고 본다. 연금술 소설은 연금술의 비밀과 그 보유자의 운명을 그린 이야기이다. 플라멜의 소설에는 꿈, 비밀의 책을 판매한 미지의 인물, 비밀을 해독하는 무자격자에 대한 저주, 비밀을 풀기 위한 25년간의 노력, 조력자이자 동료인 아내 페레넬 등의 이야기가 나온다.

저자는 이 이야기의 의미를 연금술과 연결 지어 설명한다. 꿈은 조시모스 등 초기 연금술사들의 문헌에서도 발견되는 것이다. 태고의 꿈은 현실을 의미하는데, 연금술에서의 꿈도 그와 다르지 않다. 미지의 인물은 비밀에 싸인 전달자로서 플라멜에게 선택받음이라는 은총을 베푸는 자이다. 연금술에서 무자격자는 비밀을 다룰 권한이 없으며, 그럼에도 비밀을 풀고 그것을 퍼뜨리면 저주를 받는다. 25년의 노력 끝에 성공했다는 것은 선택이라는 은총을 받은 자 또한 목표에 도달하기 위해서는 긴 인내가 필요함을 보여 준다. 아내는 연금술 대가의 신비의 누이, 이를테면 조시모스의 테오세베이아 같은 인물을 상징한다. 그녀는 남성적 연금술사 존재 속에 있는 여성적 부분의 육화(肉化)이다. 동시에 연금술, 곧 그 속에서 질료의 남성적 원리와 여성적 원리의 합일이 완성되고 현자의 돌로 나아가는 과정에서 여성적 절반의 육화이기도 하다.

저자는 플라멜의 책과 같은 '연금술 소설'과 관련해 두 가지 물음을 던진다. 하나는 소설의 저자가 왜 연금술 소설을 썼느냐이고, 다른 하나는 우리가 왜 그 책에 대해 흥미를 갖느냐이다.

첫 번째 물음에 대한 저자의 답은 명확하지 않다. 그는 연금술 소설은 단순한 사실들 속에서 고갈되어 사라지지 않는 진리를 위해 쓰였으리라고 본다. 물론 여기에서 무엇이 진리인가라는 물음이 제기될 수 있다. 두 번째로 연금술 소설이 우리 관심을 끄는 이유로는 그것들이 참으로 이국적이라는 것, 연금술 이야기의 낯섦, 즉 이국적인 것이 우리에게 인간 자체에 관해서 어떤 것을 가르치기 때문이라는 견해를 내놓는다.

플라멜의 이야기에 등장하는 뱀, 꽃 등은 메타포가 아니고 상징이다. 책에서 그림으로 등장하는 우로보로스, 늑대, 왕관 쓴 소년 등도 모두 상징이다. 그런데 이것들은 한 가지만 상상하지 않는다. 늑대가 늙은 왕을 잡아먹고, 늑대가 불태워지고, 거기에서 왕관 쓴 소년이 등장한다는 알레고리에서 왕은 금을 상징하고, 늑대는 안티몬을 상징한다. 그러나 연금술사들은 이 이야기에서 동시에 죽음과 부활의 드라마를 경험한다. 남성적-여성적인 헤르마프로디토스는 우주와 구원의 상징이면서 돌의 상징이기도 하다. 플라멜이 묘사한 그림도 모두 어떤 것을 상징하는 것이다. 예를 들어 서로 잡아먹는 뱀들의 그림은 황과 수은을 나타내고, 십자가에 못 박힌 뱀은 수은의 고정(고체화)을 나타낸다고 해석할 수 있다.

뉴턴과 함께 근대 역학의 창시자 중 하나인 갈릴레오 갈릴레이는 우주의 책, 즉 자연은 수학의 언어로 기록되어 있기 때문에 그것을 모르면 책의 단어 하나도 이해할 수 없다고 했다. 반면에 연금술에서 자연의 책은 전혀 다르다. 여기서는 거의 모든 단어가 다의적(多義的)이다. 그중에서 가장 다의적인 것은 '돌'이라는 단어이다. 그렇지만 분명한 점은 '현자의 돌'이 어떤 이름으로 등장했든 항상 물질적인 것이었다는 점이다.

중세에 돌은 붉은 가루, 드물게는 액체로 나타났다. 그것은 다른 물질을 변환하는 능력을 가지고 있지만, 자신은 항상 불변한다. 돌의 변환 능력은 우주적 차원까지 올라갈 수 있다. 라이문두스 룰루스나 아르날두스 빌라노바는 바닷물 전체가 수은으로 이루어져 있다면 돌로써 그 바닷물을 모두 금으로 만들 수 있다고 주장했다. 14세기부터 돌은 생명의 원리인 엘릭시에르를 거쳐 기적의 약이 된다. 그것을 가진 사람에게 대항할 수 있는 자는 아무도 없다.

돌의 기초는 제일질료이다. 제일질료는 질료가 있는 곳 어디에나 있다. 그것은 아리스토텔레스적인 모든 물질적 속성의 담지자이기 때문이다. 그러나 그것은 동시에 어디에도 없다. 속성 없는 것, 즉 제일질료의 존재는 확인이 불가능하기 때문이다. 속성 없는 제일질료를 순수하게 만들어 낼 수 있다는 주장은 아리스토텔레스의 물질이론에 반하는 것이지만, 그 제일질료는 동시에 연금술사들의 비밀이다. 한편으로 그들은 제일질료를 가지고 있지 않고, 다른 한편으로는 가지고 있다. 한편으로 이 질료는 검고, 속성이 없고, 죽었으며, 다른 한편으로 그것은 잠재적으로 모든 색채와 모든 속성을 포함하고 있다. 그렇기 때문에 바로 이 질료로부터, 모든 것이 되고 모든 것을 할 수 있는 '현자의 돌'을 만들 수 있는 것이다. 그것은 태초의 혼돈과 같다. 혼돈으로부터 모든 것이 생겨나기 때문이다.

그러므로 제일질료는 그리스어로 하나 속의 모든 것, 하나이자 모든 것, 즉 헨 토 판(Hen to pan)이다. 그렇기에, 즉 그것이 하나이자 모든 것이기 때문에 돌을 상징하고 세계에 존재하는 모든 것을 상징하는 것이다. 그런데 제일질료는 모든 것이기는 하지만, 그렇기 때문에 구체적인 면에서는 아무것도 아니다. 어쨌든 분명한 점은 돌과 제일질료는 어디에나 있고 어디에도 없다는 것이다.

저자는 이제 중심과 출구가 어디에나 있고 어디에도 없는 미로(迷路)와 같은 곳에 스스로 들어가서 돌과 제일질료를 찾는 연금술사란 과연 어떤 존재인가라는 물음을 던지고, 이어서 라틴 게베르의 견해를 소개한다. 게베르에 따르면 전형적인 연금술사는 건강한 신체를 가지고 있어야 하고, 날카로운 혼을 소유한 자로서 환상, 오류, 협애함에 빠지지 않아야 하며, 인색해서도 안 되고 분노에 휘둘려서도 안 된다. 저자는 이러한 기준이 제임스 왓슨이나 프랜시스 크릭과 같은 현대의 냉철한 과학자에게 적용되어도 손색이 없다고 말한다.

그렇다면 어디에 차이가 있는 걸까? 저자는 연금술이란 신의 권능에 의해 주어진 것이라는 게베르의 말을 인용하며, 중요한 차이는 신에의 부름이라고 말한다. 이 부름이라는 은총을 받지 못한 자는 비밀에 참여하지 못한다. 그들이 비밀을 다루거나, 그들에게 비밀이 새어 나가면 비밀은 파괴된다. 그러므로 연금술사는 보통 사람과 다르고, 그렇기 때문에 보통 사람을 멀리해야 한다.

중세 후기에 와서는 새로운 양태의 연금술사들, 제후들에게 고용된 궁정 연금술사가 등장한다. 이들은 제후들을 위해 일하지만 자기들의 비밀이 제후들에게 새어 나가지 않도록 대비했다. 은총받지 못한 자는 연금술 비밀을 찾아가는 작업에 참여할 수 없다는 것, 새어 나가면 비밀이 파괴된다는 것을 구실로 내세웠던 것이다. 그런데 왜 고용된 연금술사가 생겨났을까?

중세 말 유럽에서는 오리엔트와의 무역이 활발해짐에 따라 귀금속 수요가 크게 증가했다. 그 결과 인도나 아메리카에서 금이나 은을 찾으려는 활동이 활발하게 일어났는데, 제후들이 연금술사를 고용한 것도 같은 의도에서였다. 연금술 작업을 통해 금과 은을 얻으려 했던 것이다. 이 과정에서 제후에게 접근한 연금술 사기꾼이 등장했는데, 저자는 진짜 연금술사와 사기꾼은 여러 면에서 동일하지만, 진짜 연금술사의 성격 유형은 모방자와 근본적인 면에서 다르다고 말한다. 진짜는 내향적이지만 사기꾼은 외향적이다.

사기꾼이 아니면서도 제후들에게 접근한 연금술사들이 있었는데, 그중 하나는 독일의 수도사 울마누스였다. 그는 《성 삼위일체의 서》라는 책을 썼고, 나중에 신성로마제국의 황제가 된 지기스문트 왕과 브란덴부르크의 제후 프리드리히에게 이 책을 바쳤다. 울마누스는 이 책에서 마리아와 그리스도의 인간적 측면이 단일성을 형성하며, 이렇게 만들어진 신적 인간형이 인간을 죄로부터 어느 정도 해방할 수 있다고 주장했다.

그런데 울마누스는 이 해방 행위의 상징이 일곱 개의 행위를 동반하는 연금술 작업이라고 보았다. 일곱 개의 행위는 모르티피키렌(죽임), 승화(쫓아냄), 증류(물을 받아들임), 하소(태움), 용해(흘려보냄), 염색(색 입힘), 응결(압축)이다. 이 일곱 개의 행위는 일곱 개의 금속, 일곱 개의 기본 덕(德), 일곱 개의 행성, 그리고 그리스도의 일곱 개의 기적과 연관 지어지며, 이를 통해 연금술과 신학의 긴밀한 결합이 생겨난다. 울마누스는 돌에 도달하지는 못했지만, 돌이 신과 동일하며, 최종적으로 완성에 도달하기 위해 죽음을 통과했기 때문에(모르티피카티오, Mortificatio) 예수와도 같다고 말한다. 돌은 모든 것을 변환할 수 있고 모든 것을 구원할 수 있다.

울마누스의 책에는 연금술에서 많은 해석과 상상을 낳았던 헤르마프로디토스의 그림이 실려 있다. 특이한 점은 그가 헤르마프로디토스를 밝은 것과 어두운 것 두 가지로 구분했다는 것이다. 어두운 헤르마프로디토스는 적그리스도를 상징한다. 이때 남성 헤르마프로디토스는 뱀 대신 검을, 여성 헤르마프로디토스는 잔 대신 왕관을 들고 있는 모습으로 나타난다. 저자는 검과 왕관은 권력욕과 물욕을 나타내며, 연금술에서 이것들은 금 만들기의 추구로 나타난다고 해석한다.

울마누스와 달리, 연금술을 사변(思辨)과 환상(幻想)으로 가득한 것으로 만들지 않고 진지하게 수행한 연금술사도 있다. 저자는 연금술이 진지하게 수행되는 경우에 그것을 스키엔티아(과학)로 볼 것인가 그렇지 않으면 아르스(수공업적 예술)로 볼 것인가라는 물음을 던진다. 로저 베이컨이나 19세기 화학자 유스투스 리비히는 스키엔티아 쪽을 지지하기도 했지만, 그렇다고 해도 연금술은 대학에서 어떤 자리를 차지한 적도 없다. 항상 아카데미 밖에서 불안정하게 떠돌아다녔던 것이다.

그런데 13세기 말 연금술에는 커다란 소용돌이가 몰아쳤다. 도미니코 수도회에서 연금술을 금지했고, 14세기 초에는 아비뇽의 교황이 연금술사들을 비난하는 교서를 내놓았던 것이다. 교서는 연금술사들의 행위가 악마적이라는 암시를 했는데, 이러한 비난은 《주교의 정전》이라는 문헌에서 강도가 더 높아졌다. 이 문헌의 주장은 신에 의해서 만들어진 사물이 한 종에서 다른 종으로 인공적으로 변환될 수 있다고 주장하는 자는 불신자이고, 이방인보다 더 나쁘다는 것이었다. 국외자로서 평판도 그다지 좋지 않았던 연금술사들에게 교회의 '철퇴'가 내려졌던 것이다.

저자는 그런데도 왜 연금술사들은 사회의 다른 미움받던 집단과 달리 핍박을 받지 않았는가 하는 물음을 던진다. 왜 그들은 당시의 마녀, 이단자, 유대인과 같은 취급을 당하지 않았냐는 것이다. 그 답을 저자는 연금술사들이 떠돌던 주변의 위치가 다른 주변 집단들과 달랐다는 데서 찾는다. 물론 연금술도 마술, 비학(祕學)과의 연결이 있었고, 이단적 요소를 가지고 있었다. 그러나 연금술사들의 종교적 태도에 그노시스적인 면이 있었다고 해도 그들의 종교적 관념이 너무 불명확했으며, 마녀와 달리 라틴어로 자기 방어를 할 능력이 있었기 때문에 박해를 받지 않았던 것이라고 저자는 말한다.

10. 근대의 시작과 연금술

근대의 연금술을 다루는 이 책의 마지막 부분에서 저자가 첫 번째로 다루는 것은 헤르메스주의이다. 헤르메스주의는 피렌체의 마르실리오 피치노가 번역한 《헤르메스 전서》로부터 나온 사상이다. 《헤르메스 전서》는 중세에도 일부가 알려져 있었지만, 대부분의 텍스트는 피치노에 의해서 번역되었다. 이는 태고의 지혜가 담긴 것으로 여겨졌고, 중세 말기에 신플라톤주의자들로부터 크게 환영받았다.

저자가 보기에 헤르메스주의가 환영받은 이유는 전통의 재수용을 통해서 전통으로부터 해방되려 했던 인문주의자들에게 그것이 매력적으로 다가왔기 때문이다. 그들은 14세기의 흑사병과 이상기후가 가져온 흉작으로 파탄 지경에 이른 당시 유럽의 상황에서 헤르메스라는 태고의 현자가 전해 준 지혜로부터 해방의 씨앗을 구하려 했다는 것이다.

저자는 피치노의 시대가 새로운 세계, 낯선 세계를 향해 가는 모험을 감수하며 동시에 태고의 지혜로부터 내적 안전을 구하려 했다는 면에서 우리 시대와 유사하지만, 크게 다른 점이 있다고 말한다. 과학기술이 지배하는 우리 시대에는 프리스카 스키엔티아(*Prisca scientia*), 즉 자명한 지혜로 돌아가는 길이 사리졌다는 점이다. 우리 시대에는 전통에 의해 자명하던 것은 과학적으로 확실한 것으로 대체되고, 신비로웠던 태고는 원시적·야만적 태고로 격하됨으로써 그 길이 끊어졌다는 것이다. 여기에서도 현대과학에 비판적인 저자의 시각이 드러난다.

저자는 앞에서 연금술과 기독교의 관계를 다루었는데, 헤르메스주의와 기독교의 관계도 살펴본다. 르네상스 헤르메스주의는 그노시스적-신플라톤주의적 성향을 지녔고, 따라서 정통이 아니었다. 그러나 헤르메스주의는 태고의 자명한 지혜, 모세 이전의 신적인 계시로 받아들여졌기에 기독교 정신에 의해 뒷받침되는 것으로 여겨졌다. 헤르메스주의의 기독교성은 종파가 없었고, 모든 기독교 파당에서 공유했던 교리 영역 안에 머물러 있었다. 이렇게 해서 헤르메스주의는 종교개혁으로 인한 신앙분열의 시대에 유럽의 지적 통일에 기여했으며, 근대 초기의 이미지에 특별한 색을 입혔다는 것이 저자의 생각이다.

따라서 르네상스기의 지적 분위기는 공감과 반감, 대우주-소우주, 세계 혼(魂) 등 헤르메스주의 세계 이해의 영향을 크게 받게 된다. 그리고 15세기 연금술은 헤르메스주의의 영향과 당시의 복잡한 사회변화로 영성화 경향을 강하게 보이게 된다. 1614년 제네바의 이삭 카소봉이라는 문헌학자가 《헤르메스 전서》의 내용이 모세 이전 태고의 것이 아니라 플라톤 이후의 것임을 밝혀냈지만, 이는 헤르메스주의에 대한 당시 사람들의 생각을 조금도 바꾸지 못했다.

근대의 연금술은 카발라의 영향도 받았다. 글자 그대로 해석하면 '전해진 것'이라는 뜻을 가진 카발라는 연금술의 역사처럼 고대 후기에 시작해서 중세에 최고조에 달했으며, 매우 광범위하고 혼란스러운 내용을 담고 있다. 카발라에서는 창조 속에서의 신의 뜻을 파악하기 위해, 성서에 나오는 히브리어 22개 알파벳의 관계와 단어를 탐구했다. 말은, 그것이 신의 말이라면, 그 말이 의미하는 것을 만들어 낸다. 카발라에서는 말과 사물이 함께 전체를 이루고 있고, 우리가 사물에 조응하는 비밀의 말을 알고 있다면, 우리는 당연히 사물을 지배하는 힘을 갖게 된다고 믿었다.

저자는 카발라가 연금술과는 전혀 다른 '작업 영역'을 지녔기 때문에 연금술에 행동지침을 줄 수는 없었지만, 연금술에 특권은 부여했다고 말한다. 이는 둘이 모두 어떤 면에서 비밀에 둘러싸여 있었다는 것과 관련된다. 저자는 그 예로 표지에 히브리어가 빼곡하게 들어 있던 연금술 문헌을 제시하며, 이 문헌의 저자들이 암호화된 히브리어 단어와 문자에서 심오한 지혜를 찾는 카발라의 방식을 연금술적 헤르메스주의와 연금술의 전통에 접목함으로써 연금술을 무언가 더 비밀스러운 것이 있는 듯이 보이도록 하려 했다고 주장한다.

저자는 연금술 과정과 기독교 천지창조의 유비, 그리고 연금술이 근대 초기 신교가 지배적이었던 지역에서 크게 부흥한 이유에 대해서도 언급한다. 카발라와 연금술에서는 모든 물질변환의 최종 비밀은 바로 신의 창조의 비밀이라고 여겼다. 연금술 과정의 비밀이 창조의 비밀과 유사하다고 본 것이다. 그 영향으로 중세 후기와 르네상스 시기에는 〈창세기〉 첫 구절들에 연금술적 주해를 다는 것이 유행했고, 연금술 과정이 〈창세기〉에 기록된 천지창조와 유비적인 방식으로 진행된다고 주장하는 일이 전통처럼 되었다. 신을 화학자라고 부르는 것도 일상적 표현으로 자리 잡았다.

종교개혁기 루터도 연금술에 대해 긍정적 태도를 보였는데, 이는 연금술이 지닌 도덕적·은유적 측면 때문이었다. 루터는 용광로에서 금속을 불태움으로써 정화하여 순수한 것으로 만드는 작업을 하나님이 마지막 날 선한 자와 불신자를 불로 심판하여 나누는 것의 은유로 보기도 했다. 저자는 또한 칼뱅과 같은 근대의 복음주의자들 사이에서 연금술이 공감을 일으켰던 이유도 언급한다. 그중 중요한 것은 연금술의 정화와 변화를 통한 구원, 그리고 해방을 향한 여정이 그들이 로마 교회로부터의 해방과 믿음에 의한 구원을 통해 신을 직접 마주하는 여정과 유사하다고 여겨진 것이다.

여기에서 저자는 잠시 시야를 돌려 연금술에서의 시간이라는 문제를 다룬다. 붙잡을 수 없고, 도처에 존재하고, 모든 것이면서 동시에 아무것도 아닌 것, 이 시간은 연금술의 특별한 주제다. 연금술사들에게 인공적 금의 제조는 자연이 금을 만들어 낼 때 걸리는 시간을 단축하는 것을 의미한다. 엘릭시에르는 죽어 가던 사람에게 자연이 할당한 시간을 연장해 주는 것을 의미한다. '현자의 돌'은 존재의 협소함을 벗어나고, 이를 통해 시간으로부터 해방되기 위한 도구이다. 이는 연금술사들이 시간의 조작자와 같은 역할을 한다는 인상을 남긴다.

그러나 저자는 연금술사들이 시간을 지배하는 것이 아니라 시간의 자연적 사이클에 적응하려 했다고 말한다. 그는 멜라노시스를 예로 들어 설명한다. 멜라노시스의 최종점은 모든 속성이 해체되어 제거되고 죽임을 당한 제일질료이고, 원초의 암흑과 혼돈이다. 시간성도 해체되어 시초가 다시 오고, 여기에서 새로운 시작, 재탄생이 이루어진다. 그런데 연금술사들은 이 연금술 과정을 조심스럽게, 대단한 인내심을 가지고 은은한 온도에서 수행했다. 그들이 시간의 리듬으로부터 벗어날 생각을 한 것은 전혀 아니었다는 것이다.

이러한 연금술의 시간성과 현대 과학기술의 시간성은 어떤 차이가 있을까? 저자는 연금술이나 과학기술 모두 시간을 단축한다는 면에서는 크게 차이가 없다고 말한다. 현대 과학기술도 시간의 리듬을 버리려는 의도는 가지고 있지 않았다. 그러나 고도로 산업화된 국가들에서는 인간이 자연적 시간 흐름의 리듬을 크게 축소해서 사라지게 만듦으로써 이 리듬을 상당히 극복했고, 이로써 인간이 시간보다 더 빠르고, 그것을 이겨낸 것처럼 보이는 결과도 생겨났다고 말한다. 물론 낮과 밤이라는 시간 리듬은 없어지지 않았고, 노동 시간과 여가 시간이라는 리듬도 그대로 남아 있다.

그러나 저자는 현대를 사는 우리는 모든 섬세한 리듬의 시간을 남김없이 제거하는 일을 저지르고 있으며, 그럼으로써 시간을 얻는 동시에 시간을 잃는 모순이 발생한다고 말한다. 그는 속도를 예로 들어 이 모순을 설명한다. 우리가 빠르게 이동할수록 그 짧은 시간 안에 공간은 냉혹하게 변화한다. 빠르게 이동한다는 것은 기존에 소요되던 긴 이동 시간을 얻는 것이다. 그러나 이를 통해 남은 것은 갑자기 변화된 공간이며, 그 과정에서 이동의 경험, 시간에 대한 감각은 사라져 버린다. 눈 떠 보니 멀리 떨어진 전혀 다른 장소에 와 있을 뿐이다. 시간을 얻은 듯하지만 실제로는 시간을 잃은 것이다.

저자는 이렇게 현대 과학기술 문명에 상당히 비판적인 시각을 보이는 반면, 연금술사에 대해서는 그들이 시간 안에 있는 자신들을 시간으로부터 스스로 구원하기 위해 시간의 리듬을 확고히 고수했다고 말한다. 그러나 연금술에서 최종적으로 얻으려 했던 돌을 갖는다는 것은 시간성의 짐으로부터의 구원을 의미한다고 말함으로써, 현대 과학기술이 연금술의 돌과 같은 작용을 하는 것은 아니냐는 암시를 던진다.

11. 파라셀수스, 판 헬몬트, 뉴턴, 괴테 그리고 연금술의 심리학

근대 또는 근대과학의 문을 여는 데 기여한 인물 중에는 연금술에 발을 담갔을 것 같은 사람들이 꽤 많다. 그중에서 16세기 초에 활동했던 스위스 의사 파라셀수스는 뛰어난 실력에도 불구하고 하늘을 찌르는 오만함 때문에 어딜 가나 환영받지 못했던 비운의 인물이었다. 그는 형상조응학설(*Signaturlehre*, 약징설)의 창시자였는데, 이 학설의 기초를 이룬 것은 특정한 것이 특정한 것에 작용한다는 질병관이다. 이에 따르면 특정한 독(毒)이 특정한 것에 작용하여 병을 발생시키고, 특정한 사물이 특정한 기관에 작용하여 그 기관의 병을 낫게 한다. 그리고 또 특정한 식물, 특정한 사물이 유사한 형상의 특정한 기관에 작용하여 병을 낫게 한다.

저자는 파라셀수스가 연금술사였는가 묻고 나서, 그렇기도 하고 아니기도 하다고 답한다. 이 답은 뒤따라오는 상당수의 근대적 과학자에게도 해당한다. 이는 한편으로는 이 과학자들도 연금술에 비밀스럽지만 탐구할 만한 무언가가 있으리라고 생각했고 따라서 연금술로부터 완전히 벗어나기는 어려웠다는 것, 그리고 다른 한편으로는 실험실의 화학으로 무장한 연금술이 근대에 이르러서도 무시할 수 없는 영향력을 행사했음을 보여 준다.

파라셀수스에게 연금술은 넓은 의미에서 의화학(醫化學)에 속하며, 저자는 연금술이 그의 의학을 떠받치는 네 기둥(철학, 천문학, 연금술, 덕) 중 하나라고 말한다. 이는 파라셀수스가 전형적인 연금술사는 아니었지만, 어떤 측면에서는 연금술사적 성격을 지녔음을 의미한다. 이러한 저자의 평가는 파라셀수스 연구자들의 평가와 유사한 점이 있다. 그러나 저자는 분명히 강조한다. 파라셀수스는 금이나 현자의 돌에 이르는 연금술 과정에는 관심이 없었고, 그에게 중요한 것은 특정 질병과 싸워 거둔 개개의 의학적 성공이었다고. 한편 파라셀수스는 헤르메스주의와 연금술이 서로 조화를 이루는 세계상을 널리 퍼뜨렸다. 이에 따라 연금술은 다시 새롭게 영성화될 수 있었으며, 이는 17세기에 등장한 장미십자회에 큰 영향을 미쳤다.

파라셀수스와 동시대에, 혹은 그 후 화학과 연금술을 연구한 인물들 중에는 그를 비판하는 자와 따르는 자가 모두 존재했다. 전자는 그가 갈레노스와 아리스토텔레스라는 전통을 무시한다고 비판하는 부류와 안드레아스 리바비우스같이 그의 언어 사용이 불명확하다는 점 등에 대해 비판하는 부류로 나눌 수 있다.

리바비우스는 연금술을 거부하지 않았으며 물질변환이 가능하다고 봤지만, 개념이 불명확하고 재현이 거의 불가능한 파라셀수스의 실험 방법은 강하게 비판했다. 그는 화학을 화학으로 만드는 명확성을 추구했고, 체계적 화학 교과서라고 평가받는 책《알케미아》를 출판했다. 당연히 파라셀수스에 대해 비판적일 수밖에 없었을 것이다. 그러나 연금술의 생명력은 명확성이 아니라 불명확성에서 온다. 여기서 우리가 알 수 있는 것은 이미 16세기 말, 17세기 초에 연금술적 화학과 명확히 구분되는 근대적 화학이 나오기 시작했다는 것이다.

리바비우스와 달리, 여전히 비밀로 가득한 것을 축소하기보다 그것을 비밀로 가득한 것으로서 파악할 수 있도록 만들려는 자들도 존재했다. 그렇기에 그들의 책은 연금술 논문의 전통을 따르고, 불명료함에 불명료함으로 대응한다. 파라셀수스의 뒤를 이은 의사-연금술사 중 후세대에 큰 영향을 미친 인물은 오스발트 크롤이다. 그는 당시 가장 널리 알려진 파라셀수스주의자 중 하나였다. 그는 육체의 고통을 화학적 제조물로 극복할 수 있다는 매우 근대적인 생각을 했지만, 또 한편으로는 인간을 소우주로서 우주적 연관성 속에 통합해 넣음으로써 연금술의 영성화를 강화하는 데 기여했다. 크롤은 의사 앞에 보이는 존재 그대로의 존재를 믿는 동시에, 존재를 넘어 있는 존재도 믿었다.

17세기 유럽에서는 셀 수 없이 많은 진짜 연금술사와 얼치기 연금술사가 활동했다. 이들 중에는 궁정에 진출하여 작위를 받은 인물부터 농부에 이르기까지 다양한 부류가 있었다. 그중 몇몇은 왕이나 귀족에게 사기를 쳤다는 죄목으로 사형을 당하기도 했다.

17세기 전반기에 활동했던 판 헬몬트는 실험과 관찰을 중시하고, 기체를 발견하고 또 기체라는 개념을 도입함으로써 근대 화학의 기초를 정립하는 데 크게 기여한 인물이다. 그런데 저자는 판 헬몬트를 다루는 이유가 그에게서 화학자와 연금술사 사이의 고전적 경계의 사례를 관찰할 수 있기 때문이라고 말한다. 판 헬몬트는 한편으로는 전형적인 근대 화학자의 모습을 보인 인물이었다. 즉 자신의 실천적·이론적 결과를 의심하는 가운데 정량적 실험에 의존했던 것이다. 그는 저울을 연구 수단으로 사용하고 15도 간격으로 보정된 온도계를 사용한 정량적 실험의 거장이었다. 그리고 화학반응에서의 물질 불변의 법칙을 명확하게 표현한 인물이었다. 전형적인 화학자에 부합하는 인물이었던 것이다.

저자는 그렇다면 연금술에서 전형적인 것은 무엇인가라고 묻는다. 그는 연금술에서는 연금술사라는 한 인물 속에 행동하는 실천가와 명상하는 신비주의자가 결합되어 있다는 것을 답으로 내놓는다. 그는 실험을 하지만 항상 실험을 넘어서 나아가는 것이다. 판 헬몬트는 이런 유형에도 부합하는데, 저자는 그가 연금술에서 사용되는 가열로인 아타노르를 사용하여 실험하는 가운데 깨달음을 얻으려 했고 스스로 환상을 경험했다고 하는 것을 그 예로 제시한다. 그는 파라셀수스의 뒤를 잇는 헤르메스주의자였던 것이다.

판 헬몬트가 화학자와 연금술사 사이의 경계에 서 있다는 것은 그의 유명한 물에서 흙으로의 변환 실험에서 드러난다. 그는 나무에 물만 주고 성장시킨 후 그것을 태워서 남은 재의 무게를 재는 정량적 실험을 통해 물이 흙으로 변환한다고 주장했다. 그런데 여기서 정량적 실험은 화학자의 활동이지만, 물이 흙으로 변환한다는 주장은 물질변환이 가능하다는 연금술의 사상에 부합하는 것이다. 판 헬몬트는 연금술의 만능용제인 알카헤스트와 철학자의 돌의 존재도 믿었다. 그리고 실제로 미지의 인물에게서 얻은 무겁고 고운 적황색의 가루를 그것의 2,000배나 되는 수은에 첨가하자 순식간에 금으로 변환하는 것을 목격하기도 했다고 한다.

판 헬몬트도 파라셀수스와 마찬가지로 인식은 자연의 감추어진 것속으로의 명상적 감정이입을 통해, 즉 질료와의 지속적 관계를 통해서만 이루어지는 직관에 의해 도달된다는 견해를 가지고 있었다. 이에 비해 르네 데카르트 같은 인물이 유일한 인식 수단이라고 주장했던 논리학과 수학은 외적인 것, 사물의 외면만을 배열함으로써 공허하고, 살아 있지 않고, 본래의 자연과는 아무런 공통점이 없는 대응세계를 만들어 낸다는 것이 판 헬몬트의 확고한 생각이었다. 그에게 본래의 자연은 숨겨진 것, 비학적인 것이었다.

연금술과 잘 맞는 비학적인 것, 즉 신비학을 둘러싼 싸움은 17세기 전체를 뒤흔들었다. 이 싸움에서 갈릴레이나 데카르트 같은 이성주의자들이 최종적으로 승리했고, 인류를 현재 상태로 이끌고 왔다. 저자는 이 지점에서 진보의 담지자가 과연 누구인가라는 물음을 던진다. 감정 없는 형식주의자 데카르트인가 아니면 사물의 숨겨진 속성들을 찾아다닌 판 헬몬트 같은 화학자인가. 16세기와 17세기에 헤르메스주의가 뉴턴이나 케플러 같은 과학혁명의 주인공들에게 미친 지대한 영향을 생각하면 쉽게 답할 수 있는 문제가 아님을 알 수 있다.

그런데 숨겨진 속성을 어떻게 의식의 표면으로 끌어올리는가? 판 헬몬트는 관찰(직관)과 실험을 통해 얻은 경험에 의해서라고 본다. 연금술에서의 실험, 연금술사들이 생각하는 실험은 현대과학의 실험과는 달랐다. 현대과학에서는 실험이 기존 이론을 뒤집는 결과를 낳을 수 있다. 그러나 연금술사들의 실험은 그 정도로 도전적이지 않다. 예를 들어 물질변환 실험이 실패하면 그것이 가능하지 않다는 결론에 도달하는 것이 아니다. 이유를 대가들의 권위와 책에 대한 해석의 잘못으로, 은총받지 못했기 때문으로 돌리는 것이다.

그러므로 연금술사들의 실험은 자연에 대한 질문이 아니라 자연에 대한 경험이고, 이 경험은 영적인 것과 물질적인 것을 포함하는 경험이다. 연금술사들의 경험은 능동적인 것으로, 그것이 발생하는 과정 중에 질료뿐 아니라 인간도 변화시켰다. 저자는 판 헬몬트가 명상만 하지 않고 실험을 한 이유가 여기에 있다고 믿는다.

저자는 판 헬몬트가 어떤 때는 연금술사 편에 서 있고, 또 어떤 때는 근대적 화학자 편에 서 있다고 말한다. 이는 한 인물이 분열 상태에 있다는 것은 아니다. 경계에 서 있는 인물로 보는 것이다. 저자는 판 헬몬트가 더러운 천으로 덮은 병 속에서 쥐가 생겨나는 실험을 통해 '원시잉태'라는 전통적 주장이 옳음을 확인한 것도 맞는 행위로 본다. 그리고 이때 판 헬몬트는 연금술사에 속한다고 본다. 반면에 염이 황소의 방광벽을 통과한다는 것을 관찰을 통해 확인할 때는 화학자와 생리학자에 속한다고 본다.

저자는 이렇게 이상한 중간 위치에 서 있는 판 헬몬트, 그리고 파라셀수스, 뉴턴, 로버트 보일 같은 사람들이 근대 연금술사들과 구별되는 점은 동일한 인물 속에서 목표가 바뀔 수 있다는 것이라고 한다. 그리고 바로 이 지점에서 판 헬몬트와 그의 동료들이 화학자에 속하는 정신을 지니고 있다는 것이다.

판 헬몬트보다 한 세기 늦게 등장한 뉴턴에게도 문제가 된 것은 '진리'였다. 저자는 그가 연금술로 끌려간 이유가 바로 이 진리 때문이었다고 말한다. 그런데 뉴턴에게 문제 된 진리는 '어떻게'보다는, 또는 '어떻게'가 아니라, '왜'와 관련된 것이었다. 뉴턴은 18세기에 이미 계몽을 대표하는 인물이었다. 따라서 19세기에 와서 사람들은 그가 연금술을 연구했다는 사실에 당황했지만, 그가 연금술에 비판적이었고 그것이 탈선이었다고 함으로써 이 문제로부터 벗어났다. 그러나 뉴턴은 정말로 연금술을 탐구했다.

저자는 뉴턴이 연금술을 탐구했다고 할 뿐, 연금술사였다고 말하지는 않는다. 이유는 연금술을 탐구하는 뉴턴에게서 전통적 연금술사의 흔적은 발견할 수 있지만 그들과 크게 다른 면모가 있기 때문이다. 연금술사의 최종 목표는 모든 것을 가능하게 하는 것, 그 자신도 고양하여 구원에 이르게 하는 것, 바로 돌이었다. 그러나 저자가 보기에 뉴턴의 핵심 관심은 물질세계를 넘어 생명세계의 의미를 찾는 것이었다. 뉴턴은 연금술의 비밀이 생명의 비밀이고, 이 비밀이 올바른 '왜'라는 물음을 약속해 주며, 이 '왜'에 대한 진짜 대답도 약속해 준다고 보았던 것이다. 뉴턴은 질료를 강제하여 특정한 목적을 충족시키고 특정 현상을 일으키는 것은 영(靈)이라고 생각했다. "왜 납은 금이 되는데, 금은 납이 되지 않는가? 세계에는 기계론적 사고로는 다가갈 수 없는 다른 비밀도 있는 것이 아닌가?" 뉴턴의 연금술 연구는 바로 이러한 생각과 의문에서 비롯됐다.

뉴턴의 아카데미 동료이자, 기체의 부피와 압력의 관계를 나타내는 '보일의 법칙'을 발견한 보일 역시 연금술에 관심을 보였다. 그도 뉴턴과 마찬가지로 전통적 연금술사와 상당히 다른 면이 있다. 보일은 세계는 단지 인과론적·기계론적으로만 설명 가능한 것이 아니며, 세계 속에 목적론적 목표를 향한 무언가가 있다고 보았다. 즉, 비물질적 영의 세계가 있다는 것이다. 보일도 '왜'에 대한 답을 찾았던 것이다.

저자는 젊은 시절 연금술을 연구한 괴테에 대해서도 언급한다. 괴테는 실험실에서 직접 규산즙을 만드는 실험을 했는데, 이것은 젊은 괴테에게 제일질료 같은 것이었다. 괴테는 그것이 속성이 없기 때문에 무색으로 나타나고, 그렇기 때문에 빛과 우주적인 것을 끌어당기며, 동시에 잠재적으로 살아 있다고 보았다. 그러나 저자는, 괴테가 화학실험에서 출발했지만 결국 연금술이 있을 곳은 연금술 자체가 아니라 시라는 것을 깨달았다고 말한다.

저자는 이제 연금술사들이 어떤 심리로 연금술을 했는가를 카를 구스타프 융의 연금술사 심리 분석에 기대어 살펴본다. 융은 분석심리학의 창시자로, 20세기 심리학자로서는 드물게 《심리학과 연금술》을 비롯해 연금술에 관한 저서를 상당수 남겼다.

저자는 꽤 긴 지면을 할애해 융이 분석한 연금술사의 심리를 살펴본다. 그리고 마지막으로 그의 분석이 연금술에 대한 아주 중요한 물음 하나 — 근본적으로 실패로 끝난 인간의 한 기도가 왜 긴 기간에 걸쳐서, 그리고 아주 다른 문화 속에서 계속해서 반복되었는가 — 에 대한 답을 찾는 데 도움을 줄 수 있는지 묻고, 분석심리학의 언명이 부분적인 답을 제공한다고 말한다. 답은 유럽과 아랍뿐 아니라 중국과 인도의 연금술사들도 모두, 분석심리학에서 말하는 개성화 과정을 통과하는 사람들과 똑같이 자신의 실패를 원칙적인 실패로 느끼지 않고, 오히려 희망에 대한 자극으로 느꼈다는 데 있다는 것이다.

이제 저자는 다시 물음을 던진다. 하나는 '왜 연금술이 인류문명 발달의 비교적 늦은 시기에 모든 문명에서 발생했는가?'이다. 또 하나는 '왜 그토록 끈질겼던 연금술이 19세기에 소멸의 길로 들어섰는가?'이다. 소멸과 관련하여 그는 근대 화학에 책임이 있을 것으로 전제하고 화학과 연금술의 차이점과 공통점을 살펴본다. 연금술과 화학의 실험실, 그리고 실험실 작업의 기본 가정과 방법은 차이가 없다.

그러나 연금술 행위는 도덕적 함의를 지니는 반면, 화학은 결과물을 어떻게 이용하느냐와 상관없이 그런 함의를 갖지 않는다. 그리고 연금술과 화학은 자연을 향한 탐구의 관점이 다르다. 연금술은 복합적이고 주관적인 반면, 화학의 관점은 분석적이고 객관적이다. 연금술은 질료 위에 있는 질료가 존재한다고 믿지만 화학에는 그러한 물질의 가치 위계가 없다. 연금술에서는 물질적 자연이 영성적 가치를 지니지만, 화학에서는 예를 들어 금이 다른 금속보다 영적으로 더 가치 있지 않다. 화학에서 금이 리튬보다 가치 있는 것은 금이 더 비싸기 때문이며, 이는 자본주의적 가치체계에 따른 것이다. 이런 세계에서는 연금술이 살아남을 수 없다.

저자는 긴 연금술의 역사를 마무리하며, 우리는 아직도 '연금술이란 무엇인가?'(Quid est alchymia?)라는 질문에 대한 답을 갖고 있지 않다고 말한다. 달리 표현하면, 우리가 연금술 텍스트를 이해할 수 있느냐는 물음에 대한 답을 갖고 있지 않다는 것이다. 그러나 그는 다시 이해한다는 것이 믿음의 단계까지 들어가 내적으로 이해함을 의미하는 한, 우리는 그 텍스트를 이해할 수 없다고 말한다. 다만 왜 연금술사들이 이 텍스트들을 이해할 수 있다고 생각했는지, 그리고 왜 그 이해를 통해 연금술이 그토록 오래 살아남을 수 있도록 만들 만큼 충분한 힘과 이득을 얻을 수 있다고 생각했는지 이해할 수 있게 되었다고 말한다. 저자는 여기에서 만족하자고 권하며, 고대 이집트-그리스 연금술에서 출발한 긴 여정을 끝맺는다.

원주

1장 피라미드의 그림자 속에서

(1) 우리가 방문했다고 가정한 해로부터 약 100년이 지나서 '기독교인들' — 당시 사람들이 이 단어로 이해할 수 있던 그대로의 의미에서의 — 에 의해 파괴되어 버렸다. 그러나 우리가 방문한 시기에 기독교인들도 또다시 박해를 당해 역사의 이면에 남아 있어야 했다.

(2) 내가 여기서 의미하는 '고대 후기'는 두 사람의 제국 개혁자 디오클레티아누스(284~305, 사두체제 헌법)와 헤라클레이오스(610~641, 테마 헌법) 사이의 시기이다. 이는 나의 편의를 위한 것이다.

(3) 해부학과 외과학 분야의 '공식적' 지식이 적었다는 점은, 이 분야의 전문가라고 불릴 수 있는 시체 방부처리사의 사회적 명성이 대단히 낮았음을 의미한다.

(4) 물론 이미 기원전 4세기에 티그리스 상류에서는 증류법이 이용되었는데, 여기서는 위쪽 가장자리에 가느다란 홈이 파인 단지 모양의 용기를 사용했다. 우리가 앞으로 다루게 될 3세기의 화학과 기술에 관한 파피루스에서도 증류 과정은 언급되지만 자세한 사항은 기술되어 있지 않다.

(5) 전문적인 표현에 대한 설명은 몇 가지 다음과 같은 사항을 언급해 두는 것으로 한다: Bikos 혹은 Bikion은 아시아에서 사용된 차용어로, 원래는 좁은 목을 지닌 배가 불룩한 모양의 용기를 의미한다. Lopas는 '껍질', '나무껍질'이라는 의미를 갖고 있다. Chalkeion이란 단어는 덮개에 쓰이는 물질로 구리를 가리키며, Ambix는 ana(앞으로, 위로)라는 단어와 연관이 있는데, 이는 덮개의 기능을 나타낸다. 그 밖에 Ambikos는 가장자리가 퍼져 있는 접시에 대한 표현이고, Rhogion은 아마도 '소리 내어 마시다'라는 뜻의 rhoibdeein이라는 단어와 연관이 있어 보인다.

아랍어의 Alembik라는 단어는 Ambix 및 Ambikos에서 유래하였다. 아랍에서 Ambix라는 표현은 언제나 증류덮개를 의미할 때만 사용되었고, 전체 장치는 종종 부분이 전체를 대표하도록(*pars pro toto*) Alembik — *Al-anbiq* — 로 나타냈다.

(6) 베니스 마르쿠스도서관(10세기 말)에 소장된 연금술 고사본 299에는 그림 하나(193쪽)가 있는데, 이 그림은 조시모스의 애매모호한 글귀들 중 하나와 관련을 맺으면서 다음과 같은 사실을 암시하고 있다고 할 수 있다. 즉, 승화 시에는 십중팔구 배 모양의 냉각기 — 그림은 우리에게 하나도 남아 있지 않다 — 를 의미했던 *Phanos*가 사용되었다는 것이다.

(7) 오늘날엔 좁은 의미에서 염화 제이수은($HgCl_2$)만을 승화물로 표현하고 있다.

(8) '철학자의 알'은 4가지 고체 혹은 제일질료, 또는 4원소의 앙상블이기도 하다.

(9) 다른 저자들은 다른 목록을 내놓았다. 오리게네스(Origenes, 3세기의 교부)의 저서에는 납-토성, 주석-금성, 청동-목성, 철-수성, 구리-화성, 은-달, 금-태양으로 되어 있다. 올림피오도로스(Olympiodoros, 6세기의 연금술사)의 저작에는 납-토성, 주석-수성, 호박금-목성, 철-화성, 구리-금성, 은-달, 금-태양으로 나온다. 마지막으로 스테파노스(Stephanos, 7세기의 연금술사)의 저작에는 납-토성, 주석-목성, 수은-수성, 철-화성, 구리-금성, 은-달, 금-태양으로 되어 있다. 마지막에 언급한 목록이 후대 전통과 일치한다.

(10) 디오스코리데스는 이미 산다라크를 황비소만이 아니라 노란 색깔의 송진이라고 이해했는데, 이 송진은 니스칠이나 훈제에 사용되고 있었다.

(11) 아리스토텔레스(《기상학》)는 지구 내부의 특성을 규명할 수 있는 순수물질을 화석, 즉 돌과 광물질토양 및 금속으로 구분하였다. 아리스토텔레스의 친구이자 후계자인 테오프라스트(Theophrast, *De Lapidibus*, *Peri ton Lithon*)는 금속, 돌, 흙으로 구분하였다.

(12) 알렉산드리아 주변에서 정기적으로 꽃 재배가 이루어지고 있었다는 사실을 아는 것도 흥미로울 것이다.

(13) 금 제조술에 관한 알파벳 사전인 *Lexikon Kara Stoicheion Tes Chrysopoieas*는 베르텔로 (2)[Berthelot (2)]의 II장 4~17과 III장 4~18쪽에 나온다. 마찬가지로 화학기술 상징을 의미하는 축약 부호 목록도 있었다.[Berth. (2) I, 92~126]

(14) 어원학적으로 단어 '*Vitriol*'은 '유리로 된'이라는 뜻의 *vitreus*에서 유래한다.

(15) 이 인용문은 원래 이렇게 쓰여 있다:
"내 죽음을 위로의 말로 찬양하지 말게, 고명한 오디세우스.
죽임을 당한 시체 무리들 전체를 지배하느니
가진 것 없는 집사로 살아가고 싶네.

일당을 받고 농사를 지으며 궁색하게 살더라도 말일세."
[(오디세우스, 11 노래, 488~491행) Hom. II 150f].
[요한 하인리히 포스(Johann Heinrich Voß)의 번역]

(16) 여기서 나는 '태고의'(archaisch)라는 말, 즉 '원초의'(uranfänglich)라는 말과 '초기' 혹은 '고대'(Archaik)라는 말을 다시 한번 역사적 시기나 예술 사조와 직접 연결되는 시기로 이해하는 것이 아니라 초월성과 의미상으로 연관을 맺고 있는 세계를 바라보는 시각으로 이해하고 있다. 예를 들면 광업에서 이 말이 근대에 들어서기까지 이곳저곳에서 그렇게 통용되었던 것처럼, 또한 신화에 그런 표현들이 나오는 것처럼 사용하는 것이다. 고대에 대한 이런 임시변통의 정의는 당연히 문제가 되지만, 나는 순전히 시기만으로 정의하는 것은 더 문제라고 생각한다. 비록 역사 서술에서는 관습적으로 하나의 정해진 시기들이 주어져 있기는 하더라도 말이다. 그리스를 예로 들면 기원전 6~5세기까지가 고대 시기로 불린다.

(17) '비옥한 토양'이란 표현이 황허강이나 갠지스강 유역과 같은 다른 비옥한 토양이 존재하지 않았다는 것을 의미하지는 않는다. 그렇지만, 나일강 유역은 연금술이 그 자체로 범문화적 근본 사유로 발전하는 데 아주 이상적인 관계들을 제공했다.

(18) 메소포타미아, 특히 아수르바니팔(Assurbanipal)도서관에서 나온 진흙판 조각 몇 개가 현존하는데, 이 진흙판 위에는 이집트 파피루스에 나오는 것과 비슷한 제법들이 적혀 있다. 그런데, 이는 이 파피루스들이 연금술 문헌을 다루고 있는 것이 아님을 암시하는 것일 수도 있다.

(19) 고문헌 학자 벨만(M. Wellmann)은, 특히 볼로스(Bolos, 기원전 3세기), 아낙실라오스(Anaxilaos, 기원전 1세기)와 유대 학자 아프리카누스(Sextus Julius Africanus, 2~3세기)에 기대고 있는 주술적인 물리학 저작들에서 신피타고라스 전통을 발견한다. 이 세 저자들은 모두 〈스톡홀름 파피루스〉에서 언급되었다.

(20) 이 칙령은 특별히 '연금술사들'에 해당하는 것이 아니라, 주조에 사용되어서는 안 될 쓸모없는 금속으로 동전을 만드는 동전 주조자들에 해당하는 것이었다.

(21) 파피루스에 묘사된 염색기술을 자세히 분석한 피스터(R. Pfister)는 이 파피루스가 진정한 수공업자용 교본도 아니고, 그렇다고 위조자용 교본도 아니라는 결론에 도달했다. 파피루스의 저자들은 염색제법을 'sans enthousiasme'(열정 없이)(56면) 기록했던 것 같은데, 그들은 피스터가 신피타고라스적이라고 생각하는 철학적 의도로 그렇게 했을 것이다. 이런 가정을 입증하는 증거를 피스터

는 제법 기록자가 수차례의 염색 시도에서 중간 정도의 염색 재료에 지나치게 높은 점수를 주었고, 염색 과정에서 화학적으로 아무런 비판도 없이 염색의 세 단계(탈지, 착색제 바르기, 염색)를 별로 적당해 보이지 않는 물질, 즉 금속에 옮겨 적용했던 점에서 발견했다. ― 파피루스의 작성자와 소유자, 그리고 지식인들은 실제 수공업과는 관련을 맺는 경우가 적었고, 자신의 화학적 사변에 지나치게 심취해 있었으며, 본질적 특성들을 멋대로 바꿀 수 있다는 사실에 매료되어 있었다는 점에 대해서는 논하지 말자. 그럼에도 불구하고 나는 형이상학적, 종교적 사변이 완전히 결여되어 있는 〈스톡홀름 파피루스〉와 〈레이던 파피루스〉 어디서도 특정한 철학적 배경을 전혀 발견할 수 없다.

(22) 100그램도 안 되는 아마섬유를 염색할 수 있는 1.4그램의 보라색 염료를 얻으려면 12,000개의 조개를 사용해야만 했다.

(23) 5세기에 활동하던 연금술사 시네시오스(Synesios)는 이를 누구에게나 명백한, 생리학적이면서 심리학적인 예를 들어 분명히 하고 있다. "우리는 창백해져서 초록이 되어 버린 한 사람에 대해 이야기하고 있다. 그가 [초록에서] 금색으로 넘어가면, 마치 황토처럼 자신의 특별한 성질을 바꾸게 된다는 것은 명백하다." [Berth. (2) III, 69] 건강한 사람의 얼굴은 노란 황토로 칠해졌다.

(24) '심하게'(krass)라는 단어를 여기서 강조하는 이유는 특정 무게가 지니는 정확한 물리적 의미가, 아르키메데스와 히에론 왕의 왕관에 얽힌 멋진 이야기가 있음에도 여전히 분명하게 이해되지 못했다는 사실을 우리가 잊어서는 안 되기 때문이다.

(25) 기원전 3세기에 살았던 테오프라스토스는 이미 시금석에 대해 언급하였고, 시금석의 영향은 금 자체로부터 그 본질적 특성을 끌어낼 수 있는 능력이라고 서술했는데, 이는 그가 금의 색깔을 본질적인 것으로 생각하고 있었음을 함축한다. 덧붙이자면, 은은 냉각된 용융액을 관찰함으로써도 조사가 가능했는데, 이 용융액은(은으로만 되어 있다면), 아주 희고 굉장히 물러야만 했다. 납이 첨가되어 있으면 검게 염색이 되어 들통이 났다. 구리는 노란색 때문에, 혹은 더 단단해서 들통날 수 있었다. 주석의 순도 검사는 주석을 녹여서 파피루스 위에 한 방울씩 떨어뜨리는 방법으로 이루어졌다. 주석이 순수하면 파피루스는 재가 되어 버렸다. 주석에 납이 섞여 있으면 파피루스는 타지 않는데, 이는 합금의 녹는점이 더 낮기 때문이다.

(26) 재미있게도 볼로스는 자신의 글에서 나름대로 오스타네스에 대해 언급해 두었는데, 이를 통해 사람들은 오스타네스가 알렉산드로스 대왕의 수행원이자 마술

사 — 이에 해당하는 후보들로는 여럿이 있다 — 임을 잘 알 수 있다.

그런데, 볼로스와 압데라의 데모크리토스가 동일인으로 여겨지게 된 데에는 아마 무엇보다 다음과 같은 이야기가 작용했을 것이다. 즉, 또 다른 오스타네스라는 사람이 그리스 원정에서 크세르크세스 대왕의 수행원으로 동행하여 나중에 압데라의 철학자가 된 이의 아버지를 방문했는데, 이때 그에게 아들의 교육을 위해서는 아들을 마술사에게 맡겨야만 할 것이라고 했다는 것이다. 볼로스는 오스타네스 말고도 솔로몬 왕과 동시대 사람이자 유대인 마술사인 다르다노스(Dardanos)라는 또 다른 현명한 스승을 신봉했다. 그의 문헌들은 볼로스가 그의 무덤에서 찾았다고 한다.

(27) **표준제법**은 그 기본적 특징들과 함께 연금술 역사학자 홉킨스(A. Hopkins)에 의해 처음으로 제시되었다. 하지만, 홉킨스는 자신의 표준제법이 더 진전을 보거나 더 복잡해지는 것을 직시하려고 하지 않았다.

(28) 덧붙이자면, 검은 고체를 의식적으로 만드는 일은 연금술사만의 일은 아니었다. 고대 장인들(Technitai)도 이 작업을 해 왔다. 그들은 검은 아셈(Asem)을 만들어 냈는데, 아셈과 납과 자연에서 얻은 황을 조심스럽게 가열하는 방법을 이용해서였다. [(P. Leid., Rez. 33), Hall. 93] 그러나 짙은 검은색 및 검회색을 띠는 이 단단한 제작물은 이후의 화학적 발전 과정 혹은 연금술 발전 과정으로 들어가는 출발점 역할을 하지는 않았다. 이 물질은 전적으로 금속 상감으로 변화되었는데, 이는 테트라소마와 아주 유사한 중세의 니엘로(Niello)의 경우와 같았다. 그렇지만 니엘로는 은, 구리, 납, 황, 붕사로 만들어졌다. 가루로 된 니엘로를 장식이 새겨진 귀금속판 위에 뿌려 가열했다가 냉각하면, 금속에 새겨진 틈 사이로 검은 덩어리가 부착된 채 남게 된다.

(29) 전기 방전은 물론 황이 아니라 오존을 생성한다.

(30) 그리스 철학의 많은 부분은 말 — 의미심장한 — 에 대한 논의로 읽을 수 있다. 단순한 말 'Epos'(서사시)는 의미심장한 말 'Logos'(말, 사고)와 어떤 연관을 갖는가? 이 말은 인간이 만들어 놓은 것, 따라서 'Techne'(기술, 기예)를 통해, 즉 의도적으로 만들어진 것인가? 아니면, 자연에 의해, 따라서 무의식적으로 만들어진 것인가? 자연적으로(von Natur aus)라는 말이 의도한 것이라고 가정하거나 의도한 것을 그 속에 담을 수 있다고 가정한다면, 사람들은 당연히 말을 통해 자연 또는 신에게 주술적으로 영향을 미칠 수 있다. 그런 까닭에, 디오니소스 아레오파기타(Dionysos Areopagita)가 "신의 이름들"에 관한 자신의 영향력 있는 저서에서 확언하듯이, 이들 이름들과 신의 특성들 역시 모조리 진정한 것

은 아니고, 다만 부정에 의해 결정될 수 있을 뿐이다(전지하다는 것은 단순히 모든 것을 알고 있음을 뜻하는 것이 아니다). 600년 무렵에 세비야의 이시도르(Isidor v. Sevilla) 주교는 단어의 의미를 자신의 어원학의 토대로 삼았는데, 이 어원학에서 그는 예를 들어 *mos*(관습), *morus*(한 입 베어 물기), *malum*(사과), *malum*(나쁜 일), *mors*(죽음)이란 단어들을 원죄의 역사라는 틀 속에서 서로 연관 지어 놓았다. 룸펠슈틸츠헨(Rumpelstilzchen)의 동화도 상기해 보라.

(31) 《이집트학 사전》에서는 이 단어가 '*Ätiologie*'(원인에 대한 학문)라는 표제어에 속하는 것으로 되어 있다. "고대 이집트에서 *Ätiologie*의 가장 오래되면서 자주 등장하는 형태가 이른바 '단어 놀이', 즉 주어진 단어를 그 자체로 여러 의미를 지닌 단어와 단어 그룹들 사이에 존재하는 음향학적 유사성을 근거로 신화적 표상과 연관시키는 놀이이다."

(32) 이름 주술이 지금도 발휘할 수 있는 영향을 보여 주는 예는 마르크스주의 철학자 루이(Louis) 알튀세르가 제공한다. 그는 자신의 이름 — Louis는 루이로 발음하는데 — 에서 자신이 진짜가 아님에 대한 '증거'를 항상 보고 있다고 생각했는데, Louis는 그의 어머니가 누구보다 사랑했던 전몰장병 작은아버지(Louis Altusser)의 이름이기도 했기 때문이다.

(33) 근대적으로 사고하는 인간으로서 우리는 현실유비란 인간의 정신 속에서 일어나는 것이라고 주장할 수 있다. 헤르마프로디토스(Hermaphroditos)에 관한 논의에서 우리는 '고대적' 사고와 '현대적' 사고에 관한 문제를 더 자세히 다룰 것이다.

(34) 또 하나 언급되어야 할 것은, 조시모스가 겉으로는 여성적 테이온 히도르가 레우코시스에 영향을 미칠 수 있다고 믿는 것처럼 보인다는 점이다. 다른 근본물질과 마찬가지로 황은 남성적 형태, 아니 여성적 형태로도 모습을 드러낸다. [Berth. (2) Ⅲ, 163 f.] 여성적 테이온 히도르는 이 경우 수은이어야만 하지 않을까?

(35) 이런 감각생리학적이고 감각심리학적으로 무수적인 합일, 즉 특성들의 합일이 실제로 존재하는지, 그것도 '흰색'으로 존재하는지는 물론 연금술사들도 알지 못했다. '흰색'이 모든 색의 총화라는 뉴턴의 '과도한' 주장을 괴테가 구세주적 사명감을 가지고 거부한 것을 상기해 보라. 그런데 여기서는 또한 올림피오도로스가 한 말도 상기할 수 있다.

(36) 중세 연금술사 자비르(Jabir, Gabir 또는 Geber, Geber에 대한 설명은 뒤에 나오는 라틴 게베르 참조 — 옮긴이)에게 노란색은 붉은색과 흰색이 특정한 비율로 섞인

것과 동일한 것이었다. 그의 주장 이면에는 틀림없이 두 개의 엘릭시에르 또는 두 개의 돌 사이의 상호작용에 대한 생각이 있었음에 틀림없다. 대개 은으로 착색을 하는 흰색의 것들과 금으로 착색을 하는 붉은 것들 사이의 상호작용에 대한 생각 말이다.

(37) 7세기의 스테파노스에 따르면, 이 돌은 일곱 개 행성의 일곱 개 색을 모두 품고 있다.

(38) 이 제법들은 종종 '연금술의 핵심' 목표와도 관련이 없었다. 바로 가장 오래된 연금술 저작들에서도 진주의 채색 같은 것에 대한 언급이 나온다.

(39) 나의 목표는 부엌도 커피도 아니라 바로 커피 마시기이다. 그리고 이는 다시 독특한 형성물이 된다. 이 형성물은 커피라는 대상물과 마시기라는 행위로 이루어져 있으며, 바로 그런 까닭에 제3의 것, 즉 체험이다.

(40) 세계를 가치들에 따라 체계화하는 사고는 '고귀한 것인가 비천한 것인가'의 차이에 의거할 뿐만 아니라, '위험한가-위험하지 않은가' 또는 '공감을 느끼는가-반감을 느끼는가' 같은 다른 차이들과 복합적인 그물망 속에서 연결되어 있다.

(41) 이 올림피오도로스(Olympiodoros)가 기원전 6세기경에 살았을 것으로 추정되는 동일한 이름의 연금술사인지는 확실치 않다.

(42) 아리스토텔레스의 스승 플라톤은 4원소를 최종적으로 삼각형 구조의 입체기하학적 물질로 간주했는데, 그 역시 어떤 물질적으로 통일적인 것, 즉 하나의 원질을 전제했고, 그래서 또한 적어도 물, 불 그리고 공기 — 적절한 삼각형으로 구성되어 있는 원소인 — 의 변환이 가능하다고 보았다. 그러므로 플라톤주의자라면 제일질료와 변환에 대해 상상하는 것은 그리 어려운 일이 아니었다. 그런데 플라톤의 기본삼각형과 아리스토텔레스의 제일질료도 고대 원자론자들의 원자와 공통성을 지니고 있었는데, 바로 이들 모두 감각을 벗어난다는 것이다. 현대의 소립자물리학도 '감각적 파악 가능성'과 완전히 결별하였다.

(43) 이때 질료(*Hyle*)는 항상 그 어떤 것과 관련된 질료일 뿐이다. 예를 들어 대리석은 조각상의 질료이다. 이는 아리스토텔레스에게 있어 질료란 자신의 형상(*Morphe*)에 불가분하게 의존적이며, 형상에 의해 정의된다는 것을 분명히 보여 준다.

(44) 마찬가지로 화학 반응도 오직 반응-대상(Reaktionspartner)과 직접 접촉하는 경우에만 일어난다고 생각을 할 수 있다. 다시 말해서 물체의 화학적인 변화를 가져오는 동일한 속성이 비로소 사람들에게 물체성을 인지하게 해 준다는 것이다. 이때 우리의 촉각과 관련된 피부에 가해지는 압력은 우리에게 물질의 특수성에 대한 어떤 느낌도 전달해 주지 않는다. 그 압력은 물질성에 대한 어떤 느

낌을 전달해 주기는 하지만, 아리스토텔레스는 어떤 압력도 행사하지 않는, 다시 말해 접촉하는 손가락에 어떤 저항도 느끼게 하지 않는 질료도 존재한다고 보았다. 정지 상태의 공기를 생각해 보라. 그러므로 촉각과 현실감은 서로 밀접하게 연관되어 있다. 우리가 어떤 시각적인 혹은 청각적인 인상이 어떤 물질적인, 즉 '진짜로' 존재하는 대상에 의해서 발생하는지를 확인하려 한다면, 우리는 보통 만지는 행위를 통해서 그 현실성을 확인하려고 시도한다. 그렇다면 유령이라도 만약 환각이 아니라면 아마 절반은 현실인 어떤 것이 될 것이다.

(45) (형이상학 II 6, 378, a16~b4) 이에 반해 암석과 광물질 흙은 건조한 증기들에서 생겨난다. 많은 광부들과 반대로 냉철한 아리스토텔레스는 흙에서 광석이 자라난다는 것을 믿지 않았다. 그는 생명이 없는 모든 것들과 같이 광석에게도 "생장의 원리"가 결여되어 있다고 보았다. 물론 그는 아주 긴 시간을 거치면 새로운 광석이 증기들로부터 생겨날 수도 있다고 말했다. 우리의 생각과 크게 먼 것도 아닌데, 왜냐하면 광석은 우리들의 견해에 따르더라도 섭씨 400도까지 가열된 물에 녹은 성분들이 침전된다면 지각의 틈새에서 생겨날 수 있기 때문이다.

(46) 여기서 다른 모든 감각적으로 감지될 수 있는 속성들에 대한 촉각적인 성질의 관계와 관련해 던져질 수 있는 수많은 질문들이 이미 아리스토텔레스의 경우에도 그리고 그 후 수 세기 동안에도 대답되지 않은 채 남겨졌다. 이는 화합물 형성의 문제에 대해서도 다르지 않다. 그런데 이 문제는 연금술사들에게는 논평할 가치도 없는 것이었다.

(47) 수많은 연금술사들이 그랬던 것처럼, 우리는 특정한 물질변환을 금속과 같이 서로 다른 원소들의 상대적인 중량비가 변하는 것으로 해석할 수도 있다. 그러나 원소들이 차지하는 중량비의 변화는 결국 어쨌든 단지 질적인 변화를 통해서도 설명할 수 있기 때문에, 두 가지 설명은 서로 끊김 없이 맞닿아 있다. 그런데 아리스토텔레스 물리학에 따르면 '화학적인 표현형태'의 변화는 어떤 경우에도 물질의 운동성향(상대적인 가벼움과 상대적인 무거움)의 변화를 야기해야만 한다. 그렇지만 내가 아는 한 이 질문은 연금술 문헌에서는 한 번도 논의된 바 없다.

(48) 이 나무실험은 15세기에 니콜라우스 쿠자누스가 사고실험으로 했다고 하는데, 그는 이것을 아마 '가짜 클레멘티네스'(Pseudo-Klementines) 또는 '레코니티오'(Recognitiones, 3/4세기경)에서 발견하여 가져왔을 것이다. 미리 일러두자면 17세기에 판 헬몬트(Jan Baptista van Helmont)는 이 실험을 진짜로 했다.

(49) 일상경험의 이러한 각인이야말로 근대 과학의 한 기준이기도 하다. 무엇보다도

가스통 바슐라르(Gaston Bachelard)는 이 점을 분명히 지적하고 있다.

(50) 이러한 생활태도 때문에 스토아철학은 로마인들 사이에서도 인기가 높았다. 왜냐하면 우리에게도 잘 알려진 이런 유명한 스토아적 태도는 피할 수 없는 운명을 마주한 로마 관료층의 정신에 부합하는 것이었기 때문이다. 이는 우리에게 친숙한 '야만적 고대'의 영화들에서 묘사되는 것과는 전혀 다르다. 조금 비관적이지는 했지만 삶을 긍정했던 스토아철학적 세계경험은 이후 세계를 겸허한 마음으로 기꺼이 감내하는 기독교적인 자세로 자연스레 이행했다. 이는 — 세계극복의 증거를 통해서 입증된 구원에 대한 희망의 표시로 — 스토아적인 운명 체념의 전체 무게가 더 이상 인간의 어깨에 지워지지 않게 되었을 때 더 쉽게 이루어졌다. 그런데 스토아철학자 중에는 뛰어난 인물이 없다. 키티온의 제논(Zenon v. Kition), 크리시프(Chrysipp), 포세이도니오스(Poseidonios)와 카토(Cato) 그리고 에피케트(Epiktet)와 마르쿠스 아우렐리우스 정도를 꼽을 만하다.

(51) 불로 표현되는 로고스는 헤라클레이토스와 플라톤의 아니마 문디(Anima Mundi), 즉 세계영혼으로까지 거슬러 올라간다. — 나는 하나의 원소로서의 불이라는 스토아철학의 콘셉트와 관련하여 맞닥뜨리는 어려움을 숨기고 싶지는 않다. 이 원소는 거친 질료의 구성성분으로서 다른 세 원소들 각각으로 넘어갈 수 있고, 동시에 로고스의 물질적인 운반자이자 프네우마의 '구성성분'이기도 하다. 공기와 관련해서는 아낙시메네스(Anaximenes)의 다음 명제를 인용한다. "우리의 영혼 — 공기인 — 이 우리를 지배하고 지탱해주는 것처럼, 숨(프네우마)과 공기는 코스모스 전체를 둘러싸 안고 있다."[(Anaximenes, Fr. B2) Diels-kranz I, 95]

(52) 우리가 어떤 것에 대해서는 그것이 무엇인지 알고 다른 것에 대해서는 모르는 것에서 차이가 발생하는 것이 아니다. 차이는 우리가 우리들 각각의 가설적인 가정으로 시작할 수 있는 것에 존재한다. 단지 환산요소일 뿐인 물리학적 에너지 E로 우리는 열, 충격, 가속, 빛 등의 다양한 현상과 작용을 법칙에 따라 서로서로 연계시킬 수 있으며 기술적으로 이용할 수 있다. 이는 우리들에게 연계가 올바른 것임을 입증해준다. 이와 반대로 프네우마적 에너지는 질료의 양에 대해 어떤 계산 가능한 관계도 가지고 있지 않다.

(53) "그것[총체적인 혼합]은 두 물체가 동일한 공간을 차지하고 있음을 말해 주지는 않는다. 그러나 무한한 분할 가능성의 결과 침투 불가능한 원자들은 존재하지 않기 때문에, 두 물체의 구성성분은 섞음(Krasis) 과정에서 서로 아주 잘 섞여

들어가서 둘의 속성이 합일된 새로운 존재자가 발생한다. 이로써 물체의 침투 불가능성이라는 생각은 사실상 폐기된다."(Pohlenz 73) 이때 잊지 말아야 할 것은 여기서 '질료'는 우리에게 친숙한 뉴턴의 관성질량 또는 더 나아가 아인슈타인의 상대론적 질량으로 이해되어서는 안 된다는 점이다. 스토아적 질료는 '있다'. 왜냐하면 그것은 어떤 식으로든 공간을 점유하고 있고, 또 괴롭힘을 견뎌 낼 능력이 있기 때문이다. 물체로서 그것은 수동적으로는 견디어 낼 능력이 있고 능동적으로는 작용할 능력이 있다. 그리고 질료는 전적으로 그런 존재, 물체로서 등장한다. 물론 "그러나 이제 공기[Pneuma]는 바로 별도의 속성을 취득한 물질이기 때문에, 그들[스토아주의자들]은 그 물질이 성질을 가지고 있지 않지만 성질들은 물질적인 것이라는 모순에 빠져버린다."(Baeumk. 353)

(54) 오늘날에도 여전히 문제가 되는 영(Pneuma, Spiritus)과 혼(Psyche, Anima)의 문제 많은 관계와 관련하여 다음과 같은 점이 강조되어야 한다. 즉 다양한 종류의 프네우마 ― 세계이성, 씨앗, 인간·동물·식물·광물의 프네우마타 ― 사이에는 아무런 원리적 차이가 없다는 것이다. 물론 프네우마타는 그 순수함과 세기의 측면에서 다양한 형태로 나타나는데, 따라서 우리는 프네우마-종류의 위계에 대해 이야기할 수 있다. 이 위계 속에는 인간의 혼도 들어가는데, 인간의 혼도 마찬가지로 프네우마이고, 프네우마에 대치시킬 수 있는 다른 것은 아니다. 한 치의 동요도 없이 인간의 영적인 활기찬에 희망을 걸어왔던 스토아주의자들은 우리의 혼-프네우마를 불과 상당히 유사한 것으로 보았다. 그러나 이 혼-프네우마는 세계이성을 인식할 수 있고, 그럼으로써 자기 자신을 프네우마적-질료적 형성체로 인식할 수 있는 능력을 가지고 있으며, 아울러 마지막으로 지금 존재하고, 존재했으며 또 존재하게 될 모든 것이 프네우마가 스며들어간 다양한 상태의 질료라는 점도 인식해 낼 수 있는 능력을 지니고 있다. 이 다양한 상태가 ― 역동적이고 활기찬 ― 합법칙적인, 다시 말해 이성적인 과정에 내맡겨져 있다는 것은 세계시대(Weltperiode)가 바뀔 때 드러나는데, 이 세계시대에는 순환적인 순서에 따라 원시 불로부터 세계가 그리고 다시 세계로부터 인시 불이 생겨난다. 그런데 이때 물질과 힘, 신적인 것과 물질적인 것의 단일성은 손상되지 않고 끊임없이 유지된다. 이는 일종의 물활론, 즉 모든 질료가 살아 있다는 생각만을 의미하는 것이 아니다. 여기서 말하려는 것은 유물론적 범신론이다. 프네우마와 힐레의 '완벽한 혼합' 속에서 사물의 특성은 신에 의해 만들어진 어떤 것이 아니라, 그것이 신인 것이다 ― 설사 이성의 영으로서의 신이 관념적으로는 자신의 토대로부터 분리될 수 있다 하더라도.

(55) 이 세 가지 관점은 다음과 같이 아주 거칠게 구별할 수 있다. 첫째, 자연, 신, 인간, 동물을 하나로 그리고 고대 이집트식 비원근법적으로(aspektivisch) 보는 인간이형화적인(anthropohomoiotisch) 관점, 둘째, 자연을 하나의 생명체 또는 여러 생명체들의 조화물(Ensemble) 같은 것으로 파악하는 의인화적(anthropomorph) 관점. 이에 따르면 인간이 기술적 작업에서 만들어 낸 것, 예를 들어 도르래 같은 것은 자연의 자연적인 운동을 뒤집어 버리기 때문에 그것이 자연에서 착안되었다 해도 자연 외적인 것이다. 셋째, 자연을 살아 있지 않은 것으로 대상화시키는 인간중심주의적인 관점.

(56) 대우주와 소우주의 조응관계는 심리학적으로도 뿌리 깊은 것이다. 이 관계들은 인간의 창조물에 — 순전히 기술적인 필연성에 의해서도 설명되지 않고, 순전히 자의적인 것으로도 볼 수 없는 — 반영되어 있다. 건축을 관찰하면 이를 가장 잘 이해할 수 있다. 건축에는 우주와 자연에 대한 관계들이 오늘날에도 여전히 '들어가' 있기 때문이다. 상당히 포스트모던한 건축가라도 황금분할처럼 특정한 '감정상의' 비례를 고려하지 않을 수는 없을 것이다. 설사 그가 이 비례를 '인용' 정도로 치부하더라도 말이다. 그러나 이때 그가 인용하는 것은 단지 안드레아 팔라디오(Andrea Palladio)나 레온 바티스타 알베르티(Leon Battista Alberti)일 뿐만 아니라, 자연 자체, 황금분할을 바로 건축의 원리로 들어올린 그 자연이다. 도대체 왜? 그는 위대한 르네상스 건축가들이 순수하게 감정상으로만 아니라, 아주 의식적으로 활용한 우주의 구조적 특징들 중 하나를 인용하기 때문이다. 이 건축가들이 보기에 하나의 건축물은 그것이 우주의 구성치수와 구성원리가 돌 속에서 변환되어 되살아날 때에만, 그리고 그럼으로써 우리 육체의 치수와 우리 혼의 원리가 돌 속에서 되살아날 때, 비로소 예술적으로 만족스럽게 된다. 다시 말해서 우리의 내적인 삶의 감정과 조화를 이루게 되는 것이다. 혁명기 프랑스가 치, 척, 자같이 신체치수에서 따온 척도를 버리고 우연으로부터 태어난 '순수하게 객관적인' 척도인 지구4분자오선의 천만분의 일의 단위를 고안했을 때, 혁명기 프랑스는 정말 그 점을 부정하려 했을까?

(57) 잘 알려진 바와 같이 기독교는 항상 동일하게 반복되는 신화적인 사건의 무대로서의 성스러운 시간을 십자가의 죽음이라는 일회성의, 역사적 사건을 가지고 제거했다. 성탄전야는 단지 이에 대한 추모일 뿐이다.

(58) 형제자매 결혼제도가 있는 나라에서 '누이'라는 말은 사랑하는 사람을 뜻하기도 했다. 이에 더해 고대 후기의 다양한 신앙공동체의 회원들은 서로 형제·자매로 불렀다. 조시모스(Zosimos)와 테오세베이아(Theosebeia)가 같은 비교집단

에 속했던 것은 충분히 가능한 일이다.

(59) 플라톤은 사유란 "혼이 자기 자신과 하는 대화"라고 보았다.(Soph. 263e, 3-5, Theait. 189e-190a)

(60) 그런 점에서 나는 포스트 헬레니즘이, 일반적으로 기원전 323년부터 기원후 31년까지, 즉 알렉산드로스가 열병으로 사망한 때부터 클레오파트라와 안토니우스가 악티움 해전에서 패할 때까지 지속되었다고 하는 헬레니즘보다 훨씬 더 전형적이라고 생각한다.

(61) 네이선 슈바르츠-살란트(Nathan Schwartz-Salant) 같은 심리학자들이 아주 즐겨 언급하는 아티스(Attis)-숭배와 키벨레(Kybele)-숭배 — 연금술에서 어머니신 같은 것의 거세 콤플렉스 및 여성성의 해방을 증명해주는 것으로 제시되는 — 는, 내가 아는 한 어떤 연금술 텍스트에서도 발견되지 않는다.

(62) 많은 신의 경우와 마찬가지로, 핵심이 되는 것은 그에 관한 여러 신화들 중 하나이다. 그런데 이 신화들은 종종 서로 모순되는 면을 담고 있다. 예를 들면 디오니소스는 지하의 여신 페르세포네(Persephone)의 아들이었다고도 하는데, 이는 그의 다양한 존재영역에서의 현현(Epiphanie)을 '설명해 준다'. 그런데 디오니소스 신화들의 다의성은 초월의 다의성을 '설명해 주기'도 하는 것은 아닐까? — 그것이 자연철학처럼 '왜'에 대한 물음에 대해서, 그리고 또 자연과학처럼 '어떻게'라는 물음에 대해서 답하는 것이 아니라, '어디에서', 즉 드라마 — 우리가 여기 지구 위에서 베일에 싸인, 잘 보이지 않는 형태로 재현해야만 하는 — 의 신화적인 장소에 대한 물음에 답함으로써 말이다.

(63) 사크메트(Sachmet, Sechmet)는 파괴적인 불과 역병, 즉 문화가 감당 못 하는 재난의 여신인 것만은 아니다. 그녀는 또한 암사자에서 암고양이로 변신할 수 있고, 파괴하는 악마에서 치유자로 변할 수 있다. 그 밖에 프타 자신도 여성적인 면을 가지고 있다.

(64) '다르게 있음'(Anders-sein)이란 어쩌면 두뇌의 기능방식에도 해당될지 모른다. 이에 대해서는 정신분석학자 제인스(J, Jaynes)와 이집트학자 브루너-트라우트(E. Brunner-Traut)가 서로 다른 관점에서 지적했다. 브루너-트라우트는, 이집트인들이 '감성적인' 오른쪽 두뇌를 우리보다 더 많이 사용했으리라고 추측한다. 그녀는 또한, 이집트인들이 사물의 그렇게-존재함(So-Sein, 상재, 그리-있음)의 중요한 관점들 — 회화와 조각에서, 시작(詩作)에서, 과학 등에서 — 에 예술적으로 도달하기는 했지만, 전달도 거의 하지 못하고 전망 없이 나열만 했다고 지적하며, 이러한 이집트인들의 비원근법적인(aspektivisch) 세계관에

대해서 언급한다. 이는 아무 의도도 없고 아무런 목표도 없음을 의미하지는 않는다. 그것이 의미하는 바는, 공통의 의도를 지닌 여러 부분들 또는 목표를 향해가는 도정에 놓여 있는 각 지점들이 직접 차례차례 이어진다는 것이다. 그 예로는 연금술 과정과 동화를 들 수 있는데, 동화에서는 영웅이 묵주(Rosenkranz)에 나오는 것같이 여러 가지 모험을 연이어서 통과한 후에 현자의 돌은 아니지만 공주를 얻게 된다. 원근법적 관점의 최고점이자 종결점은 내가 보기에는 몬드리안(Piet Mondrian)의 후기 작품들이다. 이 작품들은 바림(Übergang, gradation)에 대해서는 고려할 필요가 없는데, 그 이유는 원근법의 중심이 없기 때문이고, 다른 관점이라는 배경 앞에서 존재할 수도 있는 관점이 더 이상 존재하지 않기 때문이다.

(65) 나-너-관계와 나-나-관계에서는 참여(Participatio)가 중요한 역할을 한다. 참여에 대해서는 '심리학과 연금술'이라는 주제와 관련해서 다루게 될 것이다.

(66) 중세의 저자 미상 시의 내용은 다음과 같다. "당신은 나의 것 나는 당신 것. / 이점 당신은 확신해야 한다. / 당신은 내 마음속에 갇혀 있다 / 열쇠는 사라졌다 / 당신은 항상 그 안에 있어야 한다."(Hede. 24) 다른 사람들에 대한 나 — 1인칭 단수든 복수든 — 의 관계는 위험이 없는 것이 아니다. 왜냐하면 어느 한 집단 — 종종 하나의 인격의 모습으로 나타나는 — 의 부분으로만 존재할 수 있고 우리로부터 추방당할지 모른다는 불안 속에서 살아가는 나의 자포자기는 집단적이고 극단적인 범죄의 원인 중 하나인데, 이런 일은 인류역사에서 계속 반복된다. 또한 자포자기는 개별 인간이라면 결코 저지르지 않을 전쟁, 모욕, 대량학살의 원인 중 하나이기 때문이다.

(67) 그런데 고등 생명체와 우리의 관계에서 — 그리고 우리와 우리의 관계에서도 — 작용인과 목적인의 두 세계는 서로 보완하는 상호작용을 하는 가운데 만난다. 우리가 한번은 생리학적인 행동원인을 살펴보고, 또 한번은 심리학적인 행동원인을 살펴보면 그렇다는 것을 알 수 있다. 이와 상관없이 강조되어야 할 점은, 기본입장들은 이상형(idealtypisch)이라는 것, 그러니까 결코 섞이지 않은, 순수한 상태로 만날 수 있는 것은 아니라는 것이다.

(68) 기원후 1세기에 어떤 저자가 살았는데, 그는 헤르메스 트리스메기스토스의 이름으로 《제후》(Koiranides)라는 제목의 동물우화집을 썼다. 그런데 이 책은 볼로스의 책을 참조한 것이다.

(69) 무엇이라고 규정하기 어려운 헤르메스가 어디에나 존재하는 판(Pan)과 헤르마프로디토스의 아버지인 것은 우연이 아니다. 플루타르크에 의하면(〈이시스와

오시리스)), 그는 때때로 이시스 — 지혜의 소유자라는 특성을 지닌 — 의 아버지로 여겨지기도 했다.

(70) 플라톤도 Theuth라는 이름을 가진 그를 숫자와 계산, 측정술과 천문학, 서양장기와 주사위놀이, 그리고 철자의 발명자라고 말한다.(Phaidros 273 ff.)

(71) 고대의 볼테르 루키아노스(Lukianos)는 이미 2세기에 신들 중에서 비난이라는 뜻의 신 Momos를 다음과 같은 말을 통해서 등장시킴으로써 모독했는데, 연금술사들처럼 교육받은 사람들이 그런 신을 '신봉할' 수 있을까? "거기 너, 얼굴은 개 같고 베옷을 입은 이집트 사람인 너, 너는 도대체 누구냐? 친애하는 사람아. 네가 어떻게 멍멍대면서 신이 되겠다고 하느냐? 그리고 자기를 신으로 경배하게 하고, 신탁을 내주고 예언자들을 가지고 있는 이 멤피스 출신의 알록달록한 황소는 도대체 무얼 생각하는가? … 또는 너 제우스야, 너는 그들이 네 머리에서 수양의 뿔이 자라나게 하면 그걸 어떻게 견디겠느냐?"(Luki. V 431) 분명히 여기서는 '신앙'을 '진리로 여김'보다는 '믿음 속에서 안온하게 느낌'이라는 개념으로 보는 게 적절하다. 그런데 고대 후기의 몇몇 헤르메스적-신플라톤주의적 문헌에서 이미, 우리의 경배 대상으로 실제 존재에 대해서 의심해서는 안 되는 신들이 어느 정도는 우리의 집단적 환상이라는 견해가 등장한다. 연금술사들의 투사는 이러한 생각과 잘 어울린다.

(72) 이미 고대 철학자들은 헤르메스를 '로기오스'(Logios), 즉 사고가 인격화된 존재로 보았다. 특히 소크라테스 이전의 혼에 관한 학문에서는 헤르메스가 이성을 대표하는 신으로 되어 있다.

(73) 기독교인, 그리고 또 정통 유대인의 고집불통은 로마 관리들 — 국가숭배가 국가를 유지하는 작용을 한다고 본 — 뿐만 아니라, 일반적으로 관용적이고 다신주의적인 국민들에게도 크게 불편한 것이었다. 기독교인들의 불관용은 아주 광범위한 것이었는데, 그것은 비기독교 종교와 가치관뿐만 아니라 고대 생활세계 전반에까지 미치는 것이었다. 예를 들어서 베네딕트회 수도사들이 멸시받던 마부의 복장을 했다는 것은, 당시의 삶의 관점을 의식적으로 버린다는 표시이다. 그런데 많은 '이방인들'에게 기독교인들은 위선적인 무신론자로 여겨졌고, 그들의 잡설은 신들숭배보다는 오히려 불유쾌한 철학에 더 적절한 것으로 생각되었다. 그런데 그들은 또 제대로 된 신, 그러니까 어떤 식으로든 눈에 보이게 모습을 드러내는 신을 가지고 있지 않았다. 그 결과 그들은, 어떤 식으로든 그럴듯한 희생행위라고 할 만한 것을 전혀 보여 줄 수 없었던 것처럼, 제대로 된 신전도 건축하지 않았다. 성만찬이 승화된 희생을 나타낸다는 이야기는, 당시에

방금 개종한 이방인이나 평균적인 로마인 모두에게 거의 이해하기 어려운 것이었다. 데이비드 흄은 이 개종한 이방인에 대해서 악의적으로 비꼬는 글을 썼는데, 그는 첫 번째 성찬식 후에 이제 얼마나 많은 신이 존재하는가라는 선교사의 물음에 대해 "하나도 없다"라고 대답했고, 자신이 모든 신 중에서 남아 있던 신 하나를 방금 먹어 버렸다고 말했다고 한다.

(74) 바로 그렇기 때문에 그들은 또한 ― 신적인 것의 현현에서 느끼는 상보성에 대한 감정에도 불구하고 ― '신적인 것 전체'를 드러내지 못했고, 또 그렇기 때문에 고전시대 이래 그들은 철학자들의 창백하고, 운명 없는 '유일신적인 신들'을 마주하게 되었다.

(75) 이것은 다시 종종 랍비 전통의 릴리트(Lilith)와 동일시되었다.

(76) 마르차나도서관에 299번의 번호가 붙여져서 보관되어 있는 가장 오래된 고사본 중 하나는 10세기 말에 출판되었다고 하는 호화본인데, 이것은 15세기에 콘스탄티노플이 함락된 후 비잔틴 제국 출신의 유명한 주교 베사리온(Bessarion)에 의해서 베네치아 공화국에 선물로 주어졌다. 그리스-이집트 연금술에 관한 우리의 현재 지식은, 라틴 연금술의 유일한 원천이었던 아랍 텍스트가 아니라 주로 이 고사본에 수집되어 있는 글들에 의존하고 있다.

지은이 · 옮긴이 소개

지은이_ 한스 베르너 쉬트(Hans-Werner Schütt, 1937~2023)

독일 베를린에서 태어났다. 김나지움을 마친 후 독일 북부의 킬대학에서 화학 공부를 시작해 1966년 물리화학 박사학위를 받았다. 그 후 파리의 파스퇴르연구소와 유니레버에서 수년간 화학연구를 했으나, 역사에 대한 강한 관심으로 함부르크대학 과학사학과로 옮겨 과학사, 특히 화학사 연구를 시작했다. 그 결과 1972년에 독일의 19세기 화학자이자 과학사학자 에밀 볼빌의 전기를 내놓았고, 1975년에는 교수 자격을 취득했다. 1977년 함부르크대학 교수로 임용되었고, 1979년에는 베를린공과대학의 과학기술사학과 교수로 취임하여 연구와 교수활동을 하며 2004년 정년 퇴임할 때까지 재직하였다. 퇴임 후에도 연구활동을 계속하는 한편 투르나우라는 필명으로 어린이 책을 세 권 내놓았다. 주요 저서로는 《에밀 볼빌 전기》(1972) 외에도 《동형성의 발견》(1984), 《아일하르트 미처리히 전기》(1992), 《현자의 돌을 찾아서》(2000; 영어판·스페인어판 2002; 중국어판 2006) 등이 있다.

옮긴이_ 이필렬

서울대와 베를린공과대학에서 화학을 공부했으며, 유니버시티콜리지 런던(University College London)과 임페리얼콜리지 런던(Imperial College London), 베를린공과대학에서 과학사를 연구했다. 1992년부터 2023년까지 한국방송통신대 교수로 재직했다. 현재는 30여 년의 교수생활을 마치고 글쓰기와 파시브하우스 건축 자문을 하며 지낸다. 《에너지 대안을 찾아서》(1999), 《석유 에너지》(2016), 《생태적 삶을 찾아서》(2018), 《과학, 우리 시대의 교양》(공저, 2004) 등을 썼고, 《하이젠베르크》(1997), 《지구환경정치학》(1999), 《객관성의 칼날》(2005) 등을 우리말로 옮겼다.

옮긴이_ 박진희

서울대에서 물리학을 공부했으며, 베를린공과대학에서 과학기술사를 전공해 박사학위를 취득했다. 가톨릭대와 국민대의 전임 연구원을 거쳐, 현재는 동국대 다르마칼리지 교수로 재직 중이다. 공저로 《한국의 과학자사회》(2010), 《녹색전환》(2020) 등이 있고, 《테크노 페미니즘》(2009), 《나노기술의 미래로 가는 길》(2022) 등을 우리말로 옮겼다.